現代東アジアの政治と社会

家近亮子

（新訂）現代東アジアの政治と社会（'20）

©2020　家近亮子

装丁・ブックデザイン：畑中　猛

s-68

まえがき

　東アジアは，極めて特殊な地域であるといえる。なぜなら，いまだに冷戦構造が見られるからである。冷戦は，1989年12月にソ連のゴルバチョフ書記長とジョージ・ブッシュ米大統領とがマルタ島で会談して終結宣言が出され，91年12月のソ連邦の崩壊で終焉を迎えたといわれている。

　しかし，東アジアにおいては，冷戦構造が戦後の朝鮮半島と中国の相次ぐ分断によってもたらされ，固定化したままである。1945年8月15日に日本の植民地支配から独立した朝鮮半島では，48年に大韓民国（韓国）と朝鮮民主主義人民共和国（北朝鮮）とが相次いで成立したことで対立が激化し，朝鮮戦争が50年6月に起きたが，53年7月に休戦してその状態が現在も続いている。また，日中戦争に勝利した中国ではその直後の46年に起きた中国国民党と中国共産党の内戦の結果，49年10月1日に中華人民共和国が成立したが，12月にそれまで中国を支配していた中華民国が台湾に移転し，現在も統一されていない状態が続いている。2018年，その一つが解決に向かって動き出した。北朝鮮の非核化と朝鮮戦争終結宣言実現のための南北および米朝首脳会談が開催されたことは，歴史的な出来事といえる。しかし，その交渉は難航を極め，解決への道は遠い。

　東アジアの分断の直因の一つには，ソ連とアメリカとの勢力争い，すなわち冷戦の影響があげられるが，その起源をたどると，東アジアの近代化のあり方に往き着く。

　江戸時代，日本が「鎖国」をしていたことはよく知られているが，同時に中国と朝鮮も同様の「鎖国」をしていたことはあまり認識されていない。すなわち，近代以前の東アジアは，地域全体で封鎖的な対外政策を採っていたといえる。同地域がいわゆる「西洋の衝撃（western impact）」によって開国を余儀なくされたのは，19世紀半ば近くになっ

てからであるが，その受容の仕方から三国のたどった途は大きく異なることになった。

　東アジアの現状と相互関係を理解するためには，歴史的な視点からの分析が必須となる。同地域の地域的なまとまりは，古代から見られた。中華文化圏の範疇にあり，漢字，仏教，儒教，律令制度，食文化などの伝播が見られ，中華思想も一定限度まで許容された。しかし，海によって隔てられるという地理的な特色をもった日本では早くから自律的な文化，支配体制，社会発展，対外政策が育まれ，独自の近代を迎える素地が作られた。

　東アジアでは，第2章で述べるように近代化の速度に大きな違いが見られた。アジアで一番早く近代化を達成した日本は，イギリスをはじめとする西洋列強を模倣し，産業革命を起こし，資本主義を導入して憲法を制定し，「一等国」の仲間入りを目ざして植民地を求めるようになった。伝統的な支配体制と中華文明の維持にこだわった中国と朝鮮は，近代化の速度が遅く，急速な成長を遂げる日本の対外拡張政策に巻き込まれていった。今も残る東アジアの歴史認識問題は，このタイムラグがもたらした結果とも考えることができる。

　本書の大きな目的の一つは，東アジアという地域の歴史を世界の中に位置づけて再構築し，その現状をグローバルな視点で分析することにある。歴史のグローバル化への取り組みは，高校の歴史教科書でも進行中である。長年「世界史」と「日本史」に分けられていた歴史教科書は，2022年から「歴史総合」として新しくスタートする。これは，至極当然の動きであるし，遅すぎる決断であるともいうこともできる。一国史は本来成立せず，輪切りにした歴史を積み重ねてこそ真の理解ができる。この命題を本書の執筆にあたり，自らに課することとした。

　まず，第1章では地域としての東アジアの特徴と現状を分析する。また，近代までの歴史を概観し，その共通性と相違性，今日との連続性は何かを考察し，現在の東アジアが共通に抱える諸問題を考察する。第2

章では東アジアの近代の幕開けを論じる。「西洋の衝撃」の受容の仕方の相違が「日本の衝撃」へと変容していく過程を分析する。第3章では中国で起きた辛亥革命が東アジアに与えた影響について考察する。

　第1次世界大戦中に起きたロシア革命とアメリカのウィルソン大統領が発表した「14ヵ条」は，アジアにも大きな影響をもたらした。第4章では日本の「大正デモクラシー」と東アジアの民族運動との関連からこの点を考察していく。また，同大戦中に日本が中国に提出した「対華二十一ヵ条の要求」が中国における抗日運動の源流となり，中国共産党の成立につながる過程を概説する。

　第5章では，日中戦争の要因を日本と中国の政治的，社会的変動の側面から多角的に分析していく。日中戦争は，中国共産党史観では「全面戦争」と言われるが，実体は国土の約40％は日本との和平を求める親日政権下にあり，貿易，留学，観光なども活発に行われていた。また，日中双方が宣戦布告をせずに長期戦化していった原因をも考察する。これらの点を第6章で分析する。また，第7章では，アジア太平洋戦争が東アジアの国際関係に与えた影響について考察する。

　戦争の分析で最も重要なことは，戦後処理解明にある。第8章ではどのように東アジアの戦争が終結し，戦後処理がどのような国際政治過程で決定していったかを分析する。戦後の東アジアの特徴は，二つの分断国家ができたことにある。第9章では中国の内戦と朝鮮戦争を多角的な視点から分析する。

　現在の東アジアの経済発展の基礎は，戦後日本の高度成長にある。第10章では日本の高度成長，55年体制が東アジアに与えた影響について考察する。分断国家となった中国に対して，日本は台湾に移転した中華民国を正式な外交相手に選択した。しかし，時代の流れの中で，中華人民共和国との国交正常化に踏み切る。中国では文化大革命が収束し，中国は新たな時代を迎える。この流れについては，第11章で分析する。また，第12章では，台湾と韓国が経済発展して，政治的にも民主化を達成する

過程と，中国が改革・開放政策によって経済発展するが，第2次天安門事件で失速する過程を考察する。

　第13章と第14章は，東アジアが共通に抱える人口問題，そして格差問題を教育問題を軸に考察する。「少子高齢化」は，東アジアでは極めて深刻な社会問題となっている。その共通する原因について，多角的に分析する。また，格差は東アジアに根ざした共通の社会問題である。その点についても考察する。

　本書のまとめとなる第15章では現在の東アジア全体が抱える諸問題（歴史認識問題，領土問題，朝鮮問題，台湾問題など）の歴史的な背景と現状，今後の展望を考察する。

2020年1月

家 近 亮 子

目 次

1 | ガイダンス：東アジアの地域的特徴

《**目標＆ポイント**》 本章では地域としての現代東アジアの特徴を明らかにした上で，東アジアの国際関係を歴史的文脈から考察する。また，東アジアが共通に抱えた諸問題，または個別に直面した諸問題を分析し，今日との連続性および不連続性について考察していく。到達目標は，東アジアの地域性，相互関係史を理解することにある。
《**キーワード**》 東アジア，GDP，華夷的世界秩序，朝貢，江戸時代,「鎖国」,風説書,「海禁政策」

1. 地域としての東アジア

　世界には6大陸（ユーラシア大陸，北米大陸，南米大陸，アフリカ大陸，オーストラリア大陸，南極大陸）があるが，この分類では日本やイギリス，フィリピン，インドネシアなどの島嶼国は除外されてしまう。そこで，ここでは国連の地理区分を用いて分類する。世界の地域は，北アメリカ州，南アメリカ州，オセアニア州，アフリカ州，ヨーロッパ州，そしてアジア州の6つの州に区分される。ロシアは，ウラル山脈の東がアジア州，西側がヨーロッパ州に所属する。最大の面積となるアジア州は，国際連合の規定によると，さらに北アジア，中央アジア，西アジア，南アジア，東南アジア，東アジアの6つに分かれる。この中で東アジアは，ユーラシア大陸のアジア州東辺に位置する地域を指す。

　東アジアの総面積（1,015万9,233km²）は，世界総面積（1億3,613万km²）

表1-1　東アジアを構成する国と地域[1]の2017年時点の基礎データ

国名・地域名	面積	人口	国別GDP（IMF）	一人あたりGDP
中国	956万1000km²	13億8600万人	2位	74位
日本	37万7826km²	1億2680万人	3位	25位
韓国	9万9274km²	5070万人	12位	29位
北朝鮮	12万0000km²	2549万人	—	—
台湾	3万5961km²	2350万人	22位	36位
香港	1103km²	739万人	34位	16位
マカオ	30km²	62万人	81位	3位

の7.5%でアジア州の32%，総人口は約16億2,000万人となり，世界総人口（約74億5,000万人—2017年末）の約22%にあたる。広大な面積と巨大な人口，経済発展による影響力の増大。これが，現在の東アジアの姿である。しかし，13章で述べるように，ともに少子高齢化に伴う人口減少問題を抱えている。

2. 東アジアの位相問題—中華の復興

　アジアの20世紀は「日本の衝撃」とともに幕が上がった。日本は明治政府の方針によっていち早く西洋の仲間入りを果たし，日清戦争および日露戦争に勝利したことで，アジア諸国の近代化のモデルとなった。これに対して，21世紀は「中国の衝撃」から始まったということができる。

　溝口雄三は，中国の台頭を「日本に対する中国の位相の上昇」と表現した。ここで言う「位相」とは，一定の範囲における運動量の多寡，影響力を指す。溝口によれば，「中国の衝撃」の実態は，日本人が「日本＝優者，中国＝劣者という構図から脱却していない。その無知覚」にある[2]。このような日本人の「無知覚」に突きつけられたのが，2010年に

1　国連の規定では「モンゴル」も東アジアに含まれるが，ここでは歴史以外では扱わない。

2　溝口雄三『中国の衝撃』東京大学出版会，2004年，15頁。

中国が「国別GDP」で日本を抜き，世界第2位に躍り出たという現実である。

　世界的なコンサルティング会社であるアメリカ・シカゴのマッキンゼー・アンド・カンパニー（Mckinsey & Company）の調査によると，年収200万元（約3,000万円）以上の中国の富裕層は，年15％以上で増加し，2015年には米・日・英に次ぐ世界第4位に躍進したが，その人口の多さからすると，GDPも富裕層もアメリカを抜いて1位になる可能性は高い。

　このような状況下，2018年，アメリカは長年の貿易赤字を解消するため一部の中国製品に高額な関税をかけることに踏み切った。これに対して，中国も報復し，いわゆる貿易戦争が勃発している。中国の世界における位相の上昇に神経を尖らせ，その追随に危機を感じているのは，今やアメリカとなったといえる。

　しかし，東アジアの位相問題は，単なる覇権争いでは解明することのできない特有の政治文化に根ざしたものである。近代以前大国であったことへの自己認識を強め，新たな自己肯定型の「中国的特色」「中国ルール」を力（チャイナマネーと軍事力）で周辺諸国に認めさせ，2012年に習近平国家主席が提起した「中華民族の偉大な復興」を国家目標に掲げる中国の圧倒的な位相の上昇。これは近代以降の日本の外交戦略，および日本人のアジア認識に根本的な構造転換をせまるものとなっている。

3. 近代以前の東アジア

（1）中華思想と東アジア─学び舎としての中国

　東アジアは，歴史的には中国大陸，朝鮮半島，日本列島，琉球（現・沖縄県），台湾，周縁としての東南アジア諸国の一部を指した。東アジ

アを一つのまとまりをもつ地域概念として規定したのは西嶋定生である。西嶋によると「東アジア世界」の文化的共通項は，漢字・律令制・仏教・儒教にある。それらは自然に伝播したのではなく，中国の皇帝が周辺国の王および周縁勢力の首長に爵位や官号を授け，名目的な君臣関係を結んだ「冊封」を媒介として広められた[3]。

　皇帝とは，英語では Emperor で king of kings の意味となる。中国の皇帝は，その権威を神から授けられる天命説によって守られていた。この天命は，近隣の「文化の劣った諸国（東夷・西戎・南蛮・北狄）」にも及ぶとされた。「皇」の文字は「王」の上に立つ明白で偉大な王の意味で，秦の始皇帝（紀元前221年）から清朝のラストエンペラーとなった溥儀まで2000年以上その影響力を周辺に行使した。政治体制は，皇帝独裁の中央集権体制であり，それを支えたのは儒教思想に根ざした科挙によって選任された官吏たちであった。

　宗主国である中国から冊封される「朝貢国（藩属国）」は，皇帝に対して　①忠誠，②定期的な特産物の献上（朝貢），③中国の元号の使用などの義務があり，これに対して中国は　①有事の際の派兵，②朝貢の返礼として賜物を与えるなどした（朝貢貿易）。その宗主権は「可変的な空間を影響下におく」という特徴があった[4]。

　中国の認識では日本はあくまでも「東夷」に属する朝貢国であったが，海を隔てていたため，華夷的世界秩序から比較的自律的で，早くから対等な主権意識をもっていた。そのため，日本では「皇」の文字を使う天皇（推古天皇-593年～）という存在が誕生した。これに対して，隋の煬帝は日本の無礼を激怒したといわれる。しかし，第3回目の遣隋使の持参した国書には「東天皇，敬みて西皇帝に白す」とあり，この時から日本は対外的にも正式に天皇という称号を使うようになった[5]。

　日本は遣隋使，遣唐使を派遣したが，その目的は仏教や中国文化，律

3　西嶋定生『中国古代国家と東アジア世界』東京大学出版会，1983年。

4　浜下武志『朝貢システムと近代アジア』，岩波書店，1997年，「まえがき」。

5　沈才彬『天皇と中国皇帝』，六興出版，1990年，67頁。

令制などの国家制度，憲法などの「学び」の側面が強く，朝貢概念は希薄であった。そのため，894年には遣唐使を取りやめている。しかし，1368年に元を滅ぼして中国を支配した明は，民間人の海外渡航や貿易を禁止し（海禁政策），事実上貿易は政府が管理する朝貢に限られるようになった。そのため，1392年に成立した室町幕府は朝貢を再開させ，足利義満は「日本国王」に任命され，正規に朝貢貿易の一種であった勘合貿易の許可を得た。当然これは，貿易が目的であった。

　このような東アジアの国際関係に16世紀，グローバル要因が入り込む。それは，スペイン・ポルトガルの貿易とキリスト教の布教活動の活発化である。1543年種子島に漂着したポルトガル人は鉄砲と火薬だけでなく，マカオやマニラなどを中継とする自由貿易（南蛮貿易）の道を開いた。この過程で琉球，台湾の東アジアにおける重要度が向上する。各戦国大名たちは独自に南蛮貿易を行い，貿易のため自領地の産業，教育の振興に努め，日本の近代化に大きく貢献する地方建設の素地を形成していく。

（2）豊臣秀吉の朝鮮出兵と東アジア

　1590年に全国統一を達成した豊臣秀吉は，それ以前から外征計画をもっており，「唐国平定」の構想を抱くようになった。秀吉の目的は，朝鮮の一部割譲と冊封なしの勘合貿易の再開だったといわれる。そのため，倭寇を取り締まって海上権を掌握し，フィリピン・台湾に服属を求めると同時に朝鮮には明朝征服の協力を求めた。李王朝がこれを拒否すると，92年に15万の大軍を編成して釜山から上陸し，漢城（現・ソウル），平壌まで攻め入り，各地を占領し，多くの民衆をも殺害した（文禄の役）。しかし，李舜臣が率いる水軍や朝鮮民衆の激しい抵抗と明の援軍により一時休戦した。97年再び出兵したが，98年の秀吉の死で全軍が引き上げ

ることとなった（慶長の役）。この秀吉の二度の朝鮮出兵が東アジアの国際秩序の変容に与えた影響は大きかった。全国が戦場と化した朝鮮の被害は惨憺たるものであったとされる。その後，朝鮮はもとより明にとっても日本は警戒すべき存在となる。

　日本の鎖国の最大の要因にはキリスト教を完全に遮断することがあった。カソリック国であるポルトガルとスペインは，商業活動と同時に布教活動を重視した。当時は，「外国船は，片手にバイブル，片手に商品を持ち，砲艦に守られて来港する」といわれた。貿易船には必ず宣教師が同乗し，上陸後農村や山奥にまで入り込み，直接民衆と接触し，精力的な布教活動を行った。そのため，中国には近代以前に建設された天主堂が各地に残されているし，韓国にキリスト教徒が多い理由もまた納得できる。

　日本でもキリスト教徒が急速に拡大し（最大で180万人），長崎や平戸には教会群が今も残されている（世界遺産として2018年7月に登録された）。大名の中にもキリシタン（吉利支丹）大名と呼ばれた高山右近や小西行長のような大名が多く出現した。彼らは代官や地主よりも宣教師のいうことに従い，時には彼らの煽動で一揆を起こした。1637年に天草四郎が起こした島原の乱がその最大のものであった。

　江戸幕府はこのような状況を自らの支配への挑戦とし，ポルトガルやスペインがキリスト教によって日本を占領するかもしれないとおそれた。したがって，キリスト教の流入を食い止めるためには，貿易船の来航そのものを禁止せざるを得ないと判断したのである。この禁教説に対して，日本の鎖国の背景には秀吉の朝鮮出兵の影響を指摘する視点もある。

　秀吉軍撤退の後，日本に対して朝鮮と明は海禁政策を実行した。朝鮮は釜山一港のみを開港し，日本人の国内への立ち入りを禁止した。また，

明は江戸幕府の再三の要請にも関わらず勘合貿易の復活には応じず，日本人の国内立ち入りを厳しく禁止したのである。

そのため，朱印船は主に東南アジア諸国に向かい，各地に多くの日本人町ができた。これは「日本の大航海時代」ともいわれ，東アジアに東南アジア全域を巻き込む新しい統合の可能性を生み出した。

一方，徳川家康は朝鮮の恨みが根深いため，明と連合軍を編成して報復に来ることを警戒してい

〔上垣外憲一『「鎖国」の比較文明論』（講談社選書メチエ9，1994年）所収の地図を一部訂正のうえ転載）〕

図1−1　朱印船航路と日本町

た。すなわち，第三代将軍家光が踏み切った「鎖国」政策は，朝鮮と明の対日「鎖国」への対抗，また両国連合軍に対する安全保障上の措置でもあったといえる。その後，東アジアは「西洋の衝撃（western impact）」を受けるまで互いに閉鎖的対外政策をとることになる。

（3）東アジアの制限的対外政策の特徴
1）日本の「鎖国」

近年，日本の歴史教科書では「鎖国」という表現を使うのを止めよう

という動きがある。「鎖国」という言葉は，1801年に江戸の蘭学者であった志筑忠雄が出した翻訳本である『鎖国論』で初めて世に出，明治に入ってから一般的に使われ始めたといわれる。原本は，ドイツ人医師ケンペルが書いた『日本誌』（1727年）であるが，「自国人の出国，外国人の入国を禁じ，世界諸国との交通を禁止する」状態を指した。

　しかし，実際には4つの対外窓口があり，精力的に貿易と情報収集を行っていた。そのため，完全な封鎖と孤立をイメージさせる鎖国という言葉はそぐわないという意見が現在出されている。4つの対外窓口は，以下の通りである。

①長崎…江戸幕府の公的な対外窓口は長崎一港に限られ，出島と唐人屋敷があった。出島は，入港するオランダ商人のために作られた人工の島で，扇形をしていた。現在，長崎には出島史料館（出島和蘭商館跡）があり，長崎で行われていたオランダとの貿易の様子が再現されている。日本との貿易の独占は，オランダ商人に大きな利益をもたらし，オランダの繁栄の一助となったといえる。

　唐人屋敷は，通商のために来港する中国商人のための居住区であった。彼らは市内に住むことが許可されていた。現在

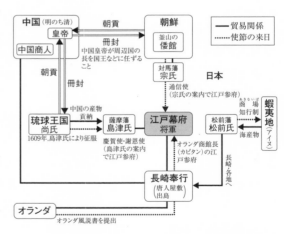

〔宮地正人監修『増補改訂版日本近現代史を読む』新日本出版社，2019年〕

図1-2　鎖国と四つの対外窓口

も「福建会館」「観音堂」「長崎新地中華街」などの史跡が残っている。中国商人の大多数は福建人で，さまざまな中国文化をもたらした。

②松前藩…現在の北海道松前地区にあった最北の藩であった。徳川家康から蝦夷地の領地権，交易権の独占を許可され，アイヌとの貿易を行った。アイヌは中国の東北地方およびそれを通じてのロシアとの交易品を松前藩にもたらし，流通させた。

③対馬藩（対馬府中藩）…対馬藩は，長崎県対馬市と佐賀県の一部を治めていた藩であった。江戸幕府は，朝鮮王朝との外交関係を継続し，対馬藩を通じて「朝鮮通信使」の定期的な江戸参府を受け入れていた。これに対して，幕府は朝鮮に使節を送った。彼らは，正式な外交使節団として認識されていた。また，朝鮮も海禁政策をとっていたため，釜山一港のみを開港していたが，そこには「倭館」が設置され，対馬藩の役人と商人が駐在していた。

④薩摩藩…現在の鹿児島県全域と宮崎県の南西部を領有した藩であった。琉球王国は，東南アジアとの中継貿易に大きな役割を果していたが，薩摩藩が1609年に家康の許可を得て侵攻したため，実質的な支配下に入った。その後，貢納が義務付けられ，江戸には「琉球謝恩使」を参府させたが，中国との宗属関係には干渉しない方針をとり，琉球の朝貢貿易から利益を得ることを優先した。琉球王国は，2年に一度，進貢使を北京に派遣したが，その進貢使は帰国後琉球国王に報告書を提出し，その後ただちに薩摩藩に派遣され，中国情勢を報告した。

このように，江戸幕府の対外関係は，当時の閉鎖的な東アジアの中ではグローバル的であったといえる。また，同時に世界の情報を収集することにも熱心であった。そのことは，「風説書」の存在から明らかになる。

幕府は長崎に入港するすべての中国商人とオランダ商人に対して，長崎奉行に海外の情報を報告する義務を課した。この報告をまとめたものが「風説書」であった。

「風説書」は，中国商人によるものを「唐風説書」，オランダ人商人によるものを「和蘭風説書」といい，この他に外国新聞の抄訳を載せた「別段風説書」があった。当時「風説書」は新聞の国際面の役割を果していた。「風説書」の編集には翻訳担当の通事があたった。すなわち，日本においては「鎖国」下でも通訳と翻訳官を養成していた事になる[6]。この点は，清朝が洋務運動によって初めて翻訳館を創設したことと大きく異なる点である。「風説書」は，日本に世界の情報をもたらす役割を果たし，第2章で述べるように，日本の開国論の論拠の一つとなった。

「風説書」は，翻訳が完成すると直ちに飛脚便で江戸に届けられた。江戸幕府は各地の大名に参勤交代[7]を義務づけていたが，この制度は交通網や宿場町，地方の特産物の流通の発展，そして情報の全国化に大きな役割を果たしたのである。

2）中国・朝鮮の海禁政策

一方，中国では明が北方の異民族であった女真族（のち，満洲族）が1616年に後金を建設し，36年国号を清と改め，第2代のホンタイジから皇帝を名乗るようになり明と対立，44年に順治帝が北京を占領し，明を滅ぼして中国を支配するようになる。これは，「夷」が「華」に取って代わったものと周辺地域には認識された。特に朝鮮は，「夷」と見なしていた女真族に制圧されたため，かえって「小中華思想」をもつようになり，正統儒教を守ることで精神的に清に対抗しようとした。日本も琉球や朝鮮に「朝貢」に似た義務を課すようになった。清朝初期，東アジ

6　「風説書」については，王暁秋著・小島晋治監訳『アヘン戦争から辛亥革命』（東方書店，1991年）参照。

7　大名に課せられた，国元と江戸とを1年交替で往復する義務であり，妻子は人質の意味で江戸居住を強制された。大名はこれにより多大な出費を余儀なくされた。

アでは中心点の分散，華夷思想の重なり合う現象が見られ，東南アジアでも清朝との対等意識が芽生え，国民国家形成の素地を形成した。

　しかし，康熙・雍正・乾隆帝の三代133年の治世，清朝では経済が発展し，社会が安定し，人口が増え，台湾・新疆・モンゴル・チベットなどを制圧し，その版図は最大となった。康熙帝は西洋の文化や科学を採り入れることに熱心で，中国文明と融合した豊かな文化を発展させたため，清朝は自らが中心点となる華夷的世界秩序を再構築することに成功する。この時の清朝の GDP は，現在のレートに換算すると世界第 1 位であったといわれている。近代以降から現在まで中国の指導者が繰り返し「中華の復興」をかかげ，その目標としてきたのは，この時の中国であったといえる。

　中国の制限的対外政策は，海禁政策といわれる[8]。中国の海禁政策は，1371年明の太祖の時代にさかのぼる。当初倭寇襲来の防御策として「海禁令」が出された。しかしその後，密貿易が盛んとなったため，1567年海禁政策が緩和されたが，1644年清朝の中国支配が開始すると同時に，厳重な海禁政策が施行されるようになる。その最大の目的は，異民族支配（少数による多数の支配）を貫徹するため，海外からの情報を遮断することにあった。この点も江戸の「鎖国」と異なる点である。

　康熙帝は海禁を一部解除し，広州，漳州，寧波，雲台山の四港を開港したが，1757年乾隆帝はそれを強化し，開港を広州一港に限定した。ここでは貿易は皇帝の許可をもらった「広東十三行」[9]と呼ばれる特権商人団（牙行[10]—仲買商）が独占した。

　清朝は，朝貢貿易体制をとっていたため，自ら積極的に貿易を行うことはなかった。それを可能にしたのは，農業を中心とした自給自足の自

8　「海禁」とは，中国人が外国と交易すること，および海外に渡航することを禁じることを指す。明朝の貿易体制は基本的に朝貢貿易であったため，特定の国を禁止することはなかった。

9　「十三行」といっても必ずしも13あったわけではなかった。有名なものに「怡和行」「同文行」「仁和行」などがあった。—梁嘉彬『広東十三行業』。

然経済であった。朝貢貿易は，中国側からすれば「外国に対する一種の恩賜」であった。1792年乾隆帝はイギリスのジョージ三世に宛てた勅書のなかで，

「天朝の物産は豊かで，外夷の物を借りなくても有無を通じている。特に天朝で産する茶・磁器・絹は西洋各国必需品であるから，恩恵をもって授けることとする」と述べている。このような中国の国際感覚，すなわち中華思想が自由貿易体制と国際法に基づく国家関係の確立を目指していた西洋諸国との間に摩擦を起こすことになっていくのである。

以上のような中国の国際感覚は，同様に日本にもみられた。江戸時代前期の学者・山鹿素行は1663年，「日本は天の正道にあたり，大地の中枢を得る『中央の国』であり，我が天下の富と土地の広さを以てすれば，外夷の物に頼らなくても自足できる」と書き記している。また，江戸末期幕府の外国事務担当の官員は，イギリス人に対して，「我々は何世紀もの間，他の世界から孤立していたが，我々自身のために必要なものはすべて生産してきた」と述べている[11]。

朝鮮も開港地を釜山一港に限り，中国同様の海禁政策をとっていた。また，清朝が中国支配をするようになった後は，明朝を引き継いだ「小中華思想」を持つようになり，「二元的中華」の状態が見られた。しかし，中国にとって朝鮮はあくまでも属国であったため，そのような状態は，朝鮮の開国を遅らせる一因となったのである[12]。

以上述べてきたように，近代以前の東アジアはともに制限的な対外政策をとっていたが，その目的と方法は大きく異なった。その相違点が次に来る「西洋の衝撃」をいかに受容するかの違いとなっていくのである。

10　広州の牙行たちのことを一般に「公行」と呼んだ。これは，外国人たちが用いた通称で，「Cohong」，すなわち「Cooperationhong-merchant（行商）」の略であった。

11　家近亮子『日中関係の基本構造―2つの問題点・9つの決定事項―』，晃洋書房，2004年，28～30頁。

12　森万佑子『朝鮮外交の近代』，名古屋大学出版会，2017年，参照。

2 | 東アジアの近代

《**目標＆ポイント**》　近代以前の東アジア諸国は，いわゆる「鎖国」体制をとっていた。その開国は，「西洋の衝撃」に拠るところが大きい。これをいかに受容するかによって，近代のあり方が規定されたともいえる。西洋を模倣し，いち早く近代化した日本が華夷的世界秩序に与えた影響は計り知れない。本章においては，東アジアの近代の幕開けについて比較検討し，いわゆる「日本の衝撃」について考察する。

《**キーワード**》　アヘン戦争，明治維新，甲申政変，福沢諭吉の脱亜論，洋務運動，日清戦争，台湾，日露戦争，変法運動，留日ブーム

1. 近代以降の東アジアの国際関係

（1）「西洋の衝撃」と東アジア

　東アジアの近代は「西洋の衝撃」によって幕を開けた。ここでいう近代とは，ウォーラーステイン（Wallerstein）の「世界システム論」に基づく「西ヨーロッパの歴史過程の様相である『近代資本主義』を，非ヨーロッパ世界に流し込む」作用によって達成されるものであった[1]。

　産業革命を経たイギリスを初めとするヨーロッパ諸国は，世界に市場と原料，安価な労働力を求め，アジア・アフリカに進出した。彼らのいう文明とは，資本主義とそれを支える市民社会の形成を指した。また，国際法による世界秩序の形成を目ざした。新「世界システム」の「力」によるグローバル化は19世紀後半から20世紀初頭にかけて精力的に行わ

1　藤田高夫「東アジアの共時性」，松浦章編『東アジアにおける文化情報の発信と受容』雄松堂出版，2010年，9頁。

れた。この時代は帝国主義の時代と呼ばれ，多くの国が植民地となり，その支配下に置かれた。このような潮流の中で，東アジア諸国の「鎖国」状態は転換を迫られ，開国を余儀なくされていく。

（2）アヘン戦争と東アジア

　東アジアの国際関係を長く規定していた華夷的世界秩序は，イギリスによって，その変容を迫られることになる。イギリスは，市場の潜在力が大きいと判断した中国との貿易の自由化と近代的な外交関係の構築を望んで，何度も使節を送った。しかし，清朝はこれに応じようとしなかった。イギリスでは産業革命によって，食文化も変化して行った。貴族だけではなく，新興の資本家階級の家でも紅茶と菓子を楽しむ習慣（アフタヌーンティー）が生まれ，茶や砂糖の需要が急増していた。

　第1章で述べたように，中国は外国製品には無関心であったため，イギリスの対中貿易赤字（銀の流出）は深刻となった。貿易赤字を解消するため，イギリスはインド産のアヘンを密貿易する手段に出る。そのため，中国ではアヘンがまん延し，深刻な社会問題と銀の逆流現象が生じた。当時，清朝はアヘンの栽培と摂取を禁止していた。特に1800年代に入ると，アヘン密輸の量は，18世紀末の10倍に急増したため，その対策は急務となった。39年欽差大臣に任命された林則徐は，イギリスの商人から没収した2万291箱にのぼるアヘンの箱に石灰を混ぜて海に投棄し，イギリス商人を広州から閉め出したため，イギリス議会が出兵を決議し，1840年アヘン戦争が勃発した。

　アヘン戦争は，イギリスの勝利で終り，1842年8月「南京条約」が締結された。この条約は，清朝が結んだ最初の不平等条約となった。特に「関税自主権の喪失」は，1930年代まで解消されず，中国の民族産業の発展を阻害した。また，賠償金の2100万ドルは，当時の清朝の国家収入

の 3 分の 1 に当たり，その支払のため増税が実行されたため，農村が疲弊し，農民が流民化する現象が起きた。それが，太平天国運動の要因となっていく。

　前述した「風説書」が日本の開国に影響を与えたと思われる理由は，アヘン戦争の情報を詳細に伝えたことにある。アヘン戦争の情報は「唐風説書」の中の「阿片風説書」として1840年から44年の間に19件が残されている。ここでは清朝とイギリスが戦争に至った経緯，戦闘の状況，清朝敗北の原因，「南京条約」の内容等がほぼ正確に伝えられている。

　このような「唐風説書」の情報をもとに，江戸の著名な学者であった塩谷宏陰が1847年に編集，出版したのが『阿芙蓉匯聞』であった。この冊子は，当時の日本の知識人たちに大変注目された。

　これをもとに，当時江戸の学者たちは，清朝のアヘン戦争の失敗の原因を次のように分析した[2]。

①清朝政府の政治の腐敗と軍事力不足

②清朝の支配層が前時代的で世界の情報に疎く，外国の先進技術を学ぼうとせず，西洋諸国をいつまでも夷狄と見なし，軽視したこと

③西洋の武器の優秀さ，優れた技術

　この分析のもとに，アヘン戦争は「前車の覆るは後車の鑑」であるという結論が出された。そして，いたずらに西洋と争うべきではなく，むしろ西洋の技術に学ぶべきであること，また，内政を改革する必要があることも主張された。これにより，「優れた西洋，遅れたアジア」という国際認識が培われ，開国論の一つの理論的根拠となった。このように，日本が「鎖国」をしながらも外国の情報収集に熱心で，「風説書」を編纂しつづけたことは，日本の近代史にとって重大な意味をもつといえる。

2　王暁秋著・小島晋治監訳『アヘン戦争から辛亥革命』東方書店，1991年，24〜33頁。

2. 日本の明治維新と東アジア

（1）日本の開国

　アヘン戦争から始まる東アジアのグローバル化は止めることができない速さで進んでいった。日本はアヘン戦争を「天が与えた前車の鑑」としようとし，イギリスが日本にも攻めてくるかもしれないとの危機感をもち，1842年それまで施行していた「異国船打ち払い令」を緩和して「薪水給与令」を新たに出し，外国船に燃料と水・食糧を与えることにした。

　このような中で，まずアメリカが捕鯨船や中国との貿易の寄港地として日本との通商を求め，1846年にアメリカ東インド艦隊司令長官・ビッドル（Biddle）が浦賀に来航した。幕府はこれを拒否したが，53年ペリー（Perry，アメリカ東インド艦隊司令長官）をフィルモア（Fillmore）第13代大統領の使節として来航させ開国を迫った。ペリーは翌54年軍艦（いわゆる黒船）7隻を率いて再来航し，軍事的圧力をもって幕府に開国を迫った。この時日本とアメリカが結んだ条約が「日米和親条約」であった。また，58年には「日米修好通商条約」が締結され，正式に貿易が開始された。

　しかし，本条約は関税自主権の喪失，領事裁判権などが入った不平等条約であったため，反対派を押し切ってこれを断行した井伊直弼は，尊王攘夷派の武士たちによって暗殺されることになる（桜田門外の変）。日本においては，領事裁判権の撤廃は1894年，関税自主権の回復は1911年に行われたが，中国が領事裁判権（治外法権）を完全に撤廃するのが1943年，関税自主権の回復が1930年代半ばであることを考えると，極めて早かったといえる。

　このようにして開国した日本は，公武合体派，尊王派，攘夷派，あるいは尊王攘夷派等に分かれ，内戦状態（戊辰戦争）に陥るが，1867年10

月14日徳川15代将軍慶喜が「大政奉還」を申し出，翌日朝廷はこれを受理し，12月9日「王政復古の大号令」を発令した。ここで，徳川の支配は幕を閉じることとなる。

（2）明治維新─アジアの近代化のひな形

　1868年1月1日明治政府の発足により日本は新しい時代を迎える。新政府はスローガンとして「百事御一新」を掲げ，政治，経済，社会，外交，文化などをすべて新しくする改革に踏み切った。明治維新という言葉はこれを語源としている。新しく天皇となった明治天皇（祐宮睦仁）は，1852年11月3日生まれであったため，15歳という若さであった。この時から「一世一代の制」が始まり，天皇が変わる度に元号が変わるようになった。

　3月14日，明治天皇は自ら「五箇条の御誓文」[3]を発布した。その最初で「広く会議を興し万機公論に決すべし」として議会制の導入を唱え，「智識を世界に求め」として，グローバルな価値観を共有しようとしたことは，日本の近代の方向性を決定した。

　その後，明治政府はただちに三大改革に着手する。三大改革とは，①兵制の改革，②学制の改革，③税制の改革をいう。

①**兵制の改革**：明治政府は1873年1月「徴兵令」[4]を発布した。これは，国民皆兵を原則とするもので，士族，平民にかかわりなく，満20歳に達し

　一、広く会議を興し、万機公論に決すべし

　一、上下心を一にして、盛に経綸を行ふべし

　一、官武一途庶民に至る迄、各其志を遂げ、
　　　人心をして倦ざらしめんことを要す

　一、旧来の陋習を破り、天地の公道に基くべし

　一、智識を世界に求め、大に皇基を振起すべし

図2-1　五箇条の御誓文

3　「五箇条の誓文」は参与であった由利公正・福岡孝弟が起草し，木戸孝允が修正を加えて完成したものであった。これは立憲政治・議会政治の原点とされる。

た男子はすべて徴兵の対象となった。これは，軍国日本を形成する基礎となっていく。

②**学制の改革**：明治政府は「一般の人民を文明ならしめるのは，『国家の富強安康』をもたらす」という考えのもとで，1872年「四民平等」「男女平等」の原則に立つ学校建設に着手し，義務教育制度を発足させた。これによって設立された小学校は全国で53,760校にのぼった。この制度が急速に実行できた理由には江戸時期の各藩における寺子屋，私塾，藩校などの教育重視の政策がもたらした識字率の高さがあったということができる。

③**税制の改革**：明治政府は1873年7月まず「地租改正条例」を公布し，本格的税制改革に取りかかった。その骨子は，(1)課税の基準を収穫高から一定した地価に変更したこと，(2)物納から金納に改正したことなどであった。この改革により，近代的な租税体系が整ったといえる。

このような条件の下で政府は産業の振興に力を注いだため，日本の産業革命はスムーズであり，軽工業，特に繊維工業の目覚ましい発展がみられた。日本は，ひたむきにヨーロッパ諸国の模倣をし，その模倣こそが近代化の証であると考えるようになった。明治においては，衣服，食生活，住居などの基本的な生活様式はもとより，思考，文化までもが急速に西洋化していった。このような明治維新と呼ばれる改革は，アジアの近代化のひな形になり，中国においても朝鮮においても「近代化＝日本化」の試みがなされていくのである。

4　「国民皆兵」の方針は版籍奉還直後から大村益次郎によって立案され，山県有朋によって具体化された。当初は戸主・嗣子・養子・官吏・学生（官立のみ）・代人料（270円）を払った者は免役されたが，その後改正が加えられ，免役規定を縮小して「国民皆兵」の義務を強化した。

3. 福沢諭吉の「脱亜論」と中国の改革運動

（1）福沢諭吉の「学問のすすめ」

　19世紀後半は帝国主義の成熟期にあたり，西洋列強による世界分割が激しさを増した時期であった。特にアジアへの進出は激化し，中国分割ともいえる列強による勢力拡大の後，ロシア・イギリス・フランスなどは朝鮮に対する侵略行動を精力的に開始していた。「次は日本である」との危機感を高めていた日本が選択した道は，まず，①隣国である中国と朝鮮に日本と同様の改革を期待し，ともに西洋の侵略から東アジアを守る方法（興亜論），②アジア特に隣国である中国と韓国と，日本との区別化を国際的にアピールし，西洋の仲間入りをすることで西洋列強による侵略と分割を回避しようとする道（脱亜論）であった。時期によりその双方のオピニオン・リーダーとなったのが福沢諭吉である。

　福沢諭吉は1835年1月10日大阪で下級士族（大分・中津藩士）の次男として生まれた[5]。福沢は幕末の混乱の中でまず，蘭学を身につけようとし，1854年長崎においてオランダ語を習得するが，59年横浜に出た際，ヨーロッパにおいてはオランダ語ではなく英語が主流であることを知る。このままでは西洋人とつきあうことができないと認識した福沢は，独学で英語を学び，1860年1月から幕府の軍艦奉行に従って咸臨丸で渡米する機会を得る。また，61年12月からは幕府の遣欧使節の随員としてヨーロッパ各国をまわる。さらに，67年1月には遣米使節に従って再び渡米する。

　これら3回の渡航を通して福沢は，世界には「萬国公法宗（国際法）」というものがあるが，実際には国家間は平等ではなく，「国威」盛んな欧米諸国と遅れた地域の国々は不平等な関係にあること，英国人が「土人」に接する状況は「殆ど同等の人類に接するものとは思われない」こ

5　福沢諭吉の履歴に関しては福沢自身が1898年に著した『福翁自伝』（福田政文校訂，岩波書店，2002年）を参照した。

とを目の当たりにする。福沢はこの結果一国の「文明の立ち後れ」は国際的不平等の最大の要因になることを痛感するに至る。

その後，福沢諭吉の最大の関心事は，いかにして日本を「文明化し，富国強兵ならしめる」かに集中する。福沢はその方法を「学問」にもとめた。福沢がこの考えのもとに1872年出版を開始した『学問のすすめ』は，「学制の改革」と時を同じにしたため，一大ベストセラーとなり，福沢は「明治政府のお師匠様」，近代化提唱者の代表としての地位を確立する。このことが，福沢をして「明るい明治」を創出させた英明な知識人としての歴史評価をゆるぎないものとしたことは間違いない。

しかし，反面，福沢がアジア蔑視を容認し，アジア侵略を正当化した「暗い昭和」につながるレールを敷いた責任は免れない，という批判が根強く存在することもまた事実である[6]。この点を明らかにするために，ここではまず『学問のすすめ』[7]における教育論とそれに基づく国家論について見ていく。

同書は1872年2月から76年11月にかけて1編ずつ出版され，全17編で完成している。「初編」の冒頭にある「天は人の上に人を造らず人の下に人を造らず」というフレーズは，日本の歴史教科書でも紹介される場合が多いが，同書を手にしたことのない人は，福沢がこの言葉を自ら語ったかのように誤解している。

これは，まさに大きな誤解である。福沢の論理展開は次のようなものである。すなわち，一般にそのように言われているが，それは真実ではなく，実際には「かしこき人あり，おろかなる人あり，貧しきもあり，富めるもあり，貴人もあり，下人もあり」で，「その有様雲と泥との相違」にも似ているのである。福沢はそのような差は，「学ぶと学ばざるとに由って出来るもの」であると断ずる。

福沢にとって，「学問」は出世のための唯一無比の手段であり，必要

6　安川寿之輔『福沢諭吉のアジア認識』高文研，2000年，38頁。
7　福沢諭吉『学問のすゝめ』，岩波書店，2002年，参照。

条件とされる。福沢は，「人の上に立つ」ために「学問」をしなくては
ならないとすすめているのである。当然，「学問」をしない人は「人の下」
に甘んじなくてはならない。福沢はそのような人は学問を修めた人に従
わざるを得ないと主張する。

　福沢の特徴は次の二点あるように思う。一つは，この論理を国家関係
にも当てはめたことにある。すなわち，先進国に肩を並べるためには国
家は「学問（近代化・科学技術の導入）」し，「富国強兵」に励む必要が
ある。それを怠る国は「貧弱なまま」で劣等国（三等国）としての道を
歩まざるを得ない。そこに同情の余地はない。なぜなら，それはその国
の「学び」が足りないからである。そして，これらの国々は当然優れた
国に従うことになる。これは，「帝国主義の論理」に通じる考えである。

　もう一つの点は，「学問」の目的には，「本国のためを思うこと我家を
思うが如くし，国のためには財を失うのみならず，一命をも抛て惜し
むに足ら」ない国民を作り上げることがあり，「報国の大義」を全国に
普及させることが重要であることを主張している点にある（第三編）。

（2）朝鮮の改革運動挫折と福沢諭吉の「脱亜論」

　福沢諭吉は，当初興亜論者であったといえる。そのため，慶應 4 年
（1868年）に自らの教育理念実践のために設立した慶應義塾に1881年か
ら朝鮮からの留学生を受入れ，近代化教育を行っていた。そのような中，
翌82年 7 月23日，朝鮮の日本公使館が襲撃されるという事件（壬午軍乱）
が起きる。その背景には日本と朝鮮が1876年に結んだ「日朝修好条規」
があった。この条約は朝鮮にとって近代国際法に基づく最初の条約であ
った。しかし，日本が朝鮮を独立国として理解したにもかかわらず，朝
鮮はこの条約を華夷的世界秩序の中の「自主」権の範囲で理解していた
ため，朝鮮内部には開化政策に対する反発が起きたのである[8]。

8　森万佑子『朝鮮外交の近代―宗属関係から大韓帝国へ―』名古屋大学出版会，
　2017年，3 〜10頁。

図2-2　福沢諭吉（左）と金玉均（右）

　この事件は，朝鮮の謝罪という形で収まったが，その時の使節として訪日したのが「開化党」代表であった朴泳孝と金玉均であった。この時二人は福沢と交流している。その後，朴と金は日本の明治維新による近代化を強く望むようになり，1882年2月から7月にかけて慶應義塾と興亜会に所属し，近代化政策を学んだ。帰国後，朝鮮で最初となる民間新聞『漢城旬報』を発行し，近代化を民衆に広めようとした。

　このような朝鮮の日本型近代化の推進に危機を感じ，宗主国としての存在を誇示しようとした清朝は，3000名の兵士を京城（現ソウル）に進駐させた。壬午軍乱後，朝鮮政府内部は，清朝との関係を基礎に近代化を推進しようとする「事大党」などと，日本の明治維新をモデルとして近代化を目指そうとする金玉均・朴泳孝たちの「独立党」などとの二大派閥に分裂したのである。

　1884年10月17日，金玉均たちの独立党は，清朝との宗属関係を清算し，国際法上の独立国になるべく，クーデターを起こした。これが「甲申政変」である。しかし，このクーデターは，清朝軍の介入により「三日天下」で終ることになる[9]。首謀者の一部は日本に逃れ，金は三田の福沢宅にかくまわれた。この時，朝鮮では関係者の一族がとらえられ，残忍な方法で処刑された。金の親族も惨殺された。それを知った福沢は，自らが主筆をしていた『時事新報』の1885年2月23日と26日号で「朝鮮独

9　森万佑子『朝鮮外交の近代―宗属関係から大韓帝国へ―』名古屋大学出版会，2017年，9頁。

立党の処刑（前・後）」という記事を書き，朝鮮の執政党とその背後に
いた清朝を激しく非難したのである。

　このように，福沢を初めとする多くの知識人は当初，朝鮮と中国の改
革運動に期待をかけ，興亜論を展開した。福沢が『時事新報』を創刊し
たのは1882年3月11日であったが，創刊号の社説は「朝鮮ノ交際を論ス」
であり，いかに福沢が朝鮮問題に関心があったかが分る。その背後には
福沢の西洋列強によるアジア侵略への強い危機意識があった。福沢は，
「西洋諸国の文明は日に進歩し，その文明の進歩とともに兵備もまた日
に増進し，その兵備の増進とともに併呑の欲心もまた日に増進するは自
然の勢い」である，と述べている。これに対抗するためには，アジアが
一体となって共同で「西洋人の侵陵を防」ぐ必要がある。しかし，同盟
国となるべき朝鮮と中国の「文明化は遅鈍である」から，このままでは
これを防ぐことはできない。

　ここから福沢の危機意識は，アジアの「文明化の遅鈍さ」に向かう。
隣国の独自の「文明化」を待っていては「日本自体の類焼を予防する」
ことができないと主張する福沢は，「武力を用いても」，「我日本の国力
を以て隣国の文明を助け」るべきであるとの結論に達する。その方法は，
「我国に倣って近時の文明を興せしむるの外な」いとする。ここにはア
ジア型近代化の図式が明確化されている。すなわち，日本における「近
代化＝西洋化」，アジアにおける「近代化＝日本化」の図式である。

　「脱亜論」は「朝鮮独立党の処刑（前・後）」の直後の3月16日に『時
事新報』に掲載された社説である。この時点では，福沢はすでに朝鮮・
中国独自の改革には見切りをつけていたということができる。福沢は，
ここで日本がアジアにあって「新たに一機軸を出して主義とする所は，
唯脱亜の二字にあるのみ」であると言い切る。その理由として，日本は
東アジアに位置しているが，「其の国民の精神は既に亜細亜の固陋を脱

して西洋の文明に移」っていることをあげている。

　このような認識から，福沢は日本にとって，「然るに不幸なるは」近隣に中国と朝鮮があることと述べる。なぜなら，両国は「改進の道を知らず」，文明を取り入れず，旧態依然のままであるからである。このままの状態では「今より数年を出ずして亡国と為り，其の国土は世界文明諸国の分割」となることは必至となると主張する。

　そして，最後に日本は今後「西洋の文明国と進退を共にし，其の朝鮮に接するの法も隣国なるが故にとて特別の会釈に及ばず。正に西洋人が之に接するの風に従て接するべきのみ」であり，「心に於て亜細亜東方の悪友を謝絶するもの」であると述べている。これは，まさに「脱亜入欧」宣言ともいうことができる。

　金玉均は，1894年3月28日上海で閔妃（ミンビ）と事大党が放った刺客に拳銃で暗殺され，遺体は朝鮮に運ばれ，八つ裂きにされたあげくに各地でさらし者にされた。それを知った福沢がその年に起きた日清戦争を「文野の戦争（文明と野蛮の戦い）」（『時事新報』1894年7月29日）と称したのには，そのような背景があった。

4. 洋務運動と日清戦争—東アジアにおける華夷秩序の崩壊

（1）洋務運動

　アヘン戦争後の重税の中で，中国では農民が流民化する現象が生まれた。その中で起きたのが太平天国運動である。指導者であった洪秀全は1853年3月19日，南京を占領して天京と改め，太平天国の設立を宣言した。この運動の鎮圧に清朝の正規軍（満洲八旗）のみでは困難であったため，満洲族ではない漢民族による新軍を創設することになる。

　中国最初の改革運動となる洋務運動は，これらの新軍の指導者たちが起こしていく。湘軍の曾国藩，淮軍の李鴻章，楚軍の左宗棠などは，太

平天国鎮圧の功績で清朝における発言権を獲得する。彼らは太平軍との戦闘の過程で外国の武器の優秀さを知り，外国から近代的技術を導入する必要性を痛感する。

　清朝においては伝統的に外国との交渉事を蔑称で「夷務」と呼んでいたが，天津条約でこの通称が使えなくなると，以降対外事項を「洋務」と称するようになった。洋務運動のスローガンは「中体西用」であり，伝統的体制を西洋の技術によって補完・維持しようというものだった。

　洋務運動は清朝が対外交渉に関する事項を処理するため1861年1月に創設した「総理各国事務衙門」（外務省にあたる）が中心となって展開された。まず初めに，清朝は対外交渉を行う外交の専門職を養成するために62年11月北京に「京師同文館」，63年3月には上海に「広方言館」を創設した。72年にはここの学生をアメリカに派遣するなどして人材の育成に力を入れる。

　洋務運動によって中国には武器・弾薬，造船，造艦，鉄鋼，コンビナートなど重工業中心の近代的工場，銀行，鉄道，および学校が次々と建てられていく。これらの新しい施設はほとんどが官営であったために，建設費は民衆への増税となってはね返った。清朝は新たに商品通過税である「厘金」を創設し，また建設費の多くを諸外国からの借款でまかなおうとしたため，中国へのさらなる介入を招くこととなった。

　このような清朝の経済中心の体制内改革は二つの外国との戦争で破綻していく。それは，1884年のフランスとの戦争と94年の日本との戦争であった。これら二つの戦争は中国が長く宗属関係を続けてきたベトナムと朝鮮の「独立」を争うものであり，東アジアにおける華夷的世界秩序の存亡をかけた戦いであった。清仏戦争はフランスの勝利で終り，ベトナムの独立が決定する。清朝は，その後朝鮮を守るべく介入を強めていく。

（2） 日清戦争

1894年3月朝鮮の全羅道で重税にあえぐ農民が蜂起した。当時南部朝鮮一帯に流行っていた秘密結社・東学教団[10]は散発的であった農民反乱を指導し，糾合していく。そのため，この農民反乱は「東学の乱」「甲午農民運動」とよばれ，指導者は，全琫準であった。彼らは，日本と西洋を排斥して義兵として立ち上がろうと，農民たちの蜂起を促した。

農民運動の鎮圧に窮した事大党は，宗主国である清朝に出兵・援軍を要請する。この清朝の出兵は日本にとって絶好の朝鮮出兵の理由となった。日本は公使館・領事館および在留邦人保護のため，6月2日出兵を閣議決定する。この時は第二次伊藤博文内閣で外相は陸奥宗光であった。

1894年，日本政府は清朝に対し，7月19日 ①中国と朝鮮との宗属関係の撤廃，②清国軍の撤兵，③ソウル―釜山間の軍用電信の架設，④日本軍の兵営建設などを要求する「最終文書」を朝鮮政府に手交した。

日本は回答期限の7月23日未明，朝鮮李朝の王宮を武力制圧して閔氏勢力を封じ込め，国王高宗の父・大院君をかついで閔氏政権を転覆する。大院君は，国王の名義で25日，清朝との宗属関係を破棄し，日本に清軍の排除を依頼する。それを受け，日本は8月1日清朝に宣戦布告した。日清の開戦に際し，欧米列強は中立の立場をとった。戦局は日本に有利に展開した。特に陸上戦において平壌会戦を制し，海戦において中国の誇る新設の「北洋」「定遠」「鎮遠」の連合艦隊を破ったことは日本にとって大きな勝因となった。

日清戦争の講和交渉のため，1895年3月20日直隷省総督兼北洋大臣となっていた李鴻章が全権大使となって，随員125名とともに来日する。華夷的世界秩序を保持し続けてきた中国にとって，自ら外交交渉に出向くこと自体歴史的屈辱であった。講和交渉は赤間関（現・下関）の料亭・

---

10 「東学」とは「西学（キリスト教）」に対する東方，朝鮮の学の意味である。1860年に崔済愚によって創始された新興宗教。伝統的な民間信仰を基礎に，儒教・仏教・道教の教えをとり入れた独自の教義をもっていた。

春帆楼で行われた。日本側の全権大使は伊藤博文と陸奥宗光であった。3月24日李鴻章が講和に反対する慶應義塾の福沢の一門下生に至近距離から襲われ，負傷するという事件があったが，4月1日から講和条約交渉が開始された。

日本側が中国に提示した講和条件は，①朝鮮の独立の承認，すなわち清朝と朝鮮の宗属関係の解消，②遼東半島[11]およ

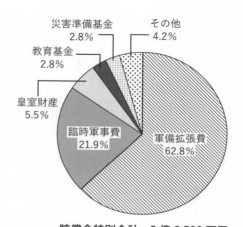

賠償金特別会計　3億6,500万円

図2-3　下関条約による戦争賠償金の使途

び台湾・澎湖島の割譲，③清朝の通貨であった「庫平銀」による二億両（テール）[12]の賠償金の支払い，④日清通商航海条約の締結，⑤沙市・重慶・蘇州・杭州の開市・開港，⑥租界における治外法権の承認，⑦中国国内における工場敷設権の承認などであった。日清講和条約（下関条約）は4月17日に締結された。

この下関条約により，日本は欧米諸国と同様の条件をもつ不平等条約を隣国中国に認めさせ，帝国主義列強に匹敵する権利を中国国内に持つようになる。日本はこれにより朝鮮を植民地支配する基本的条件を得た。また，日本はこの時得た賠償金で銀本位制から金本位制に切り替えることができ，世界の金融市場に参入する条件を整える。同時にそのほとんどを軍備増強に使用し，軍事大国への足がかりを得る。因みに，工場敷設権の獲得は列強にも認められたため，諸外国の中国への経済進出を激化させ，中国の「次植民地」状態を加速させることとなったのである。

11　遼東半島はいわゆる「三国（露・仏・独）干渉」により5月4日代償金3,000万両で清朝に返還された。

12　2億両は当時のレートで日本円3億6,500万円にあたり，日本の国家歳入の2年半分にあたった。賠償金は7カ年割賦で支払われた。

　台湾に関しては当初海軍の樺山資紀を総督に任命して台湾総督府をおき，植民地支配を開始したが，台南では清朝より台湾防衛を命じられた黒旗軍の劉永福が台湾民主国を設立して，激しく抵抗したたため，全島を征服したのは1895年11月になってからであった。その後97年の台湾総督府官制により統治は民政に切り替えられた。民政局長であった後藤新平は台湾支配を安定化するさまざまな政策を立案して実行していった。

5. 日清戦争後の中国

（1）変法運動

　1884年の清仏戦争，94年の日清戦争は清朝の弱体化を露呈した。その後，中国は「日本化」による近代化に踏み切る。それがいわゆる変法運動である。変法運動はまず洋務運動への反省と批判から開始された。洋務運動が清朝の高級官僚によって指導された運動であったのに対して，変法運動は中級および下級の官僚によって起こされた運動であった。

　変法運動の中心人物は康有為[13]である。康有為は広東省で科挙により挙人となるが，都に上ることはかなわず，地方の役人となった。康有為は早くから洋務運動に疑問をもち，日本の明治維新を高く評価していた。康有為が着目したのは日本の「変法」，すなわち制度改革であった。

　康有為は1888年1回目の「上書（皇帝への進言）」を行う。この時の「上書」は完全に黙殺される。その後も康は「上書」を続け，その回数は都合6回に至る。4回目の「上書」が時の皇帝・光緒帝の手元に届いたのは，日清戦争後の1895年5月のことであった。これは，18省千余人の挙人の名を連ねたものであり，「公車[14]上書」と呼ばれる。本上書では，中国は列強によって分割統治される危険があるので，富国強兵のために

13　康有為に関しては，原田正巳「康有為」（近代中国人名辞典修訂版編集委員会編『近代中国人名辞典　修訂版』，霞山会・国書刊行会2018年，267～269頁），同『康有為の思想運動と民衆』（刀水書房，1983年），坂出祥伸『康有為―ユートピアの開花』（集英社，1985年）を参照。

14　「公車」とは，北京に上り，科挙試験を受けた挙人の別称であった。

資本主義を導入し，外国留学を促進し，教育を充実することなどが主張
された。また，第5回「上書」の時は，明治維新を論じた『日本明治政
変考』を著している。

　光緒帝が康有為の「上書」を取り上げたのは，第6回目のことであっ
た。光緒帝は伯母である西太后と咸豊帝の子である同治帝の死後，1875
年わずか4歳の時に位についたが，それ以後実権を握ったのは西太后で
あった。光緒帝は98年27歳になって初めてこのような状況を覆し，自ら
政治を行うべく，康有為の第6次「上書」を採用した。

　光緒帝は同年6月11日「変法の上諭」を発布した。それは，一般に「光
緒の新政」「戊戌の変法」などと称される。主な内容は以下の通りである。
すなわち，

　①科挙の廃止，

　②日本の学制に倣った京師大学堂[15]以下新式中小学堂の設立，

　③官制の改革（無駄の根絶・役人の整理），

　④新式軍隊の整理，

　⑤翻訳局の開設―外国との交渉ができる人材の育成，

　⑥新聞の発行―『時務報』を政府の機関紙とする，

　⑦「上書」の自由，などであった。

　これらの政策は日本の明治維新を模倣して作成されたものであり，多
くの点で共通する。しかし，決定的な違いがある。それは，康有為が主
張した議会の創設が謳われていなかったことであった。その意味では
「光緒の新政」には限界があったといわざるを得ない。光緒帝はこれら
の政策を実行に移すため，康有為と同時に梁啓超，黄遵憲，譚嗣同らの
変法派の官僚を採用した。

　このような新政に対して，西太后を中心とするいわゆる守旧派は激し
く反対し，変法派に欠けていた軍事力を集中することで変法派を孤立さ

15　京師大学堂は北京大学の前身である。

せ，ついに同年9月21日クーデターを起こして光緒帝を幽閉し，変法派を逮捕する。中心人物であった康有為と梁啓超は日本に逃れて，大隈重信や犬養毅の支援を受け，改革運動を継続する。しかし，譚嗣同らは28日処刑されたため，変法派は壊滅的な打撃を受けた。その後，西太后は皇帝の名を以てすべての改革を停止することを通告する。この事件を一般的に「戊戌の政変」という。また，光緒帝らの改革はちょうど100日で終わったため，「百日維新」とも呼ばれる。

（2） 義和団事件

あくまでも改革に反対していた西太后と守旧派の側近グループに政策転換を余儀なくしたのは，義和団事件であった。義和団とは，山東省に発生した白蓮教の分派である八卦教系の秘密結社をいい，当初は義和拳と称した。1898年天災が頻発し，流民が大量に発生すると，それを吸収して巨大化した。彼らは社会が混乱し，貧しくなったのは外国侵略が原因であるとして，西洋の象徴であるキリスト教会を襲うようになる。

1899年になると，義和拳は大規模な排外運動を起こすようになる。その後，義和拳が「扶清滅洋」をスローガンとして掲げると，清朝は「団」の名を付与して義和団とし，半合法化する。義和団は次第に山東以外にも波及し，各地で排外運動を起こすようになる。そして，ついに4月6日天津・北京を占拠する。これに対して列強は6月10日，自国民保護のため8ヵ国（英露仏独米墺伊日）が連合して出兵した。その状況を見た西太后は，義和団の力を利用して一気に外国勢力を駆逐しようとし，列強に対して宣戦布告を行う。それは，1900年6月21日のことであった。

日本は公使館書記生が殺害されたことを理由に，8ヵ国のなかでも最も積極的に出兵し，その主力となり，鎮圧に貢献することによって，列強と同等の中国における権益と地位を得ようとし，義和団平定後も最も

長く北京に駐留し続ける。

　8ヵ国連合軍は8月14日北京を占拠し，西太后は翌日光緒帝を連れて北京を脱出し，西安に逃れる。翌1901年9月7日に結ばれた「辛丑条約」（北京議定書）は不平等条約のとどめを指すものとなった。この条約は8ヵ国に加えてスペイン・ベルギー・オランダも参加し，合計11ヵ国と締結された。その内容の主要なものは以下の通りである。

　①外国人を殺害した都市の科挙を5年間停止する

　②4億5,000万両を，関税と塩税を担保にして39年賦（年利4分）で支払う

　③公使館区域を定め，その防衛のため外国軍を常駐させる，などであった。

　賠償金，4億5,000万両は当時の清朝の歳入の10年分以上にあたった。この支払いは清朝の財政を壊滅的な状況へと追い込んだ。また，科挙の停止などは，完全な内政干渉であったし，特に，外国軍の常駐は，まさに清朝が「洋人の朝廷」となったと揶揄されるにあまりあるものがあった。義和団事件は，中国を「次植民地」状態に陥れる決定的事件となったのである。

（3）西太后の制度改革と留日ブーム─「学び舎」としての日本

　西太后とその側近グループはここに至って初めて改革の必要性を痛感するようになる。1901年1月，西太后は逃亡先の西安で制度刷新に関する上諭を発した。ここでは光緒帝の「百日維新」において提唱された改革案のほとんどすべてが復活されたのである。

　西太后の改革案は清朝にとっては思い切ったものであったが，民間からは根本的な改革ではないという強い不満が出された。そのため，西太后は「百日維新」では論議されなかった立憲君主制への移行を決意し，

5大臣を1905年7月西洋各国に派遣し，同年9月，ついに科挙を廃止することを発表した。また，翌年9月には「予備立憲」の上諭を発し，立憲の準備にかかるのであった。

　このような中国の制度改革の中，一つのブームが起きた。それは，留学ブームであったが，1905年はちょうど日本がロシアとの戦争に勝利した年でもあったため，多くの学生が日本にも軍事，医学，経済，科学技術などを学ぶためにやって来た。

　康有為は，変法の担い手を養成するため，日本への留学を積極的に推進しようとした。それと時を同じくして，洋務派の代表的人物で高級官僚であった張之洞もまた日本留学の必要性を主張していた。張は，1898年に『勧学篇』を著して，ドイツ流の軍事技術を身に付けさせるため，日本留学を推進して行くことを決定する。張之洞は『勧学篇』外篇の「遊学」において，日本留学の利点を渡航費が安いため，同じ費用で派遣する人数を増やせること，日本語と中国語が漢字文化圏で学習しやすいことと説明している[16]。

　すなわち，清朝末期においては洋務派，変法派ともに日本留学を政策

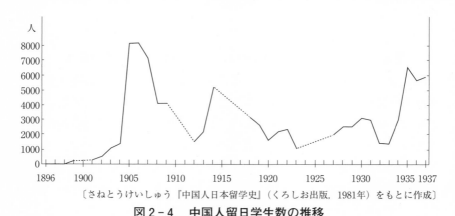

〔さねとうけいしゅう『中国人日本留学史』（くろしお出版，1981年）をもとに作成〕

図2-4　中国人留日学生数の推移

16　小林共明「張之洞と日本留学政策―『勧学篇』を中心にして」月刊『しにか』「特集明治日本と中国人留学生」第3巻第11号，1992年11月。

として推進してく状況が生まれた。その後，清朝が1905年に科挙の廃止を決定すると，科挙に代わる「学び舎」としての日本留学がさらに重要となり，官費留学だけでなく，自費留学生も一気に増え，その数は年間8,000人，6年には17,000人を超し，戦前のピークとなったのである。因みに後に中華民国の指導者となる蔣介石，汪精衛（汪兆銘），胡漢民などもこの時の留日ブームに乗って，留学したのであった。日本は，このような留学生を受入れ，近代的な教育を行うことで，中国の近代化に期待をかけたのである。

3 │ 辛亥革命と東アジアの変動

《目標＆ポイント》　1910年，日本の朝鮮に対する植民地支配が始まる。翌年
10月中国では辛亥革命が起き，12年1月中華民国が成立した。その臨時憲法
である「中華民国臨時約法」は，アジアで最初の民主憲法であった。そのよ
うな中国の変動は，日本へどのような政治的・社会的影響を与えたのかを考
察していく。
《キーワード》　明治憲法，欽定憲法大網，伊藤博文，韓国併合，孫文，辛亥
革命，中華民国臨時約法，袁世凱

1. 韓国併合―植民地支配と抵抗の開始

（1）日清戦争後の朝鮮情勢

　東アジアの1910年代は，激動の時代となった。この時代に起きたこと
が，現在も続く歴史認識問題の要因となった事は否めない。特に，朝鮮
の植民地化は，対日歴史認識問題だけではなく，朝鮮半島の分断化とい
う現状につながる問題でもある。

　原朗が『日清・日露戦争をどう見るか』（NHK出版，2014年）で指摘
するように，日清戦争同様，日露戦争の背景には「朝鮮の支配権をめぐ
る」対立があった。韓国併合は1910年であるが，日本の朝鮮支配政策は，
日清戦争以前から着々と進められていた。当初の計画は，清朝の影響下
から朝鮮を独立させ，親日政権による日本型の近代化を推進することで，
日本の影響下に置くことにあった。

　前章で述べたように，日本は清朝に宣戦布告する直前の7月23日，朝鮮王宮を占拠して，閔妃（明成王后）一派を廃して，大院君を擁立する。しかし，下関条約に露独仏の三国が干渉し，遼東半島の返還が決ると，閔妃一派はロシアに接近して親露政策をとり，日本の影響を除こうとした。この時，朝鮮は第2次金弘集内閣であった。金は1894年から科挙の廃止，断髪令などを次々と出したため，「小中華思想」をもつ守旧派の反発を買ったが，その時朝鮮公使であった井上馨とともに親日的な改革を推進しようとした。しかし，この改革は再び閔妃派が勢力を盛り返したことで，失敗に終わる。

　井上に代わり1895年10月に朝鮮公使となった三浦梧楼は，この事態を打開すべく，兵士を伴い王宮（景福宮）に侵入して閔妃を殺害し，遺体を運び出して焼き捨てるという暴挙に出る。この事件は，アメリカ人の教官とロシア人顧問に目撃されていたことから，国際問題となり，日本は三浦を解任して召還することで，事件の沈静化を図った。この事件後，親露派は後退し，金弘集が第4次内閣を発足させるが，民衆の反日感情は悪化し，86年1月には大規模な「義兵運動」が起きた。金は，軍隊を派遣してこの運動を鎮圧しようとしたが，その間に親露派がクーデターを起こし，国王高宗をロシア公使館に移し，親露政権を樹立した。金は殺害され，親日派は日本に亡命する。

　その後，高宗は1897年2月宮殿に戻り，同年10月皇帝となり，国号を「大韓帝国（以後，韓国）」とすることを発表した。その後，独立協会派（元開化派系）と親露派の対立が激しくなった。独立協会派は，近代的な立憲君主制を目ざして，「万民共同会」を組織し，初めてのハングルだけで書かれた新聞である『独立新聞』を発行するなどして，民衆に文明開化の必要性を訴えた。このような動きに対して，高宗は98年12月に強制的に独立協会と万民共同会を解散させ，99年皇帝専制を保証する憲

法「大韓国国制」を公布し，独裁を強化したのであった。

（2）日露戦争と東アジアの国際関係

　ロシアは韓国に対する影響力を強めると同時に，満洲，遼東半島の支配に対して，積極的な行動をとるようになる。1900年7月，ロシアは義和団事件への8ヵ国出兵の際，満洲に単独出兵して占領し，日本に韓国の中立化を提案した。

　このようなロシアの満洲，韓国に対する積極策に対して，日本ではイギリスと同盟関係を結んで対抗するべきとする意見が強くなる。対ロシアで利害の一致を見た日英両国は，1902年1月ロンドンで「日英同盟協約」に調印した。日本ではイギリスとの同盟は大変光栄なことと，歓迎された。また，アメリカがこの同盟成立直後にロシアの満洲独占に強く抗議したことも日本の追風となった。

　ロシアは，満洲独占を合法化しようと清朝に圧力をかけ，条約締結を迫ったが，日米英の反対と中国における「拒俄運動（反ロシア運動）」が起きる。「拒俄運動」は日本の留日学生の間でも激しく展開された。このようなロシアの野心を削ぎ，満洲と韓国に対する日本の影響力を確立するために起こされたのが日露戦争であったといえる。

　日露戦争の結果，1905年8月にアメリカのポーツマスで結ばれた条約では

　①ロシアは，大韓帝国における日本の政治上・軍事上および経済上の利益を認める

　②旅順，大連およびその周囲の租借権に関連して，ロシアが獲得した一切の権益・財産を日本に移転交付する

　③長春・旅順間鉄道とその支線およびこれに附属する一切の権益・財産，鉄道に所属する炭坑をロシアより日本に移転交付する

④ロシアは，北緯50度から南のサハリン，すなわち南樺太を日本に譲
　渡する，などが決った。

　これにより，日本は韓国に対する圧倒的優位な地位を得ると同時に，
旅順・大連を支配下に治め，満洲支配の足がかりとなる南満洲鉄道（満
鉄）を獲得した。ポーツマス条約に対しては，賠償金がないこと（ただ
し，戦争に費やされた実費は払い戻された）などに不満をもつ民衆が暴
動を起こした（日比谷焼き討ち事件）が，東アジアへの本格的な進出と
いう視点から見れば，その影響は大きかったといえる。

（3）韓国併合

　1904年8月，日本は第1次日韓協約を結んで財政・外交に関する日本
人の顧問を政府に任用させることを認めさせ，翌年11月，伊藤博文を特
使として派遣し，第2次日韓協約を締結して12月に韓国統監府を設置し，
伊藤を初代統監に就任させた。ここから韓国は外交権を失い，保護国化
が進んだことになるが，このような状況に怒った民衆は各地で激しい義
兵運動を起こすようになる。

　さらに，1907年7月には第3次日韓協約が成立し，日本が行政・司法
なども管理し，軍隊も解散させた。また，08年12月日本は農業拓殖事業
を行う国策会社である東洋拓殖会社（東拓）を設立した。本会社は韓国
王室と日韓の民間が共同出資した半官半民の特殊会社で，本社は設立当
初漢城にあった（17年東京に移る）。10年3月からは土地調査の開始と
同時に土地の買収も始めるが，農民の抵抗にあい，思うようには進まな
かった。

　1909年7月6日，日本政府はついに韓国併合案を閣議決定する。この
ような状況下，韓国人の日本に対する反発は高まっていき，10月26日に
は非公式にロシアの蔵相・ココツェフと会談するためにハルビン駅を訪

れた伊藤博文が反日活動家の安^{アンジュングン}重根に拳銃で暗殺されるという事件が
起きる。この時伊藤は統監の職を退いていた。安重根は，ロシア官憲に
共犯者とともに拘束された後，日本領事館に身柄を引き渡され，旅順の
地方法院で 5 回の公判の後，1910年 2 月14日死刑判決を受けた。この事
件は，日韓併合を加速させることとなった。安重根は，日本にとっては
テロリストであるが，韓国では「ナショナリズムのシンボル」として英
雄扱いされている。

　日本は，1910年 6 月「韓国に対する施政方針」を閣議決定し，5 月末
に新たに統監を兼任することとなった陸軍大臣・寺内正毅が 8 月に韓国
の李^{イ ワニョン}完用首相に併合の覚書きを手渡した。李首相は伊藤博文の暗殺事
件後の09年12月，やはり襲撃され，負傷した人物であった。併合に関し
ては韓国の閣議でも決定され，10年 8 月22日，「韓国併合に関する条約」
が調印される。その第 1 条には「韓国皇帝陛下は韓国全部に関する一切
の統治権を完全且つ永久に日本国皇帝陛下に譲与す」とある。

　8 月29日，条約が正式に公布され，韓国皇帝は退位し，大韓帝国はそ

図 3 - 1　朝鮮総監時代の伊藤博文
　　　　　（後方中央）

図 3 - 2　ハルビン駅構内の安重根義
　　　　　士紀念館
〔写真提供：共同通信社〕

の短い歴史を閉じた。このように日韓併合は，形式的には韓国皇帝と天皇，日韓両政府の合意の下に行われていった。日本は，この併合が韓国国民の民意であること，日本と韓国が平等な立場で一つの国家になったことを国際的に宣伝したが，実際には植民地支配であったことは否めない。この年の韓国の人口は，約1,331万3,000人であった。因みに，同年の日本の人口は約5,072万人で，台湾の人口は約334万人であった（『大日本帝国統計年鑑』）。

　その後，韓国皇室は日本の皇室に入り，高宗の7男であった李垠（イウン）は皇族に準ずる王族の王世子（英親王）として日本に居住し，学習院から陸軍士官学校に進み，日本陸軍の中将となる。李垠は，1920年梨本宮家の長女方子（まさこ）と結婚し，戦後も日本にとどまったが，61年朴正熙（パクチョンヒ）大統領によって韓国籍を認められ，63年日韓国交正常化交渉開始後の11月，夫婦で帰国した。

　朝鮮人民の怒りは，日本とともにこのような事態を容認した韓国皇室と政府にも向けられたことは言うまでもない。清朝成立から「小中華思想」を強め，儒教の伝統を守ろうとしていた多くの朝鮮人にとって，日本との併合は容認しがたいものであった。その抵抗として，新政府樹立を目ざす動きが出てくることは当然であった。しかし，その変動は宗主国であった中国でまず起きることになる。

2.　辛亥革命—アジアで初めての共和国誕生

（1）背景：清朝の体制内改革の失敗—「明治憲法」と「欽定憲法大綱」

　前章で述べたように，西太后は1906年9月に「予備立憲」の上論を出したが，08年8月27日「欽定憲法大綱」を公布し，「予備立憲期」を9年と定めた。この「憲法大綱」は大幅に「大日本帝国憲法」を模倣したものであった。次に両者の比較分析を試みる。

1）「大日本帝国憲法」（いわゆる明治憲法）

　日本における憲法制定運動は，1870年代半ばから盛んになった自由民権運動によって開始され，板垣退助の自由党，立志社，愛国社などの政治結社が次々と成立した。その中で片岡健吉率いる愛国社は1880年国会期成同盟に発展し，具体的な綱領を示して全国的に運動を展開したため，各地で国会開設の請願がなされるようになった。同時に各地の政治結社はそれぞれが理想とする憲法草案や「私儀憲法」を作成して公表した。主なものに，立志社の「日本憲法見込案」，植木枝盛の「東洋大日本国国憲案按」，交詢社の「私儀憲法案」などがあるが，1879年から83年の間その数は10以上になった。このように，日本においては憲法制定の要求は下からまず起きたのである。

　これらの憲法草案では主権在民と三権分立，基本的人権の尊重が謳われ，天皇は軍事権を握り，行政を司るが，立法権は国民が握ることなどが主張されている。

　明治政府はこのような自由民権運動を厳しく取り締まる一方，自らの主導で立憲政治を実現させようとする。1882年から83年伊藤博文一行は訪欧し，ドイツやオーストリアの法学者，政治学者からプロイセン憲法や，ヨーロッパ諸国の政治，法律を学んだ。帰国後，伊藤は立憲政治の前提となる政治機構をまず改革する。

　①華族令公布（1884年7月）：華族は公・侯・伯・子・男の五爵に分けられ，江戸時期に大名や公家であった人々に加えて，明治維新後国家に功労のあった人々を新しく華族とした。この目的は議会開設の際，貴族院（上院）の選出母胎とするためであった。

　②内閣制度の創設（1885年12月）：新しく内閣総理大臣をおき，その統轄のもと9人の国務大臣（外務・内務・大蔵・陸軍・海軍・司法・文部・農商務・逓信）を選出し，初代の総理大臣には伊藤博文

が就任した。

③地方自治制度の確立（1888〜90年）：伊藤内閣はドイツ人顧問モ
　ッセの助言を受けて地方自治制度を確立した。

④諸法律の制定（1880〜90年）：法律に関しては，フランス人ボア
　ソナードらの助言によりヨーロッパ流の法体系が取り入れられた。
　1890年までには「刑法」「憲法」「民法」「商法」「民事訴訟法」「刑
　事訴訟法」の六法が整備し，近代的法体系が完成する。

　明治政府はこのような環境整備を行いつつ憲法制定作業をすすめてい
った。伊藤博文は1886年から井上毅，伊東巳代治，金子堅太郎らととも
に，ドイツ人の法律顧問・ロエスレル，モッセらの助言を得て憲法の起
草を行う。この憲法草案は明治天皇臨席のもとで審議され，1889年2月
11日に公布，11月29日に施行された。

　明治憲法の最大の特徴は，第1条で主権が「万世一系」の天皇にある
と明記したことにある。また第3条で「神聖にして侵すべから」ざる存
在である天皇の地位と権力は絶大なものとなっている。しかし，政策決
定権，すなわち法律を策定する権利がどこに所属するのかという問題に
関しては，解釈の余地を残すという性格を持っていた。

　それは，第5条と第6条，および第37条に見られる。第5条において，
立法権は天皇と議会の「協賛」が必要であるとされる。立法は天皇と議
会の共同作業であるとされる。しかし，第6条においては，「天皇は法
律を裁可し」とある。この「裁可」という言葉は，当時「議会の協賛に
よる法律案に天皇が許可を与えること」の意味で使われた。ここからす
ると，法律は議会が作成し，天皇が許可をあたえることとされる。すな
わち，「議会→天皇」の流れと解釈することができる。さらに，第37条
では「すべて法律は帝国議会の協賛を経るを要す」とある。すなわち，
天皇主権を謳いながら同時に，議会が大きな権限を持つと解釈すること

が可能となる。

　このことは，福沢諭吉などの明治の知識人の「天皇政治社外論」「一切の政治的決定の世界からの天皇のたなあげ」の主張[1]につながる。康有為などの変法派の着眼点も日本における議会の重要性にあった。では，西太后は「明治憲法」を模倣してどのような憲法を公布したのであろうか。

２）清朝の「欽定憲法大綱」

　「欽定憲法大綱」は「君上の大権（皇帝の権限）」に関する条文14ヵ条と「臣民の権利義務」に関する条文９ヵ条の23ヵ条からなる[2]。次に「君上の大権」の抜粋を述べる。

　　一　大清皇帝，国を統治し，万世一系にして永遠に尊敬し，推戴される。
　　一　君上は神聖にして尊厳なるもので，侵犯すべからざるものなり。
　　一　君上は法律を欽定公布し，施行し，議案を発交する権利を有する。
　　一　君上は議院を開・閉・停会及び解散する権利を有する。
　　一　君上は海陸軍を統率し，軍制を編制する権利を有する。
　　一　君上は戒厳を宣告する権を有し，緊急時には臣民の自由を制限する権利を有する。
　　一　君上は司法権を総攬する権利を有する。

　この憲法の最初の２条は「明治憲法」に極めて類似しているということができる。しかし，皇帝の権限は天皇のものと比較して絶大となっている。皇帝は法律を決定する権利を独自に有し，議案は皇帝から議会に発交（引き渡す）される。すなわち，政策決定権は完全に皇帝一人の手に握られる事になる。そればかりか，皇帝には司法権をも付与され，さらに，国民の自由を制限する権利をも与えられている。ここに，議会の介在する余地はまったくない。これは，形を変えた皇帝専制の延命に他

1　安川寿之輔『福沢諭吉のアジア認識』，高文研，2000年，14，29頁。
2　沈雲龍主編『中華民国憲法史料』，文海出版社，11〜12頁。

ならなかったといえる。

　このように，西太后主導の制度改革には大きな限界があった。そのことは，立憲と改革に期待をかけてきた清朝末期の知識人・大衆に大きな失望を与えた。中国はその後一気に「革命」すなわち，清朝打倒へと傾いていく。清朝は，本憲法発布後の光緒帝，西太后の相次ぐ死（1908年11月14，15日）も相まって弱体し，滅亡へと向かう。中国が明治維新を模倣した近代化に失敗した最大の原因は，その憲法の違いにあったといっても過言ではない。ここから中国は日本とはまったく異なる近代化の途を模索することとなるのである。

（2）孫文と辛亥革命

　清朝末期には，改革派と同時に革命派が存在していた。その代表的人物はいうまでもなく孫文[3]である。孫文は1866年11月12日広東省香山県（現・中山市）翠亨村にうまれた。当時広東省には同地出身であった洪秀全の太平天国運動の余韻が色濃く残っていたため，孫文は幼い頃洪秀全を英雄とする話を聞いて育った。のち，孫文が発表する「三民主義」には太平天国の土地政策（天朝田畝制度）などさまざまな影響が認められるのである。

　孫文が革命思想を抱くようになった間接的要因は，兄・孫眉のハワイにおける成功（牧場の経営）があった。1879年孫文は兄を頼ってハワイへと向かう。孫文は83年6月までホノルルのイオラニ・スクールなどで教育を受け，アメリカ型の民主主義およびキリスト教の強い影響を受ける。孫文はこの間に中国がいかに遅れた封建社会であるかを痛感する。

　孫文は1883年7月故郷に戻るとただちに村民に対して政治改革の必要性を宣伝し，村に根強く残っていた封建的迷信や廟などの偶像を破壊するなどして地主と対立するようになった。その年の11月香港で洗礼を受

3　孫文は，「号」を「日新」「逸仙」「中山」といった。文献によっては，「孫逸仙」「孫中山」と称する場合もある。また，日本名をもち「中山樵」「高野長雄」と称した。中国と台湾では「孫中山」が一般的。英文表記は，Sun Yat-sen である。

けた孫文は，牧師から「逸仙（Yaht San －広東語）」の名前を授けられる。翌84年におきた清仏戦争の敗北によって，孫文は「清廷の傾覆を決し，民国創建の志」をもち始める[4]。

　その後香港の医学校に進んだ孫文は，医者になる勉強をするかたわら，革命の準備を着々と行う。1893年広州で病院に勤務していた孫文は，中国国民党の母胎となった「興中会」結成の準備を始める。この時考えられた最初のスローガンは，「駆除韃虜，回復華夏（満洲族を追い出し，中華を回復する）」であった。そして，翌94年11月24日ついにホノルルで興中会を成立させた。「中華の回復」は，孫文から習近平まで継承されてきた中国の悲願であるということが出来る。この時点では，スロー

ガンにさらに「創立合衆政府」の文字が付け加えられた。すなわち，孫文の革命運動の当初の目的は，満洲族による異民族統治を終結させ，中華を復活させるためアメリカ型の政府を創立することにあった。

　清朝打倒をスローガンとする孫文の革命運動は，中国国内では非合法とされたために，活動の拠点は海外においた。特に日本において孫文は多くの支持者を得ることができた。宮崎滔天，平山周，頭山満，山田良政，梅屋庄吉，犬養毅，大隈重信らは日本における孫文の生活全般を支援したばかりか，革命運動への資金援助をも行った。彼らは，孫文が清朝を打倒し，日本型の近代国家を樹立することに期待をかけたのである。

　孫文は中国において成立していた他の革命

図3-3　現在ダウンタウン・イオラニ地区にある孫文の銅像
〔2018年9月，筆者撮影〕

4　孫文「中国之革命」，『孫中山全集』，1923年。

団体，華興会[5]，光復会[6]と興中会の連合をすすめ，1905年に中国同盟会の結成を決定し，8月20日東京赤坂で成立大会[7]を開催する。中国同盟会は三団体の大同団結で実現したものであったため，その党義[8]は最大公約的なものになった。

　①現在の悪劣な政府の転覆，②共和政体の建立，③真の世界平和の維持，④土地の国有化，⑤中日両国の国民的連合，⑥世界列国に中国革命への賛同を要求

　中国同盟会はその後，中国において何度となく革命蜂起を行ったが，いずれも清朝の新軍に阻止され失敗に終わった。孫文は清朝から指名手配を受け，日本にも居ることができず，東南アジア，ヨーロッパ，アメリカを転々として革命への理解と支援を訴えた。

（3）辛亥革命

　中国国内では中国同盟会とは別に多くの革命団体が成立し，各自清朝打倒の活動を行っていた。江蘇の励志会，強国会，四川の公強会，福建の益聞会，湖北の日知会，江西の易知社などは，1905年前後に中国で成立した革命団体であった。また，07年，同盟会の活動方針に不満をもった焦達峰，孫武，居正ら留学生100名が東京で設立した共進会は，「平均地権」を「平均人権」に改め，国内と辺境における同時蜂起をめざし，清朝の新軍内部で重点的にオルグ活動を行っていた。

　新軍とは1901年に清朝が陸軍の全面改革を行って編成された新式陸軍

5　華興会は，湖南省で1903年11月成立した革命団体で，黄興・宋教仁らが中心。

6　光復会は，1904年11月上海で成立した革命団体で，蔡元倍・章炳麟が中心。

7　この成立大会は犬養毅の盟友で実業家であり，衆議院議員でもあった坂本金彌邸で開催された。同邸は，現在ホテル・オークラとなっている。近所に孫文が一時住んでいた家がある。

8　この党義は孫文，黄興，宋教仁が共同起草したもので，『民報』創刊号（1905年11月，『民報』は同盟会の機関誌であった）に発表された。ここでは孫文の「三民主義（民族・民権・民生)」の原型となる「三大主義」も提示された。

のことであり，全部で36鎮あった。さらに励志会は1911年 1 月30日に文学社と改名し， 5 月には共進会と連合し，その社長である蒋翊武や社員である詹大悲などは武漢新軍に潜入し，同調者の獲得と革命思想の普及に努めた。

1911年 5 月，清朝の郵伝大臣であった盛宣懐が本来地方の管理下にあった鉄道を外資導入によって国有化する政策を発表する。清朝は，それを担保に外国からの借款を受けようと企図した。それまで民間の資本家達は立憲派を支持しつつ自らの資本で鉄道施設権を買い戻す努力をしてきた。そのため，鉄道国有化には強い反発が起き，各地で鉄道利権を守るための「保路運動」が発生したが，四川における運動が市民，農民を巻き込み最も激しいものとなった。

8 月24日成都では市民によるゼネストが実行され， 9 月 8 日には成都近郊で同盟会や会党・哥老会に指導された農民が保路同志会を組織して武装蜂起を行った。清朝は「保路運動」鎮圧のため湖北新軍の一部を派遣した。新軍兵士は主に土地のない貧農や学校に行けない農家の子弟で構成されていた。この時，共進会や文学社のメンバーは新軍内部でオルグ活動を行い，革命派を拡大することに成功していた。

9 月24日，文学社と共進会は武昌で新軍代表60名と会議を開き，武装蜂起のための組織を結成した。文学社の蒋翊武が指揮をとり，共進会の孫武が参謀長に就いた。10月 9 日，孫武らは漢口のロシア租界内のアジトで密かに爆弾を製造していたが，これが誤って爆発した。警察の手に革命派の名簿が押収され，摘発されることを怖れた革命派は急遽武昌での蜂起を決定し，10日夜一斉に蜂起した。この時，両革命団体が組織した新軍兵士は5,000人に達していた。すなわち，辛亥革命を直接的に指導したのは孫文ではなかった。そのことが中華民国臨時政府における孫文の指導力に影を落とす一因となった。

　孫文はその日アメリカのコロラド州デンバーにいた。孫文が辛亥革命を知ったのは2日後の12日のアメリカの新聞記事においてであった。孫文は急遽帰国の途につくが，辛亥革命の感想を「武昌の成功は予想外のこと」であったと述べている。ロンドン，シンガポール，香港経由で12月25日上海に帰着した孫文は，29日すでに独立を果たしていた17省の都督府代表会議によって中華民国臨時大総統に選出された。この時の得票は，孫文16票，黄興1票（浙江省）であった（『東京朝日新聞』1911年12月31日）。

　1912年1月1日孫文は，南京で大総統就任を宣誓し，中華民国成立を宣言する。しかし，孫文の臨時大総統職は短命に終わる。それは，孫文が長く中国国内を離れていたために，清朝の首都であった北京を抱える北方に影響力がほとんど及んでいなかったこと，孫文が独自の軍事力をもっていなかったこと，また，大衆に基盤をおいていなかったことなどの権力維持のための条件を欠いていたことが原因となった。そのため，臨時大総統の地位は北方で圧倒的な軍事力をもち，清朝皇室にも影響力をもつ北洋軍閥を率いる袁世凱に移る。孫文では清朝最期の皇帝・溥儀の退位を実現できないという判断がそこにはあった。

　袁世凱は1912年3月10日北京で臨時大総統就任を宣言し，翌11日孫文と宋教仁が起草に大きく関わった「中華民国臨時約法」[9]全56条を発布する。これは，中国ばかりでなくアジアで初めての民主的憲法となった。主な内容は，以下の通りである。

　第1条　中華民国は中華

図3-4　臨時大総統就任時の袁世凱
（中央の人物）

9　沈雲龍主編『中華民国憲法史料』，文海出版社，台北，13～17頁。

人民がこれを組織する。

第2条　中華民国の主権は，国民全体に属する。

第3条　中華民国の領土は，22省と内外モンゴル[10]，西蔵，青海とする。

第4条　中華民国は参議院，臨時大総統，国務院，法院がその統治権を行使する。

第5条　中華民国の人民は，一律に平等で，種族階級宗教の区別はない。

第6条　人民の有する自由権：（4）人民は言論著作刊行及び集会結社の自由を有する。

第12条　人民は選挙権及び被選挙権を有する。

第16条　中華民国の立法権は，参議院がこれを行う。

この憲法が十分に機能していれば，中国は日本より35年も早く民主化していたことになる。しかし，結果的にいうと，本憲法は袁世凱の帝制復活という動きの中で廃止を余儀なくされた。「臨時約法」に基づいて1913年2月に行われた第1次総選挙は，中国同盟会が他の革新政党と連合して結成した国民党[11]と袁世凱側が結成した共和党[12]との主導権争いとなったが，国民党の勝利で終わる。このことが袁世凱を追いつめ，テロと独裁へと向かわせることとなる。

　袁世凱はまず3月20日宋教仁を暗殺し，4月26日各国と「善後大借款

10　外モンゴルは，辛亥革命が勃発すると，11月30日ロシアの支援のもと清朝に対して独立を宣言し，12月5日「大モンゴル国」を設立する。以後，ロシアの強い影響下に入り，今日に至る。中華民国期，中国，特に蒋介石はこの独立を認めず，中国の領土として主張した。

11　国民党は1912年8月25日同盟会，統一共和党，国民共進会，国民公党，共和実進会が連合して成立した。理事長に孫文，理事に黄興，宋教仁らが就いたが，袁世凱の迫害を受け，散会を余儀なくされた。その後孫文は1914年6月東京で中華革命党を立ち上げる。これが中国国民党の前身となる。

12　共和党は1912年5月9日統一党，民社，国民協進会，民国公会等6団体の連合によって成立した。理事長には黎元洪が就任し，袁世凱の支持母体となった。

協定」を締結し，外国からの借款で自らの軍事力の増強をはかる。これに対する反発が強くなると，袁は5月31日突然南京の国民党機関を閉鎖する。この暴挙に対して，各地に反袁闘争が勃発する。これを一般に辛亥革命の第二革命と呼ぶ。しかし，この革命は圧倒的軍事力を誇る袁世凱側の勝利に終わる。

　第二革命に勝利した袁世凱は，1913年10月6日北京で正式に中華民国大総統に就任し，11月4日国民党に解散命令を出し，国民党籍議員の資格を剥奪する。また，ロシアからの援助を得るため，「臨時約法」が主張した外モンゴルの領有権を放棄し，自治権を認める「中露声明」を締結する。さらに袁は14年1月10日国会に解散命令を出し，5月1日には「臨時約法」を廃止し，新たに大総統の権限を拡大した「中華民国約法」を自ら起草し，公布する。また12月には「大総統選挙法」を修正し，これまでの「任期5年，再任は一度まで」を「任期10年，無制限に連任可」とした。まさに，終身大総統を目指したのである。それでも満足できなかった袁世凱は，次第に帝制復活を目論むようになる。その動きは，同時期に起きた第一次世界大戦を契機とする日本の中国侵略政策の明示化である「対華二十一ヵ条の要求」と大きく関連し，東アジアの国際関係史を次のステージへと導いていくこととなる。

（4）辛亥革命と日本
1）日本政治への影響

　辛亥革命のニュースは，日本でも関心が高く，各新聞は連日その状況を報道した。櫻井良樹の分析によると，辛亥革命は日本の対中国外交政策の多様化，そして「中国政策が混迷する契機」をもたらした。すなわち，ここから対中外交のチャネルの多極化が開始すると理解することができる。これは日中戦争終了後も継続し，中国の対日政策をも複雑化し

ていく。櫻井によると，辛亥革命は日本の政局にも大きな混乱をもたらし，1912年12月から始まる大正政変を結果した。櫻井が指摘するように，日本の対応は清朝を擁護し立憲君主制を樹立させようとするグループと革命派を支持して中国の近代的民主国家成立を望むグループとに大きく別れ，時に「強圧的」なあるいは時に「親善的」な対応を行うようになる契機となったのである[13]。これは政界ばかりでなく，財界，言論界，一般社会にも見られる現象となった。対中外交の多極化現象は，日中戦争時期にも戦後にも見られる日本外交の一つの特徴となる。

２）日本社会への影響

　日本では日露戦争後，反戦・非戦思想や運動が盛んになっていった。その理由は，日清戦争に比べ，日露戦争が軍事費・約８倍，動員兵力・約4.5倍，戦死者・約6.8倍と国民の負担が巨大化したからである。それは，増税になって跳ね返った。ポーツマス条約に賠償条項がないことで，民衆が暴動を起こしたのはそのためである。また，多くの若者が徴兵され，戦死，もしくは負傷した。このような中で内村鑑三や幸徳秋水，堺利彦

ああ弟よ　君を泣く
　君死にたまふ　ことなかれ
末に生まれし　君なれば
親の情けは　まさりしも
親は刃を　握らせて
人を殺せと　教えしや
人を殺して　死ねよとて
二十四までを　育てしや

（朗読）君死にたまふ　ことなかれ
すめらみことは　戦いに
おほみづからは　出でまさね
かたみに人の血を流し
けものの道に　死ねよとは
死ぬるを　人のほまれとは
大御心の　深ければ
もとより如何で　思されむ

あゝをとうとよ　戦いに
君死にたまふ　ことなかれ
すぎにし秋を　父ぎみに
おくれたまへる　母ぎみは
なげきの中に　いたましく
わが子を召され　家を守り
安しと聞ける　大御代も
母のしら髪は　まさりゆく

暖簾の陰に　伏して泣く
あえかに若き　新妻を
君忘るるや　思えるや
十月も添わで　別れたる
少女ごころを　思いみよ
この世一人の　君ならで
ああまた誰を　たのむべき
君死にたまふ　ことなかれ

図3-5　与謝野晶子の「君死にたまふこと勿れ」

13　櫻井良樹『辛亥革命と日本政治の変動』，岩波書店，2009年，参照

らの非戦論に加えて，ロマン主義の歌人の立場から謳った与謝野晶子の
「君死にたまふこと勿れ」（『明星1904年9月』）などが世に反戦を訴えた。

　このような非戦論・反戦論の一部は日本に社会主義の風潮を生み出し
た。社会主義に関して言えば，日本がアジアの中で最も早く普及したと
いうことが出来る。それは，資本主義の導入が明治維新と同時だったこ
とが最大の要因となった。工場労働者に対する待遇の悪さ，度重なる対
外戦争による重税は，社会主義がはびこる背景としては十分過ぎるもの
であった。

　このような社会風潮に対して，1908年7月第2次桂太郎内閣は，社会
主義者を厳しく取り締まる方針を決定した。そのような中で，1910年5
月いわゆる「大逆事件」が起き，幸徳秋水らに死刑宣告が下る。「大逆
事件」は文学界にも大きな衝撃を与え，石川啄木や徳冨蘆花などは，幸
徳を救う運動を行うと同時に日本の朝鮮支配に対しても批判的な見解を
発表したのである。

　そのような日本の状況の中で起きた隣国中国の辛亥革命による共和制
の成立は，日本の思想界にも大きな影響を与えた。主権在民，法の下で
の平等，言論の自由，それらを保障した憲法の発表は，日本でも大きな
話題となった。特に，男女平等は「良妻賢母」を強いられ，参政権や相
続権を認められていなかった日本の女性たちの解放運動に影響を与えて
いくこととなる。

4 ┃ 第1次世界大戦・ロシア革命と東アジア

《目標＆ポイント》　1914年に起きた第1次世界大戦は，東アジアにも大きな影響をもたらした。日本は，いち早く参戦し，大戦中に中国に「対華二十一ヵ条の要求」を受諾させた。そのような中で17年に起きたロシア革命とウィルソンの民族自決主義を唱えたアメリカの台頭が東アジアに与えた影響について考察していく。日本では「大正デモクラシー」につながり，韓国では三・一運動から大韓民国臨時政府が成立した。また，中国では五・四運動後中国共産党が結成された。
《キーワード》　第1次世界大戦，「対華二十一ヵ条の要求」，ロシア革命，民族自決主義，新文化運動，陳独秀，三・一運動，五・四運動，中国共産党の成立，国民革命

1. 第1次世界大戦と「対華二十一ヵ条の要求」

（1）第1次世界大戦と日本の参戦

　1914年7月28日バルカン半島問題を契機として勃発した第1次世界大戦は，日本の対中国政策の大きな転換点となった。本大戦は，主に独墺対英仏露の戦争となった。アメリカはモンロー主義（72頁参照）外交の基本を貫き，17年まで中立を守ったが，日本は開戦後1ヵ月もたたない8月23日，日英同盟に基づきイギリスが参戦を求めてきたことを理由に対独宣戦を布告する。この時は大隈重信内閣であったが，元老・井上馨は大隈に手紙を書き，「今回欧州の大禍乱は，日本国運の発展に対する大正新時代の天佑にして，日本国は直に挙国一致の団結を以て，此天佑

を享受せざるべからず」[1]と提言した。

　また，山県有朋は，「独逸を敵にする充分な理由はないが，日本の参戦決定は正に中国に関係する政策を確定するためである」とより具体的な説明をしている。日本の参戦の意図は明らかであった。

　日韓併合後の日本は，次の目標を中国におく。日本は中国進出においてヨーロッパ諸国に比べ，経済的・外交的など諸側面で出遅れていると認識していた。特に，日清戦争後の日本は軽工業だけではなく，製鉄を中心とした重工業の目覚ましい発展が見られた。日本は軽工業製品の市場として，また重工業の原料供給先として中国に着目していたのである。

　日本は第一次世界大戦でヨーロッパの国々が中国から離れることを好機として，中国進出政策を具体化させる。日本の目的は，①ドイツが山東省にもっている権益を引き継ぐ，②満洲における特殊権益を安定させる，そして③中国に対する政治的影響力を強化することであった。それは，「対華二十一ヵ条の要求（以後，「二十一ヵ条」）」に集約されていく。

（2）「二十一ヵ条」と排日運動の展開

　「二十一ヵ条」の原案は，田中義一と明石元二郎が中心となって作成し，1914年11月半ばには完成していた。外相・加藤高明は中華公使であった日置益を北京から帰国させ，12月3日「二十一ヵ条」に関する訓令を発した。北京に戻った日置は年が明けた1月18日袁世凱大総統に会見を申し入れて手交し，20日正式に中華民国外交部に送付した。この時，日置はこの内容を公開しないように申し入れたが，その内容に驚いた袁と外交部は，国内外に問題を公にする目的のため，22日新聞紙上に公表する。これを知った英・仏・露はただちに日本に対して詳細の説明を要求した。また，アメリカは，「第五号要求」に多大な関心を示した[2]。

1　歴史学研究会編『日本史史料』4 近代，岩波書店，2000年，315頁。

2　黄紀蓮編『中日"二十一ヵ条"交渉史料全編』，安徽大学出版社，2001年，680頁。

このことは日本にとって誤算となった。後，日本が本要求のいくつかの条項を撤回または保留とした理由はそこにあった。日本が提出した「二十一ヵ条」の内容は以下の通りである。

対華二十一カ条の要求

（1915年）

第一号

日本国政府及び支那国政府は，偏に極東に於ける全局の平和を維持し，且つ両国の間に存する友好善隣の関係を益々鞏固ならしめんことを希望し，茲に左の条款を締約せり．

第一条　支那国政府は，独逸国が山東省に関し条約，其他に依り，支那国に対して有する一切の権利，利益譲与等の処分に付，日本国政府が独逸国政府と協定すべき一切の事項を承認すべきことを約す．

第二条　支那国政府は，山東省内若くは其沿海一帯の地，又は島嶼を何等の名義を以てするに拘らず，他国に譲与し又は貸与せざるべきことを約す．

第三条　支那国政府は，芝罘又は龍口と膠州湾より済南に至る鉄道とを連絡すべき鉄道の敷設を，日本国に允許す．

「第四条　支那国政府は，成るべく速に外国人の居住及び貿易の為，自ら進で本条約附属書に列記せる山東省に於ける諸都市を開くべきことを約す．

（大正四年往電第四号により修正）

第四条　支那国政府は，成るべく速に外国人の居住及び貿易の為，自ら進で山東省に於ける主要都市を開くべきことを約す．其の地点は別に協定すべし．

（即ち支那側へは最初より右の通，修正の上提出したるなり）」

第二号甲案

日本国政府及び支那国政府は，支那国政府が南満洲及び東部内蒙古に於ける日本国の優越なる地位を承認するにより，茲に左の条款を締約せり．

第一条　両締約国は，旅順，大連租借期限並びに南満洲及び安奉両鉄道各期限を，何れも更に九十九ヶ年ずつ延長すべきことを約す．

第二条　日本国臣民は，南満洲及び東部内蒙古に於て各種商工業上の建物の建設，又耕作の為必要なる土地の賃借権，又は其所有権を取得することを得．

第三条　日本国臣民は，南満洲及び東部内蒙古に於て自由に居住往来し，各種の商工業及び其他の業務に従事することを得．

第四条　支那国政府は，本条約附属書に列記せる南満洲及び東部内蒙古に於ける諸鉱山の採掘権を，日本国臣民に許与す．

「第四条　支那国政府は，南満洲及び東部内蒙古に於ける鉱山採掘権を日本国臣民に許与す．其採掘すべき鉱山は別に協定すべし．

（即ち支那側へは最初より右の通に修正訂正せるなり）」

第五条　支那国政府は，左の事項に関しては予め日本国政府の同意を経べきことを承諾す．
（一）南満洲及び東部内蒙古に於て，他国人に鉄道敷設権を与え，又は鉄道敷設の為に他国人より資金の供給を仰ぐこと．
（二）南満洲及び東部内蒙古に於ける諸税を担保として，他国より借款を起すこと．
第六条　支那国政府は，南満洲及び東部内蒙古に於ける政治，財政，軍事に関し顧問教官を要する場合には，必ず先ず日本国に協議すべきことを約す．
第七条　支那国政府は，本条約締結の日より九十九ヶ年間，日本国に吉長鉄道の管理，経営を委任す．

第二号乙案
　日本国政府及び支那国政府は，支那国政府が南満洲及び東部内蒙古に於ける日本国の優越なる地位を承認するに依り茲に左の条款を締約せり．
第一条　（甲案の通り）
第二条　支那国政府は，外国人の居住及び貿易の為，自ら進で本条約附属書に列記せる南満洲及び東部内蒙古に於ける諸都市を，開くべきことを約す．
第三条　支那国政府は，両締約国臣民が合辮に依り南満洲及び東部内蒙古に於て農業及び付随工業の経営を為さんとするときは，之を承認すべきことを約す．
第四条　以下は甲案の通り．

第三号
　日本国政府及び支那国政府は，日本国資本家と漢冶萍公司との間に存する密接なる関係に顧み，且つ両国共通の利益

を増進せんが為，左の条款を締約せり．
第一条　両締約国は，将来適当の時機に於て，漢冶萍公司を両国の合辮となすこと．並びに支那国政府は，日本国政府の同意なくして，同公司に属する一切の権利，財産を自ら処分し，又は同公司をして処分せしめざるべきことを約す．
第二条　支那国政府は，漢冶萍公司に属する諸鉱山附近に於ける鉱山に付ては，同公司の承諾なくしては之が採掘を同公司以外のものに許可せざるべきこと，並びに其他，直接，間接同公司に影響を及ぼすべき虞ある措置を執らんとする場合には，先ず同公司の同意を経べきことを約す．

第四号
　日本国政府及び支那国政府は，支那国領土保全の目的を確保せんが為，茲に左の条款を締約せり．
　支那国政府は支那国沿岸の港湾及び島嶼を他国に譲与し，若くは貸与せざるべきことを約す．

第五号
一、中央政府に政治，財政及び軍事顧問として有力なる日本人を傭聘せしむること．
二、支那内地に存在する日本の病院，寺院及び学校に対しては，其土地所有権を認むること．（注，提案の際「存在する」を「於ける」と改む）
三、従来，日支間に警察事故の発生を見ること多く，不快なる論争を醸したることも尠からざるに付，此際必要の地方に於ける警察を日支合同とし，又は此等地方に於ける支那警察官庁に多数の日本人

を備聘せしめ，以て一面支那警察機関の刷新確立を図るに資すること．

四、日本より一定数量（例えば支那政府所要兵器の半数）以上の兵器の供給を仰ぎ，又は支那に日支合辦の兵器廠を設立し，日本より技師及び材料の供給を仰ぐこと．

五、武昌と九江・南昌線とを連絡する鉄道及び南昌・杭州間，南昌・潮州間鉄道敷設権を日本に許与すること．

六、福建省に於ける鉄道，鉱山，港湾の設備（造船所を含む）に関し，外国資本を要する場合には先ず日本に協議すべきこと．

七、支那に於ける本邦人の布教権を認むること．

第六号

支那国政府は，日本国政府が膠州湾租借を支那国に還付する場合には，全部之を商港として開放すべきことを約し，且つ日本国政府が其指定する地区に日本専管居留地を設置することに同意す．

（附属表略）

「附記

本件交渉に際し，日本より支那側に対し履行を約束し得る事項は，概ね左の如し．

一、袁大総統の地位並びに其一身，一家の安全を保障すること．

二、革命党及び支那留学生等の取締を厳重励行すること，又不謹慎なる本邦商民，浪人等に対しては充分注意すること．

三、適当の時期に於て膠州湾還付問題を詮議すべきこと．

四、袁総統及び関係大官叙勲奏請方，又は贈与の義を詮議すべきこと

○備考　右は，日置公使の含迄に交付せられしものにして，書面に認め支那側に差出せるものには非らず．此の注意は訓令本書にも記入せらる」

（資料出所＝外務省編『日本外交年表竝主要文書』原書房　昭和42年11月．外交時報社編『支那及び満洲関係　条約及公文集』外交時報社，昭和9年11月．なお，前者と後者に異同があり，ここでは前者による）

　この内容を見ると，ドイツが占有していた山東省に関する権益を戦争終結後，中国にではなく日本に渡すこと，鉄道施設権の承認，南満洲，東部内モンゴルにおける日本の優先権の承認などの内容であるが，これまで帝国主義諸国でも要求しなかった内容が，「第五号要求」であった。これは，完全に中国の主権を無視した内政干渉の申し入れであり，国家

権力の中枢である警察権への介入は植民地支配にも匹敵する内容であった。また，日本は「付記」によって，袁世凱の地位を守ることを明記することで袁世凱政権にアピールし，交渉をスムーズに運ぼうとした。当初第一から四号は「必ず実行すべき絶対的条項」，第五号は「希望条項」となっていた。

　袁世凱および中国外交部は事の重大さを認識し，そのままでの受諾には強く抵抗した。そのため，1915年2月2日から4月26日の間，日中は25回にわたる交渉を重ねた。その交渉の記録は詳細に残されている[3]。中国側の第一次修正案（2月9日提出）には山東省の利権は承認するが，膠州湾を返却することなど，自国の権利を守ることに必死であった。また，「第五号要求」に関しては，「交渉しがたい」として最初から突っぱねている。

　日中両国は交渉を重ねた結果，4月26日日本が最終的修正案を提出し，交渉を打ち切る。

　各国からの批判が大きかった「第五号要求」は，警察に関する条項を「撤回」し，保留となっていたが，それでも中国には受け入れがたいものであった。5月1日中国は自ら「最終修正案」を提示するが，日本はこれに不満を示し，5月7日最後通牒をつきつけ，48時間以内の返答を要求した。この時日本は艦隊を派遣して厦門・呉淞・大沽に集結させ，山東・南満洲に増兵して軍事的に中国を威圧した。このような状況下で袁世凱は48時間内にあたる9日ついに受諾を表明したのであった。中国では，5月7日と9日の両日が「国恥記念日」となり，各地に排日運動が起こった。

　中国における排日・抗日の原点は，「二十一ヵ条」にある。馮玉祥の軍隊は，5月7日と9日の国恥記念日に必ず将校たちが「国恥紀念日」と書かれたベルトを身につける習慣を守っていた。それは，後に述べる

3　脚注2に同じ。

1928年の済南事件の時も同じで，彼らはそのベルトをして済南を防衛したのである。蔣介石は自らの日記の冒頭に「雪恥（恥をそそぐ）」と毎日書き始めるのも済南事件の年の国恥記念日からであった。

　またその後，各地には「排日団体」が陸続と組織され，毎年「国恥八週紀念日（五八記念日）」の２ヵ月前から新聞紙上では「国恥」の宣伝を出し，日本製品（仁丹，ライオン歯磨き，味の素など）の宣伝は掲載しないこととし，「日貨不買」などのビラを配るなどして一般市民に対しても「国恥」を忘れないための運動を展開した。特に武漢などでは激しく展開されたため，日本人居民に対する暴行事件なども多発した[4]。また，漢口では裏面に「二十一ヵ条」の条文が印刷されたいわゆる「排日扇子」が配られた。このようにして，中国においては1910年代半ばから反日運動が展開されていったのである。

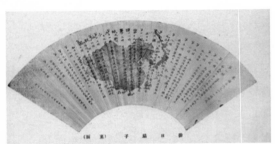

図4-1（上）「排日扇子」，旅大（旅順・大連）の地図裏に「対華二十一ヵ条の要求」が印刷されている

図4-2（右）「日貨不買」を訴えるビラ
〔「廿一条問題に籍口せる武漢地方の排日風潮」，漢口日本商業会議所，大正12年8月25日〕

4　「廿一条問題に籍口せる武漢地方の排日風潮」，漢口日本商業会議所，大正12年
　8月25日，33・50〜51頁。

2.　ロシア革命とウィルソンの民族自決主義

　第1次世界大戦中，国際政治史上極めて重大な出来事が起きた。それらは，20世紀の国際政治史の特徴となり，現在の国際社会にもいまだに大きな影響を残している。その一つはロシア革命であり，もう一つはアメリカの台頭である。

（1）革命以前のロシア

　革命以前のロシアは，ツァーリズム（Tsarism）と呼ばれた皇帝専政による支配体制であり，権力は皇帝一族と一部の貴族が独占し，国民の大部分は「農奴」と呼ばれる農民であった。農奴は，大土地所有者（貴族）に隷属し，土地と共に売買される農民を指した。

　ヨーロッパにおいてはナポレオン戦争が18世紀末から起きた。その際パリに出兵した青年将校たちは，自由主義・民主主義，社会主義思想を知り，それをロシアに持ち帰る。彼らはツァーリズムに対する批判を行い，改革を要求し，1825年12月武装蜂起した。これをデカブリストの乱という。これは準備不足のため鎮圧された。

　しかし，ロシア皇室はクリミア戦争の敗北を機に近代化の必要性を痛感し，アレクサンドル2世の時の1861年2月19日「農奴解放令」が出された。これにより①領主制の廃止，②人格的自由（移動・婚姻等），③土地所有権が保証されるようになった。しかし，その代わりとして重税を課せられたため，農民は土地を追われて流民化し，農民反乱が頻発する。そのような中で，ロシアの都市知識人層に社会主義思想が広まる。彼らはナロードニキ運動（Narodniki・人民主義者）を起こし，ヴィ・ナロード「人民の中へ」をスローガンとした。

（2）マルクス主義のロシアへの普及と革命

　カール・マルクス（Marx）は，1818年ドイツで生まれで，ベルリン大学で法律・哲学を学ぶ。42年『ライン新聞』を創刊して政府批判をするが，発行禁止となり，43年パリに出て執筆活動を行った。この時サン・シモン，フーリエなどの社会主義者と接触し，ベルギーで47年「共産主義者同盟」に参加し，48年フリードリヒ・エンゲルス（Engels）との共著となる『共産党宣言』を出版した。

　ここでは唯物史観が提起され，社会は「支配階級（搾取）」と「被支配階級（被搾取）」から成り立ち，「これまでの歴史はすべて階級闘争の歴史であった」ことが主張された。そして，近代においては，労働者階級による資本家階級に対する革命が起き，世界は次第に共産主義（階級も搾取もない平等社会）になることが予言されたのである。

　1898年，ロシアにおいてプレハーノフ（Ulyanov），レーニン（Lenin）らによってマルクス主義による「ロシア社会民主労働者党」が結成された。レーニンはボルガ河畔のシンビスクで1870年に生まれ，兄が皇帝暗殺を企てたとして処刑されたことを機に17歳で革命運動に参加，95年労働者解放闘争同盟を結成した。1900年スイスに亡命し，非合法機関誌『イスクラ（花火）』を発行してマルクス主義のロシアへの普及を推進した。

　「ロシア社会民主労働者党」は，1903年，①プレハーノフ率いるメンシェヴィキ（少数派，当面はブルジョア民主主義革命を目ざした）と，②レーニンが率いるボルシェヴィキ（多数派，労働者中心・農民との同盟，一気に社会主義革命を目ざした）とに分裂した。

（3）ロシア革命
1）第1次ロシア革命

　日露戦争の最中の1905年1月9日（旧暦，日曜日），ペテルスブルグ

でガボン神父（ロシア正教）に先導された民衆が平和と生活苦を皇帝（ニコライ2世）に誓願するデモ行進を行い，14万人が参加した。これに対して軍が一斉射撃を行い，1,000人の死者をだす。これは，世界史上「血の日曜日事件」と呼ばれているが，その後全国で抗議の農民暴動・労働者のデモが起き，6月には「戦艦ポチョムキン号」の水兵が反乱を起こし，全国的にゼネストが展開された。この時，史上初のソヴィエト（Soviet：搾取階級を廃除して構成される労働者・農民・兵士による評議会）が結成された。皇帝は，事態を収拾するため，議会制の導入を検討したが，実現されなかったため，ロシアは一気に革命に向かう。

2）二月革命（1917年3月12日）

ペトログラード（第1次大戦後ドイツ式のペテルスブルグから改称）で暴動が起きる。第一次世界大戦の長期化でロシア国内では武器弾薬ばかりでなく，生産活動が停滞し，大都市に対する食糧を初めとする生活物資の供給量は戦前の半分以下になっていた。ロシア宮廷内部は戦争続行派と終戦派に分裂したが，ニコライ2世が退位し，続行派の弟・ミハイルが即位したことに民衆が激昂し，3月16日ロマノフ王朝が崩壊し，長期にわたったツァーリズムが終わった。

その後，ケレンスキー（Kerenskii・社会革命党）がブルジョアジーを主体とした臨時政府を組織したが，彼らは社会主義革命を阻止するため，英仏との連合の必要性から戦争続行を強調した。

3）十月革命（1917年11月6～7日）

レーニンは「二月革命」後スイスから帰国し，「四月テーゼ」を発表し，「すべての権力をソヴィエトへ」と呼びかける。レーニンは，民衆の絶大な支持を得，臨時政府とボルシェヴィキの二重権力構造が出現した。11月6日から7日にかけてボルシェヴィキは武装蜂起を行い，政権を奪取する。8日，レーニンは全ロシア・ソヴィエト大会を開催し，権力の

掌握を宣言した。9日にレーニンが発表した「平和に関する布告」は，世界に大きな衝撃を与えた。ここでは全交戦国に対して「無併合・無賠償による即時講和」が提議され，戦争とそれをもたらした帝国主義に対する徹底的な批判が展開されたのである。この布告は，植民地国と帝国主義国双方に強い影響を与えた。

また，ロシア諸民族の完全な平等と自主権の確立が宣言され，世界で最初の社会主義国となるソヴィエト連邦社会主義共和国（以後，ソ連）がモスクワを首都として成立するのは，1922年になってからである。

（4）アメリカの台頭
1）アメリカの二つの外交戦略と第1次世界大戦への参戦

アメリカの基本的な外交戦略には二つの路線があると考えられる。一つは，マニフェスト・デスティニー（Manifest Destiny—自明の理）である。これは，西部開拓を正当化する標語だったが，アメリカによる普遍的価値観（独立，自由，民主，平等，人権など）の世界への普及につながる。「世界の警察」「核の番人」としての役割もこの範疇に入る。

もう一つは，モンロー主義（Monroe Doctrine）である。これは，アメリカの第5代大統領ジェームズ・モンローが1823年に出した「アメリカのためのアメリカ」宣言であり，「孤立主義外交」の基本精神となった。これら二つの外交戦略をアメリカは巧みに使い分け，20世紀を「アメリカ一人勝ちの時代」にすることに成功したということが出来る。その契機となったのが第1次世界大戦であった。

アメリカは大戦が勃発しても，当初は不介入のモンロー主義を貫いた。しかし，ドイツの潜水艦による無差別攻撃によってアメリカの船舶が被害を受ける危険が高まったため，1917年4月対独宣戦布告を行う。中立を守った約3年間，アメリカは工場生産が停止したヨーロッパ諸国に自

国の工業製品，武器，鉄鋼，石油などを輸出し，多額の富を得た。この戦争特需でアメリカは債務国から債権国へと転換した。

2）ウィルソンの「14ヵ条」

　1918年1月第28代大統領であったウッドロウ・ウィルソン（Wilson）が「14ヵ条の平和原則（Fourteen Points）」を提起する。ウィルソンは，プリンストン大学の教授で国際政治学者であったが，自らの講義ノートを基にした「14ヵ条」を発表した。

　この「14ヵ条」でアジアに大きく関連するものが第4条「軍備縮小」，第5条「植民地問題の公平な解決（民族自決主義）」，第14条「国際平和機構（国際連盟）の設立」であった。この中の民族自決主義は，植民地支配に苦しんでいた諸国に大きな期待を与える事になる。また，実際に国際連盟（The League of Nations）がジュネーブを本部として1920年1月に発足した。しかし，アメリカ自体は，議会の承認が得られず，加盟していない。理由は，モンロー主義の原則が崩れる恐れがあるためであった。

（5）ロシア革命・民族自決主義の東アジアへの影響

1）日本における社会主義の普及と中国

　前章で述べたように，日露戦争は軍国日本への形成を加速させると同時に，非戦論・反戦論をも生み出し，それが社会主義運動へとつながる動きを見せた。マルクス・エンゲルスの『共産党宣言』は，日露戦争が起きた1904年の11月13日に堺利彦と幸徳秋水の訳で彼らが発行していた『平民新聞』の創刊1周年記念して掲載された。これは，サミュエル・ムアの英訳からの重訳であったが，アジアでは初めてのものとなった。本紙は即日発禁となり，二人は新聞条例違反で罰金刑を受けたが，様々な方法で翻訳の出版は継続された[5]。

5　玉岡敦「『共産党宣言』邦訳史」，第75回「経済史学会」2011年11月6日（於京都大学），http://jshet.net/docs/conference/75th/tamaoka.pdf.

この時期は，アジアから特に中国からの留学生が急増した時期であった。彼らの中には，日本で社会主義の洗礼を受け，それを中国に持ち帰り，活動を開始するケースが多く見られた。中国共産党の創始者となった陳独秀（成城学校），李大釗（早稲田大学），周恩来（東亜高等学校予備校），そして日本語の『共産党宣言』を中国語に訳して1920年に上海で出版した陳望道も早稲田大学などで学

図4-3　周恩来の東亜高等学校跡の写真，現・神田神保町愛全公園　〔2018年10月，著者撮影〕

び，中央大学の法学部を卒業している。彼らは，同時期に東京で志を同じくして帰国した留日派といえる。例えば，李大釗は早稲田大学在学中に社会主義思想に傾倒し，「二十一ヵ条」と後に述べる袁世凱の帝制復活に対して，留日学生の代表として東京で反対運動を展開し，後に「青春中華の再造」を主張したのである[6]。

2）中国における帝制復活

袁世凱は「二十一ヵ条」を受諾した5月8日に声明を出し，①中国政府は3ヵ月にわたって平和的に解決しようと努力したが，日本の最後通牒のため受諾せざるを得なかったこと，②「第五号要求」は中国の主権を侵すものであったので必死で拒んだこと，③「臥薪嘗胆」の精神で，軍事，政治，外交，財政を刷新して国力をつけ，十年後には日本に報復する覚悟であること，④もし，国力をつけないと亡国の危機に直面することなどを国民に向かって説明した[7]。すなわち，中国が日本に対抗するための必須条件は「中華の復興にあり，そのためには帝制を復活なく

6　野村浩一「李大釗」，近代中国人名辞典修訂版編集委員会編『近代中国人名辞典　修訂版』霞山会・国書刊行会，2018年，282頁。

7　黄紀蓮編『中日"二十一ヵ条"交渉史料全編』，234頁。

てはならない」，袁世凱の主張はそこにあったのである。

　1915年 8 月 3 日，袁世凱の米国人法律顧問であった F・J・グッドナウ（Goodnow）が『亜細亜日報』に掲載した「共和と君主」に，帝制復活は端を発する。それは，グッドナウが中国に 3 年間住んだ経験から書かれたものであった。ここでは「学校の欠如，人民の知的水準の低さ，政治参加の欠如，専制君主の伝統，列強の干渉と侵略にさらされた厳しい国際環境などの要因を指摘し，共和制が中国には適さないという主張」[8]が展開された。これを受けて袁の支持者たちが帝制運動を開始する。

　袁世凱の皇帝への即位は一応国民代表大会の投票によった。参政院は全員一致の投票結果により1915年12月11日袁世凱を皇帝に推戴し，16年元旦をもって「洪憲元年」とし，袁は洪憲皇帝と名のることが決定した。

　このような袁世凱の帝制復活に対して，各地で激しい反対運動が起きた。特に唐継堯・蔡鍔らは取り消しを要求し，1915年12月25日には雲南省の独立を宣言し，護国軍を組織し，討袁護国運動を再開した。これを辛亥革命の第三革命という。孫文もその活動拠点を日本に移して，反撃の機会をうかがった。16年になると，貴州省・広西省などが独立し，3 月22日ついに袁は帝制を取り消し，6 月 6 日失意のうちに病死する。

3 ）中国の新文化運動

　中国における大衆レヴェルでの反帝制運動は，新文化運動という形で表われた。新文化運動はまず反儒教からおこされた。中国は1905年の科挙の廃止によって儒教の束縛から解き放たれたはずであった。しかし，それは長く続かなかった。袁世凱は自らが権力を握ると，儒教を国教とする「尊孔運動」を展開した。

　その最初のものは袁が正式に大総統に就任した直後の1913年10月31日に公布された「中華民国憲法草案」に見られる。その第19条には「中華

8　山田辰雄『国際社会研究Ⅱ—中国近代政治史—』，放送大学教育振興会，2002年，48〜49頁。

民国人民は，法律によって初等教育を受ける義務を有する。国民教育は孔子の道を以て修身大本と為す」[9] とあり，その後，尊孔運動は本格化する。これに対して反対を表明したのが北京大学教授となっていた陳独秀であった。

陳独秀は1915年 9 月15日，北京で『青年雑誌』を創刊する。『青年雑誌』は 1 年後『新青年』と改称し，後中国共産党の機関誌となった。陳はその巻頭論文「青年に告ぐ」の中で，袁世凱が儒教の復活をはかったことに対して真っ向から対決姿勢を見せた。陳は中国の伝統社会を「奴隷的・保守的・退嬰的・鎖国的・虚文的・空想的」であるとして徹底的に批判し，「自由的・進歩的・進取的・世界的・実利的・科学的」な社会を生み出さなくてはならないと主張した。陳は「社会が変わるには，政治体制の変革だけでなく，むしろ人々の意識の変革こそが重要であると気づいた」として，服従することに馴らされた国民の精神革命（「倫理革命」）を提唱したのである。

陳独秀のこのような提唱に多くの知識人が賛同し，『青年雑誌』『新青年』上で持論を展開した。ここでは儒教は「奴隷の道徳」であるとして厳しく批判された。この場において，胡適・魯迅などの中国近代を代表する文学者も活躍した。特に胡適が「文学改良芻議」において主張した「白話（口語）文」の提唱は，これまで知識人に限られていた文学の大衆化に役立ったのである。

このようないわゆる新文化運動は，北京大学を舞台に展開された。学生たちの間では欧米の民主主義と科学が特に重視された。それは，当時学生たちの間で流行った言葉が「徳先生」と「賽先生」[10] であったことからも分かる。李大釗は1918年 1 月，学長であった蔡元培に招かれて北京大学の図書館の主任として赴任した。そして，『新青年』に「人民の勝利」と「ボルシェヴィズムの勝利」などの論文を次々に発表し，ロシ

9　沈雲龍主編『中華民国憲法史料』文海出版社，台北，18頁。

10　「徳」は「徳莫克拉西」（デモクラシー），「賽」は「賽因斯」（サイエンス）の略であった。

ア革命と共産主義の理論を紹介した。李は同時に学内にマルクス主義研究会を設立し，その普及に邁進したのである。

4）三・一運動と五・四運動

　このような中で，第1次世界大戦は1918年11月11日，ドイツの降伏によって終結する。同大戦は理論的には帝国主義と民族自決主義との戦いという側面を見せながらも，その戦後処理は戦勝国であった英仏日などの国益を優先し，植民地問題を棚上げにした矛盾に満ちたものとなった。しかし，その本質が露呈するまでの間，植民地支配に苦しんでいたアジア諸国は，ウィルソンの民族自決主義が実現されるものとして大きな期待を寄せたのであった。

　東アジアにおいては，まず日本支配下の朝鮮で，1919年3月1日「独立万歳運動」が全国レヴェルで起きる。いわゆる三・一運動である。10年の日韓併合後も朝鮮人たちは国内外で独立運動を展開していた。国内では朝鮮総督府の統治下でも密かに独立運動団体を組織し，義兵活動も継続させ，中国の東北地方や沿海州でもその活動は行われていた。そのような朝鮮において，アメリカの民族自決主義実現への期待は大きく膨らみ，これを頼りとした民族活動家たちは19年1月から独立運動を国内外で一斉に起こすことを計画した。

　三・一運動のきっかけを作ったのは，日本にいた朝鮮人留学生たちが出した独立宣言であった[11]。1919年2月8日，東京神田の在日本東京朝鮮YMCA（現・在日本韓国YMCA）では「朝鮮留学生学友会総会」が予定されていた。ここで，準備されていた日本語と英語の「独立宣言」を発表し，それを日本の政治家や各国大使館に送った。この中心となった「朝鮮青年独立団」の主要メンバーは検挙されたが，残りは朝鮮に渡り，三・一運動を計画したのである。この時の独立宣言と記念碑は，現在も在日本韓国YMCAの資料室で見ることができる[12]。

11　日中韓3国共通歴史教材委員会編『未来をひらく歴史―東アジア3国の近現代史　第2版』高文研，1916年，76頁。

12　「2・8独立宣言資料室」―東京都千代田区神田猿楽町2-5-5

1919年3月1日，京城を初めとする主要都市で，一斉に民衆たちが「大韓民国独立万歳！」を叫び，その運動は農村にまで及んだ。この運動は，軍隊と警察によって鎮圧されたが，李承晩や金九などの活動家は上海で「大韓民国臨時政府」を樹立し，李承晩を大統領に選出した。その後，李は主にアメリカで活動することとなった。中国国内での大韓民国臨時政府の独立運動は，孫文，そして蔣介石が金九を保護して，継続させていく[13]。

図4-4　朝鮮独立宣言記念碑
〔2017年4月，筆者撮影〕

　中国（中華民国北京政府）は大戦勃発当時中立を宣言していたが，17年8月14日対墺宣戦し，連合国の一員となり戦勝国となったため，その戦後処理を決めるパリ講和会議での民族自決主義に期待し，「二十一ヵ条」は，一方的な強迫に由るものであるとして，その無効を要求する請願書を提出した。しかし，日本は袁世凱などの中国の代表者が公式に結んだ条約であることを主張したため，英・米・仏は4月29日「条約の神聖」を理由に中国の主張を却下する決定を下した。

　この決定が中国に伝わると，大衆の間に強い失望と欧米に対する不信感がわき起こった。1919年5月4日北京大学を始めとする十余の大学・専門学校の学生2,000人余りが天安門に集結して，「二十一ヵ条」反対の大規模なデモを起こす。このデモは，「二十一ヵ条」の時の中国代表であった曹汝霖・章宗祥等の罷免要求，自宅襲撃にまで拡大した。いわゆる五・四運動である。

　その後，中国の学生・知識人たちは，欧米への失望の反動としてロシ

13　これに関しては，家近亮子「蔣介石による戦時外交の展開―中国IPRへの関与と中華の復興・領土の回復の模索」（『軍事史学』第53巻2号―「日中戦争80周年特集号」2017年9月），参照。

ア革命を理想化し，レーニンの「平和に関する布告」に期待をかけるようになる。レーニンは，共産主義による世界革命の実現を目ざしたが，現実には社会主義革命を資本主義が発達していない国で起こすことは時期尚早であると判断し，方向転換を図る。1919年7月コミンテルン[14]はその第2回大会において「民族・植民地問題についてのテーゼ」を採択し，民族解放運動を社会主義革命の中に組み込むことを決定した。また，同時に，いわゆる「カラハン[15]宣言」を発表し，「外国領土の一切の掠奪の拒否，外国民族の一切の強制的併合，一切の賠償の拒否」を主張し，中国に対して帝政ロシアが締結した不平等条約を廃棄することを宣言した。そのことは清末から不平等条約に苦しめられていた中国人民を深く感動させることとなる。このような状況下，孫文も五・四運動で見られた大衆のエネルギーに注目し，14年7月に亡命中の東京で設立した中華革命党を19年10月10日中国国民党として改組し，ソ連への傾倒を強め，革命の新たなる展開を目指すようになる。

（6）中国共産党の成立と国民革命の展開
1）中国共産党の成立

　1920年3月，ヴォイチンスキーを団長とするコミンテルン代表団が秘密裏に北京を訪れ，陳独秀に接触する。コミンテルンの依頼を受けた陳は，李大釗と相談の上中国共産党の前身となる共産主義小組の設立に奔走する。8月，中国の労働運動の中心であった上海で最初の共産主義小組が設立され，『共産党宣言』の中文訳が出版されるなど，その基礎作りが整う。これを受けて，21年春までの間に北京，武漢，長沙，済南，広州等で共産主義小組が成立し，また『新青年』ばかりでなく，『共産党』

14　コミンテルン（Comintern）は，Communist International の略で，第三インターナショナルともいう。中国では，共産国際と称する。1919年3月レーニンによって設立され，43年5月まで存在した。世界に社会主義革命を実現するための指導機関とされた。

15　カラハン（Karakhan）はソ連の外務人民委員代理であった。

『労働者』などの雑誌が次々と創刊された。これに参加したメンバーのほとんどは，新文化運動の推進者か五四運動の参加者であった。

　1921年6月上海共産主義小組は，ソ連から新しく中国に派遣されていたマーリンの指導のもと全国代表大会開催を各地の小組に通達し，7月23日上海の李漢俊の兄の家で中国共産党第1回全国代表大会（1全大会）を挙行する。

　この時国内外の7つの共産主義小組から派遣された代表は13名であった。すなわち，上海：李漢俊・李達，北京：張国燾・劉仁静，湖北：董必武・陳潭秋，湖南：毛沢東・何叔衡，広州：陳公博・包恵僧，山東：王燼美・鄧恩銘，そして留日学生代表：周仏海であった。陳独秀は，官憲の尾行がついていたため出席ができず，包恵僧を代理とした。共産主義の活動は非合法であったため，秘密裏に行われたのである。最年長者は45歳の何叔衡で，最年少者は18歳の劉仁静であり，平均年齢28歳の若い集団であった。因みに毛沢東はちょうど28歳であった。この中の李達，包恵僧は後に離党し，また，陳公博，周仏海などは親日派に転向している。

　会議は30日に党の名前を中国共産党とすること，設立記念日を7月1日とすること，プロレタリアのブルジョアジーに対する階級闘争を目的とするなどを決定して閉会し，総書記に陳独秀，組織主任に張国燾，宣伝主任に李達を選出した。この時，全国の党員数はわずか57名に過ぎなかった。因みに，2018年末の中国共産党員数は，約9,059万人であった[16]。

図4-5　中国共産党第一次全国代表大会会址　〔2017年9月，筆者撮影〕

16　『日本経済新聞』デジタル版　2019年6月30日18：02 アクセス。

　以上述べてきたように，「二十一ヵ条」は，中国にさまざまな影響を
もたらした。それは，政治的立場，階級を超え，中国人に衝撃を与えた。
中国にとってそれは，まぎれもなく国家的屈辱であり，危機であった。
その危機意識が中国共産党を生み出す機運を醸成し，中国革命を新たな
ステージへと導いたといえる。

２）第1次国共合作と国民革命，全国統一

　中国においては中国共産党成立後，コミンテルンの指導の下，孫文の
中国国民党と共産党との合作が推進された。いわゆる第1次国共合作は，
1924年1月広州で開催された第1次中国国民党全国代表大会において成
立した。この時は，結党間もない共産党員が国民党に加盟する形（二重
党籍）の合作となったが，国民党内には反対する者も少なくはなかった。
孫文の最大の目的は，独自の軍隊をソ連の指導と援助を以て創設する事
にあった。そのため，広州に近い黄埔島に陸軍軍官学校が建設され，蔣
介石が校長として就任する。

　孫文は，南北を統一すべく1924年11月10日「北上宣言」を発表し，上
海から海路日本経由で北京に入ることを決め，11月24日神戸に到着した。
この時行ったのが「大アジア主義」の演説である。孫文はアジアと欧米
の文化は基本的に異なっていることを強調し，日本に対して，「仁義道
徳」を基礎とするアジア固有の文化に回帰し，欧米に対抗するため中国
と連帯することを訴えたのである[17]。

　北京入りした孫文は1925年3月12日，肝臓癌を悪化させ死去する。そ
の遺嘱には「中国の自由・平等」の達成，不平等条約の撤廃を早期に実
現することが最も重要であると述べられていた。この目標を誰が引き継
ぎ，達成するのか。国民党内部は孫文の死後，三民主義の解釈とその実
現方法，共産党との合作継続の是非をめぐり分裂する。共産党は国民革
命の過程で組織が拡大し，国民党の指導権を脅かす存在になっていく。

17　嵯峨隆「日本と中国のアジア主義」，家近亮子・川島真編著『東アジアの政治
　社会と国際関係』放送大学教育振興会，2017年，37頁。

　1927年4月12日，蔣介石は上海で反共クーデター（四・一二クーデター）を断行し，18日南京に反共の国民政府が発足する。同年7月国共合作を基盤とする武漢政府主席であった汪精衛は分共を決定し，国民党の統一が実現し，28年1月北伐が再開される。

　国民革命軍は1928年6月北伐を完成し，南北中国を統一し，10月10日南京国民政府が全国支配を開始する。南京国民政府は孫文の三程序（軍政，訓政，憲政）に則って国家建設を開始するが，最終目標が憲政であることを好意的に受け止めた欧米諸国は，不平等条約の一部（関税自主権）を撤廃する。このことは，中国に民族資本発展の可能性を与えたが，これに危機感を持ったのが日本であった。中国の経済発展の可能性は，アジアにおける唯一の先進国日本の地位を脅かし兼ねない。その後日本は満蒙などの既得権益を守ることに専念するようになる。

5 | 日中戦争への道

《目標＆ポイント》　本章においては，日中戦争までの日本と中国の政治的，社会的な変動，および国際関係などからその原因を多角的に考察する。大正デモクラシー，ワシントン体制，日本の不況，世界大恐慌による満蒙開拓民の増加は，済南事件，張作霖爆殺事件につながる。南京国民政府の国家統一は，日本にとっては満蒙支配の危機と映り，満洲事変後，日本は一気に軍国化する。蒋介石は奥地建設に邁進し，戦争に備える。西安事件のもつ意味は？
《キーワード》　大正デモクラシー，ワシントン体制，関東大震災，世界大恐慌，満洲事変，済南事件，張作霖，蒋介石，石原莞爾，満蒙開拓団，5・15事件，2・26事件，西安事件，張学良

1. 第1次世界大戦後の世界情勢と東アジア

（1）アメリカの繁栄とワシントン体制

　アメリカは第1次世界大戦終結後，ウィルソンの後，大統領となったハーディング（Harding）大統領は，「アメリカが一番」の方針を打ち出し，内需拡大を重視し，モンロー主義へ回帰した。アメリカは，大戦中に得た巨万の富を背景に戦後世界の商業・金融市場における支配的地位を確立することに成功する。

　貿易においては，輸出超過が10数年継続し，世界の金の半分がアメリカに集中し，米ドルは世界の共通通貨となり，世界の富の40％を独占するようになる。例えば，世界の重工業に占めるアメリカのシェアは，鉄鋼・40％，銅・60％，石炭・50％，石油・70％，自動車・85％であった。

そのため，日本と中国も共に対米依存が強くなっていく。日本は，鉄鋼や石油を1941年のアジア太平洋戦争勃発の夏まで対米輸入に頼っていた。また，南京国民政府の指導者となった蔣介石は，アメリカからの支持と同情に基づくさまざまな援助を引き出すため，精力的な外交戦略を展開していく。

（2）ワシントン会議と「九ヵ国条約」

「ウィルソンの14ヵ条」の第4条は，軍縮であった。戦後，アメリカは軍縮会議を主催する。1921年11月から翌年2月にかけて，ハーディング大統領が提唱したワシントン会議が開催された。そこでは，「四ヵ国条約（米英仏日）」「九ヵ国条約（米英仏日伊蘭中葡ベルギー）」，そして「海軍軍備制限条約」が締結された。これらの条約に基づいた国際関係をワシントン体制という。

軍縮に関していうと，海軍の主力軍艦の保有トン数の縮小が決められ，英米・5に対して，日本・3，仏伊・1.67，10年間の主力艦および航空母艦の新造中止などが決められた。この決定は，海洋国家である日本にとっては厳しいもので，特に海軍内部に強い不満を残すことになった。

1922年2月6日に締結された「九ヵ国条約」は中国の主権を尊重し，中国に対する「領土保全・機会均等・門戸開放」を推進する内容であった。目的は，日本の中国に対する独占的な影響力拡大を阻止することにあった。それに先駆けて締結された，英米の仲裁による「山東還付条約（22年2月4日調印）」で山東省の既得権益のほとんどが無効になり，山東駐屯軍も撤退が決定していた。蔣介石は，繰り返しこの「九ヵ国条約」を日本の侵略の非合法性を国際社会に訴える根拠とした。

2．日本の不況と世界大恐慌

（1）大正デモクラシーの展開

　第 1 次世界大戦の戦争特需で経済発展したのは，アメリカばかりでは
なかった。日本もこの間輸出を飛躍的にのばし，大幅な貿易黒字となっ
て外貨準備高も過去最高となった。このため海運業，造船業などの重化
学工業が盛んになり，本格的工業国へと発展する。このような好景気を
背景として，日本では「大正デモクラシー」が展開された。

　明治天皇の死去により，明宮嘉人が大正天皇として即位し，1912年
7 月30日から大正時代が開始した。前章で述べたように，日露戦争は非
戦論・反戦論，社会主義，女性解放運動の傾向を生み出した。その流れ
の中で東大教授であった吉野作造が提唱した「民本主義」が注目され，
吉野は『中央公論』を舞台として時代を代表するイデオローグになって
いく。「民本主義」は，Democracy の訳であるが，民主主義が「主権在
民」を意味するため，その使用を避けた。具体的には普通選挙の推進な
どを主張した。日本の選挙制度は，現在まで表 5 - 1 のように推移した。

　大正デモクラシーの結果，男子に限っては普通選挙が実現する。この
時，女性の参政権を求め，女性解放運動も盛んになった，平塚らいてう
は，1911年 9 月に雑誌『青鞜』を創刊して，男性中心の家族制度に反対
して，女性の自由と自立を呼びかけた。市川房枝は新婦人協会を舞台に，

表 5 - 1　日本の選挙制度の推移

施行年	条件 （直接国税）	性別	人口比	備考
1889（明治22）年	15円以上	男25歳以上	1.1%	制限選挙
1900（明治33）年	10円以上	〃	2.2%	〃
1919（大正 8）年	3 円以上	〃	5.5%	〃
1925（大正14）年	制限なし	〃	20.8%	男子のみ普通選挙
1946（昭和21）年	制限なし	男女20歳以上	48.7%	男女平等の普通選挙
2016（平成28）年	制限なし	男女18歳以上	83.3%	〃

女性の政治参加を目指す運動を起こして活躍した。この中で教員，看護婦，電話交換手，バスの車掌などの職業婦人，「モダン・ガール（モガ）」が増え，女性の社会進出が活発化したが，選挙権獲得は戦後まで実現しなかった。

　吉野作造の主張の中で，東アジアに関するものは注目に値する。吉野は，三・一運動，五・四運動に共感を示し，「民本主義」を国際関係にまで拡大する主張を行った[1]。また，石橋湛山は『東洋経済新報』誌上において，日本の植民地支配に反対し，国内の政治・経済・社会の充実を優先する「小日本主義」を主張した。しかし，その一方で軍部は第1次世界大戦後のワシントン体制，デモクラシーの風潮の中で，自らの影響力低下に対して危機感を強め，その復権の機会をうかがうようになる。

（2）日本の不況と世界大恐慌

　第1次大戦終結後，欧米諸国がアジア市場に復帰すると，日本の輸出が低下し一気に不況となった。日本では世界に先駆け1920年代初頭には大不況が起き，中小企業の多くが倒産し，その影響は労働者，農民に及び，米騒動や労働争議，ストライキが多発するようになった。労働組合の全国組織である日本労働総同盟は1921年，日本農民組合は22年に成立している。

　日本は1920年1月に設立された国際連盟の常任理事国に英・仏・伊と並んで就任し，四大国の一つになったが，ワシントン会議では日本が「二十一ヵ条」で得た既得権益の多くを手放すこととなった。その後日本は24年6月加藤高明内閣の外相となった幣原喜重郎の下，国際協調外交を展開し，28年8月にはパリで日本を含む15カ国が「不戦条約」を締結し，国際協調の時代が表面上はしばらく続くこととなる。

　しかし，その一方で日本の国内は不況による社会不安が高まっていっ

1　吉野作造『中国・朝鮮論』，平凡社東洋文庫。

た。特に1923年 9 月 1 日に起きた関東大震災は，午前11時58分東京・横浜を中心に関東一円を直撃した大地震で，マグニチュードは7.9であった。死者・行方不明者は14万2,807人，家屋の全焼・全壊が57万6,262戸という極めて大きなものであったため，日本経済は壊滅状態に陥る。それに拍車をかけたのが世界大恐慌であった。

　1929年10月24日の「暗黒の木曜日」，ニューヨーク・ウォール街の株の大暴落に端を発する世界大恐慌の波は，各国に及んだ。その後，イギリスやフランスは自国の植民地を中心とするブロック経済の保護貿易体制をとるようになる。このため，日本では輸出産業が低迷し，工場の倒産が相次ぎ，失業率は15％にもなった。農村は疲弊し，娘の身売りなどが行われるまでになった。

　このような状況の下，日本では不況による失業対策として，また不満の解消として大陸，特に中国東北部への進出を望む声が高くなる。特に陸軍や国家主義団体，野党であった立憲政友会や中国に利権をもつ実業家たちは，幣原外交を「軟弱外交」と非難し，中国への強硬策を求めるようになる。

3.　日本の軍事侵攻—済南事件と満洲事変

（1）済南事件と反日団体の組織化

　1927年 4 月に成立した南京国民政府の最大の目標は，辛亥革命の失敗により南北に分裂していた中国を統一し，孫文の遺教となる三民主義による国家建設を実現することにあったが，そのためには，中華民国北京政府を打倒する必要があった。当時，北京政府を統治していたのは東北地方（満洲）に基盤を持つ奉天軍閥の張作霖であった。張作霖は，日露戦争時に当時中佐であった田中義一に救われたことがあり，16年に奉天督軍兼省長に就任すると，日本陸軍士官学校出身者を積極的に採用した。

88

そのような張作霖に対して日本は寺内
正毅内閣から張を支持し，また朝鮮銀行
を通して多額の借款を行った。日本は張
との関係を強化することで，満洲への影
響力を強化していく。しかし，張作霖が
6月に「中華民国陸海軍大元帥」に就任
した頃には日本との関係は，離齬が見ら
れるようになり，東北各地では反日運動
が組織されるようになっていた[2]。

図5-1　1927年10月27日に渋沢栄一（左）を訪問した蔣介石（右）

〔写真提供：共同通信社〕

蔣介石は，南京国民政府内部ですぐに
権力を掌握したわけではなかった。胡漢
民などの長老は，蔣介石の権力を軍事の
みに閉じ込めようとした。そのため，蔣
は1927年8月に下野せざるを得なくな
り，9月末から約40日間にわたる生涯最後となる日本訪問を行った。そ
の間親友であった宮崎滔天の息子の龍介と行動を共にし，旧知の日本人
（渋沢栄一，犬養毅，梅屋庄吉など）と会った。彼らは孫文時代からの
中国革命の支持者であり，蔣が絶大な信頼を寄せている人物たちであっ
た。また，最後には首相であった田中義一と非公式ながら会談をもった。
蔣はこの時，自らが行う北伐に対して，日本の理解を求め，出兵をしな
いように要請したのである[3]。しかし，その期待は大きく裏切られるこ
とになる。

　1928年5月に起きた済南事件は，中国全土に反日運動を組織化し，拡
大させる役割を果たした。同年1月に国民革命軍総司令に復職した蔣介
石は，4月7日に北伐を再開させ，全国統一を目指し，山東へと向かっ

2　西村成雄「張作霖」，前掲『近代中国人名辞典　修訂版』，846～847頁。
3　家近亮子「蔣介石の1927年秋の日本訪問―『蔣介石日記』と日本の新聞報道による分析―」，山田辰雄・松重充浩編著『蔣介石研究―政治・戦争・日本』，東方書店，2013年，76～84頁。

た。蒋介石は，日本人とその居留地の安全を守ることを日本政府に約束
したが，馮玉祥の北伐軍が済南入りし，さまざまな反日宣伝工作を行い，
日本軍との対決機運を高め，日本人に対する虐殺，暴行，略奪が横行し
ていた。これに対して，田中義一内閣は，４月19日あくまでも居留民保
護の名目で第二次山東出兵を閣議決定し，翌20日に発表し，その日のう
ちに天津からの派遣軍を済南に到着させた。

　蒋介石率いる国民革命軍は５月１日に済南に入ったが，３日，日本の
山東出兵軍と国民革命軍が軍事衝突し，８日には日本軍が総攻撃を開始
し11日には済南全域を制圧した。これが，済南事件である。蒋介石は北
伐を優先するため，全面的な軍事衝突を避け，迂回して北京を目指した。

　この事件が中国社会に与えた影響は，大きかった。まず，この時期は
歴史的な事件の記念日（五・四運動の記念日と「二十一ヵ条」の「国恥
記念日」）と重なった。特に，馮玉祥とその将校たちはその意識が強く，
毎年５月７日から９日まで「国恥紀念日」と書かれたベルトを身に付け
ることを習慣としていた。中国の中国国民党機関紙（『中央日報』『民国
日報』など）では反日広告と「侵略」「国恥」の文字が踊った。蒋介石
が自ら書いた「蒋介石日記」（以下，脚注を除いて「日記」と略記）の
冒頭に「雪恥」と書き始めるのはこの済南事件からであるが，これは当
時の新聞，世論の影響があったと思われる。

　上海では日貨排斥運動が開始され，全国反日会が組織された。また，
同時に中国製品を愛用する「国貨提唱運動」が展開され，各地方の新聞
に広告を掲載し，国貨の使用を呼びかけた。８月下旬には北京学生連合
会が大規模な排日運動を起こし，各種の排日伝単（ビラ）を作製して，
配布し，「対日経済絶交宣言」を発表した。

　このような排日運動は，天津総商会などの反対などもあり，次第に下
火になっていった。しかし，この時の排日の組織化と運動の経験は，満

洲事変後の全国的な抗日運動の母体となっていくのである。

（2）満洲事変

北伐軍が北京にせまる中，張作霖は最後まで抗戦を主張したが，最終的には奉天への撤退を決定し，1928年6月3日未明北京から奉天に向けて出発した。列車は4日午前5時半，奉天近くに差し迫った際に爆破された。現場は，京奉線が下を満鉄線が高架を走る十字に交差した場所であった。日本の新聞は概ね「南方便衣隊」が「埋設した爆弾」が炸裂したと一斉に報じた。しかし，これは関東軍高級参謀であった河本大作が首謀したものであったことが後に判明している[4]。この事件は，当時「満洲某重大事件」といわれた。

国民革命軍は6月7日，張作霖不在の北京に無血入城し，北伐の完成を宣言する。北京の天安門には中華民国国民政府の国旗である青天白日満地紅旗がはためいた。12月29日張作霖の長男であった張学良は，三民主義の遵法と国民政府への服従を表明して「易幟（国民政府の旗を掲げること）」を行い，蒋介石は実質的な全国統一を完成させた。この学良の国民政府への参加が日本にとっては満蒙支配の危機と映った。その後，軍部の動きが活発化する。

1931年9月18日夜半，奉天（現・瀋陽）郊外の柳条湖で満鉄[5]の線路が爆破されるという事件がおきる。関東軍はこれを中国側の仕業であると発表してただちに軍事行動を起こし，奉天・長春などの都市を占領した。しかし，実際にはこれは武力行使の口実をつくるため，板垣征四郎大佐，石原莞爾中佐らの関東軍参謀の一部が起こした謀略であった。これを，一般に満洲事変という（中国においては「9・18事変」）。この時

4　家近亮子「北伐から張作霖爆殺事件へ」，筒井清忠編『昭和史講義』，ちくま新書，2015年。

5　南満洲鉄道の略。日本の満洲支配の象徴的存在。調査部をもち，中国の政治・経済・社会などの多方面に関する精力的な調査活動を行った。

国民政府は蔣介石の「安内攘外」政策[6]のもと，国内における最大の敵・
共産党勢力を壊滅させる剿共戦の展開を優先課題としたため，国際連盟
に提訴するにとどまり，全面戦争には至らなかった。蔣は，当時犬養毅
に期待し，軍部の行動は「猪突的」と判断していたのである。

　満洲事変後満蒙は，実質上日本の支配下に入る。関東軍はその後満蒙
に新政権を樹立して国民政府から切り離し，日本が自由になる独立国を
つくろうとする計画を進める。そして，1932年3月1日清朝最後の皇
帝・溥儀を担ぎ出して「満洲国」を建国する。このような一連の日本の
行動に対日不信感を深めた国際連盟は，満洲問題調査のためにイギリス
のリットン（Lytton）を代表とする調査団を派遣した。リットン調査団
は32年10月1日報告書を発表した。それに基づいて33年3月27日国際連
盟で満洲国の正当性が否決されると，日本は，代表であった松岡洋右が
連盟を脱退し，国際的に孤立することとなった。

（3）蔣介石の朝鮮独立支援活動

　日本の統治下で朝鮮社会は大きく変わっていった。都市開発が進み，
道路，学校，病院が建設され，近代化が進んだ。首都京城には多くの日
本人も移住し，「内鮮一如」の政策の下，日本語教育，日本文化（大衆
映画・歌謡曲など）が急速に普及した。

　一方，朝鮮独立運動は主に海外で行われていた。特に国際的な民間団
体であったIPR[7]をその承認の場として利用する動きは，その設立時か
らあった。朝鮮IPRは，YMCAを母体として日本とは独立した団体と
して独立運動を展開しようとした。

6　1931年7月23日，蔣介石は，南昌行営において「全国同胞に一致安内攘外を告
　げる」書を発表した。これによると，「安内」は国内の反対勢力の駆逐と国内の
　統一を意味し，「攘外」は帝国主義国との国際的不平等条約の解消を意味した。

7　Institute of Pacific Relations の略で1925年にハワイのホノルルで設立された組
　織。日本名，太平洋問題調査会，中国名，太平洋国際協会・太平洋会議。民間外交，
　国民外交の場とされた。

図 5-2 （左）　上海の「大韓民国臨時政府跡」
図 5-3 （上）　ソウルの「金九博物館」パンフレット

　蔣介石は，この IPR を自らの外交戦略実現の場として重視し，1929年の第 3 回京都 IPR から政治介入するようになる。奇しくも，第 4 回 IPR は中国の杭州で1931年10月に開催が予定されていた。その直前に満洲事変が起きたわけだが，日本との矛盾を解決する場として重視した蔣はその場所を上海に代えて，開催を断行する。その後中国 IPR に対して関与を強め，大韓民国臨時政府承認の場として利用しようとした[8]。

　大韓民国臨時政府においては，金九が臨時政府の代表となり，中国国内で活動を行っていた。孫文を引き継ぎ，国民政府は一貫して臨時政府を日本の弾圧から保護する立場をとった。蔣介石と金九は，1933年初め南京の中央軍官学校で初めて会った。この時，蔣は「東方の各民族は，孫中山先生の三民主義に合致する民主政治を行うのが良い」と話したという。金九は， 2 年以内に日本，朝鮮，満洲で同時に暴動を起こす計画を話したが，蔣はまず武官を養成することが必要だと話した[9]。その結果，その年の12月，洛陽にあった軍官学校第七分校内に正式に班が設置

8　家近亮子「蔣介石による戦時外交の展開―中国 IPR への領導と中華の復興・領土回復の模索―」,『軍事史学』―特集　日中戦争80周年―第53巻第 2 号，2017年 9 月，97頁。

9　梶村秀樹訳注『白凡逸志―金九自叙伝』，東洋文庫234，平凡社，2009年，279 ～281頁。

され，金九が推薦した92名の韓国人学生が2年間の正規軍事訓練を受けることになったのである[10]。

大韓民国臨時政府は，中国国内を転々としたが，1940年に重慶に定着し，金九は蔣介石の支援により「国軍」としての「光復軍」を創設し，太平洋戦争が勃発すると，中国とともに日本に宣戦布告した。この金九の臨時政府は，アメリカ・イギリス・ソ連などからの承認を受けるべく国際活動を活発に行うが，蔣はこれを全面的に支援したのである。

（4）満洲国と満蒙開拓団

東アジアの歴史を考える上で，日本の満洲支配は戦前戦後を通して大きな意味をもつ。日本から満蒙とよばれた地域は，現在の中国東北三省及び内モンゴルの一部一帯を指したが，この地域に全国から入植した日本人は27万人にのぼる。

満洲国は，日本人，満洲族，漢族，朝鮮人，モンゴル人の5族が「協和」する国家を目的に建設され，首都は新京（長春）であったが，実権を握ったのは日本の関東軍[11]であった。日本は，国内の失業対策と満洲国への影響力強化，ソ連に対する防衛のため，満蒙開拓団を送り込んでいく。また，朝鮮からも開拓団は送り込まれた。国内で最も多かったのが長野県で，3万3,000人が移住したが，飯田・下伊那地方からはその4分の1にあたる8,400人が送出された。「満洲に行けば20町歩の大地主になれる」という誘い文句に乗って，農家の次男，三男が送出されたのである[12]。

彼らは，日本政府や地方自治体の勧誘によって渡満したが，その行く

10　家近亮子「蔣介石による戦時外交の展開—中国 IPR への領導と中華の復興・領土回復の模索—」，97頁。

11　関東軍とは，遼東半島，長春・旅順間の鉄道などの利権を守るため，1キロあたり15名以内守備兵を置く権利を得て，1919年から駐留していた軍隊を指す。

12　寺沢秀文「語り継ぐ『満蒙開拓』の史実—『満蒙開拓平和記念館』の建設実現まで—」，信濃史学会『信濃』第65巻第3号，2013年3月，202頁。

末は悲劇的であった。1945年8月8日の突然のソ連参戦とそれに伴う満蒙への軍事侵攻は，彼らの10数年の開拓の努力を水泡と化したばかりでなく，虐殺や，捕虜収容所，また命からがらの逃避行の中で，日本人残留孤児が生まれたが，彼らが日本に帰国するには長い年月が必要であった。この時，関東軍とその家族はいち早く引き揚げたが，開拓民のほとんどは取り残されたのである。2013年4月に開館した「満蒙開拓平和記念館」（長野県下伊那郡阿智村駒場711-10）は，その記録と記憶（オーラルヒストリー）を保存している。

4．日本の軍国化—暗い昭和への道

（1）5・15事件

　1920年代のワシントン体制下の軍縮ムードは，満洲事変後一変し，日本は再び戦争熱を帯びるようになる。しかし，日本政府においては31年の12月13日立憲政友会の犬養毅が首相となった。犬養はアジア主義者であり，孫文や蒋介石の支援者でもあった。犬養は，満洲事変を話し合いで解決する道を模索した。しかし，そのような犬養の対応を軍部は「軟弱」と批判するようになる。

　1932年5月15日の日曜日，海軍の青年将校と陸軍の士官候補生の一団が拳銃を持って首相公邸に乱入し，犬養を暗殺した。この背景には政友会がロンドン軍縮条約に調印したことへの不満があった。この事件は，明治から続いていた日本の政党政治を終わらせることになり，次期首相には軍人出身の斎藤実が就任したのである。

　蒋介石にとって，満洲事変時極めて歓迎すべき状況が日本の政界で起きていた。蒋が最も信頼する政治家・犬養毅が立憲政友会の党首となり，1931年9月の統一地方選挙で勢力を拡大した。中国の新聞はこの選挙結果を詳細に伝えている（『華北日報』1931年9月8日）。蒋は犬養を「最

も熱心な」中国「親善政策」の「主唱者である」として高く評価していた[13]。このような犬養が政権を樹立する可能性が出たことは，済南事変を起こした田中義一内閣以降の日中関係悪化の改善を期待させるものとなった。政友会は対外強硬論を主張したが，犬養自身は「軍部の独走に憂慮の念を抱いており」，満蒙問題が「一歩誤れば国を無底の陥穽に転落させる」ことになると危惧していたのである[14]。そのような犬養の死は，蔣にとって対話路線の相手を失うという衝撃的なものとなった。その後日本は「大正デモクラシー」で活発化した言論活動に対し，国家による統制が厳しくなっていく。

（2）　2・26事件

明治憲法は，先に述べたように解釈の可能性と含みをもった憲法であった。その中から美濃部達吉の「天皇機関説」も生まれていた。このような風潮を一変させたのが1936年2月26日のいわゆる2・26事件であった。これを起こしたのは皇道派の青年将校1,400名であり，首相官邸などを一斉に襲撃して斎藤実内大臣，高橋是清蔵相などを殺害し，天皇親政の政治を実現する「国家改造」の「昭和維新」を画策した。しかし，内閣を打倒することを昭和天皇が「拒絶した」ため，クーデターは29日に鎮圧され，失敗に終る。その後，軍部では石原莞爾の満洲派が急速に台頭することになる[15]。また，天皇を神格化（現人神説）する風潮が日本社会で定着し，それが植民地においても皇民化運動となって展開されることとなる。

この事件が蔣介石に与えた影響は大きかった。2・26事件の翌日の「日記」に蔣は「これにより禍乱は日ごとに深まり，侵略は必ずや激し

13　蔣介石「動乱の波に漂ふ支那及日本」，『中央公論』第48年第8号，

14　玉井清「政友会の対外強硬論」，中村勝範編『満洲事変の衝撃』，勁草書房，1996年。

15　筒井清忠「二・二六事件と昭和超国家主義運動」（筒井清忠編『昭和史講義』），132〜134頁。

さを増すだろう」と書いている。一方，中国共産党は蒋介石に1935年8月から一致抗日を呼びかけていたのである。日本の軍国化と抗日運動の全国化，本格化は大きな渦となり，東アジア全体を巻き込んでいく。

5. 西安事件―抗日の全国化・組織化

（1）原因

　1936年12月12日早朝に起きた西安事件は，中国近代史においても日中関係史においても重大な事件であった。事件の首謀者は張学良と楊虎城で，その攻撃の対象となったのは蒋介石である。目的は，蒋が遂行していた安内攘外政策を転換させ，中国共産党と共に「一致抗日」を実行させるための「兵諫」（武力に訴えていさめる），クーデターであった[16]。

　西安事件が起きた日は，蒋介石の第6次剿共戦が発動される予定の日であった。もし，この作戦が予定通り実行されていたら，共産党の根拠地は壊滅的な状態になっていたであろう。それを阻止した張学良に対しては中国共産党史，それに基づく中華人民共和国の歴史教科書において，一貫して「偉大な愛国者」という高い評価が与えられている。

　張学良は1901年6月3日生まれで，西安事件の時は35歳であり，蒋介石よりも14歳年下であった。学良と蒋は，28年6月4日の早朝に起きた張作霖爆殺事件の直後から急接近した。学良の立場は，満洲事変後極めて微妙となった。31年8月16日，蒋は学良に電報で「今後，日本軍がどのように東北で挑発してこようとも，我が方は不抵抗を構え，つとめて衝突は避けなくてはならない」と伝えていたのである。

　張学良は日本によって多くの拠り所を失った。父親と家，先祖の墓，支配領域で経済的な基盤でもあった故郷などである。学良にとって，満洲を失うことは，自分だけでなく，自分の部下である東北軍の兵士たちの故郷も奪うことでもあった。部下に対する責任という点からしても，

16　西安事件に関しては，家近亮子「西安事件再考―蒋介石に対する評価と日本の対応―」（『人物でたどる近代日中関係史』編集委員会編『人物でたどる近代日中関係史』，2019年6月），参照。

不抵抗は辛い選択であったと言える。西安事件の背景にはこのような学良の想いがあった。

1935年10月1日，蔣介石は西安で成立した「西北剿匪総司令部」の総司令に就任し，学

図5-4　西安市の「西安事変記念館」内の張学良公館跡　〔2008年3月，筆者撮影〕

良を副総司令に任命する。西安では，実質的には総司令の役割を学良が担い，指揮をとることになった。学良と東北軍兵士たちは満洲事変以来，ようやく定住の地を得たことになる。西安で学良が住んでいた瀟洒な洋館は，現在「西安事変記念館」として一般公開されている。

　中国では全国的な抗日ナショナリズムのボルテージが日増しに高まり，国民政府への圧力となっていく。それでも蔣介石は1936年2月初め張学良に陝西省北部の紅軍に対する徹底した抗撃を指示した。しかし，その時にはすでに東北軍兵士たちの共産党と戦う士気は落ちており，兵士たちはかえって学良に，共産党とではなく日本と戦う決断を迫る[17]。そのような学良に対して，中国共産党が接近し，4月9日学良は延安のカソリック教会を秘密裏に訪ね，周恩来と一致抗日を達成するために会談する。この時の会談で「共産党の軍隊は国民党軍に編入されること」「紅軍という名称は廃止すること」「抗日戦勝利後は，共産党を合法的な政党として認めること」などが決まった。

（2）西安事件とその影響

　西安事件は12月12日の早朝，張学良軍が蔣介石を西安郊外の華清池

17　NHK取材班・臼井勝美『張学良の昭和史最後の証言』角川書店，1991年，167頁。

（執務室としていた）で捕え，市内に幽閉し，剿共戦の停止，蔣介石を中心とする抗日民族統一戦線の結成をせまった軍事クーデターであった。幽閉後，国民政府の強硬派は武力進行などを主張したが，妻であった宋美齢や義理の兄の宋子文などは蔣の救出を優先し，西安に向かった。中国共産党は，学良らの行動を歓迎したが，コミンテルンの意向を受け，蔣を人民裁判にかけることなどは避け，周恩来を交渉人として派遣した。この時，コミンテルンは共産党ではなく，蔣介石の国民政府に抗日の全指揮を託そうとしていたのである。

　25日の午前中，蔣介石は事件後初めて周恩来と会談した。周は剿共戦即時停止を要求し，蔣はこれを承諾したが，その代わりとして，全国統一と全国軍隊の指揮を蔣が統率することを主張した。これに対して，周は「紅軍は蔣先生の指揮を受け，中央の統一を擁護」すると約束した[18]。その日の午後蔣は解放され，南京に戻る。同行した学良は身柄を拘束され，そのまま長い幽閉生活に入るのであった。

　この事件は，次のような影響をもたらした。

①宋一族の権力掌握，親日派の衰退

　西安事件勃発後，国民党内部で起きた蔣介石救出をめぐる対立は，妻である宋美齢の「思い」が優先される結果となり，決着した。空爆を含む武力進行を主張したメンバーに美齢は蔣を見殺しにして，権力の座をねらっているとの疑いまで持った。その代表的な存在であった何応欽・戴季陶は日本留学経験者で，蔣とも古くからの仲間であった。彼らは，親日派とも呼ばれており，強硬な反共主義者でもあった。事件解決後，彼らの立場は弱くなり，和平交渉にも影響をもたらすこととなる。

　事件解決後権力を掌握していく宋一族は，欧米派であった。美齢は，戦闘機が何応欽によって使われ，蔣の命の危険があったということを理由とし，事件後自らが空軍を指揮することを蔣に申し出る。そして，

---

18 「蔣介石日記」1936年12月25日。

1937年に中国空軍の充実のため，顧問にクレア・リー・シェンノート（Claire Lee Chennault，中国名・陳納徳）を採用し，「飛虎隊」を創設させるなど，政治的な関与を深めていく。

②ナショナリズムの激化

　西安事件で中国の世論は一気に抗日に傾いた。1937年になると，中国各地では日本人に対する暴行や日本関係施設の破壊事件が頻発した。支那駐屯軍の司令部があった天津でも事件後，「学生の集団が抗日を叫びながら日本租界を堂々と練り歩いたり」，「露骨に日本人を馬鹿にする言動をとったりするようになった」のである[19]。

　このような状況下で日本は，中国を西安事件の過程を通じて，統一された国家，強力な指導者としての蒋介石，高揚する中国ナショナリズムの対象としての日本を認識させられることになる[20]。そのことが日本の既得権益保護，華北分離政策に加速をかけることになったのである。

19　広中一成『牟田口廉也』，星海社新書，2018年，91頁。

20　岩谷將「盧溝橋事件─塘沽停戦協定からトラウトマン工作失敗まで─」，筒井清忠編『昭和史講義』，145頁。

6 | 戦争の東アジア①

《目標＆ポイント》 盧溝橋事件から始まると言われる日中戦争は，日中双方が宣戦布告しないままで拡大し，長期化する。本章ではその原因を国際的，国内的要因から分析していく。持久戦論展開の背景は何か。戦争の経過をグローバルな視角から概説する。戦時下の日中双方の大衆生活。親日政権の実態。台湾と朝鮮における皇民化政策の展開も考察する。

《キーワード》 盧溝橋事件，アメリカ中立法，抗日民族統一戦線，南京事件，持久戦，松岡洋右，三国同盟，日ソ中立条約，汪精衛，戦時下の生活

1. 世界の中の日中戦争──国際社会は日中戦争をどのように見ていたのか

（1） なぜ，宣戦布告なき戦争だったのか──アメリカ中立法──

　日中戦争は，1941年12月8日からはアジア太平洋戦争の一部，第2次世界大戦の一部に組み込まれ，その過程で中国は国際的な地位を飛躍的に上げて終戦を迎え，戦後五大国の地位を獲得するに至る。しかし，それまでの日中戦争は歪な戦争と言われた。なぜなら，日中双方が宣戦布告をしないままで戦局が拡大し，日本軍は蔣介石と毛沢東の二人の指導者が共に持久戦論を唱えたため，奥地へと引き込まれ長期戦となったからである。当時の国際法では，戦争はどちらか一方の国家が宣戦布告してから開始されるものとなっていた。

　第1次世界大戦の戦後処理から生まれた国際連盟は，「戦争の違法化

と，違法な戦争を引き起こした国に対する制裁—制裁の組織化—が重要な機能の１つであった」[1]。そのため，一定の範囲で戦争を禁止したが，それは完全ではなかった。その欠陥を是正するために締結されたのが1928年の「不戦条約（戦争の放棄に関する条約）—ケロッグ・ブリアン協定（Kellogg-Briand Pact)」である。日中は共にこの条約に加盟していたため，宣戦布告をすることは，この不戦条約に違反することになったのである。

　それでも日中は，盧溝橋事件勃発後双方共に宣戦布告を何度も検討したが，実行には至らなかった。その最大の理由は，アメリカ「中立法（Neutrality Act)」の存在であった[2]。「中立法」は，1935年8月に成立したものであるが，この時は時限立法であった。その後改定を経て37年5月に正式に成立した。それは，ヨーロッパの戦争に巻き込まれることを避けるためにモンロー主義を維持するという国内世論を反映したものであるが，同時に対外的にも強制力を持つことを目的としていた。主な内容は，以下のようである。

　①交戦国双方への軍需品（兵器類）の輸出と借款供与を禁止。

　②兵器生産に関係のある物質・原材料の輸出制限・禁止。

　③交戦国双方との金融上の取引禁止。

　④交戦国船舶によるアメリカ国民の旅行の禁止。

　アメリカ自身は中立を維持しつつ，絶大な資金力と豊かな原材料を背景にして戦争を起こそうとする国を牽制したのである。

　「中立法」への言及は，「蔣介石日記」の中でも国史館の檔案史料の中でも，頻繁に見ることができ，関心の高さがうかがえる。蔣は国際世論に訴え，欧米から同情と援助（武器，資金）を引き出すための外交戦略を展開していた。また，日中戦争開始後はルーズヴェルト（Roosevelt）大統領に密着し，対日参戦を促す直接交渉を頻繁に行ったが，障害とな

1　小田滋・石本泰雄・寺沢一編『現代国際法』有斐閣双書，1976年，310頁。

2　秦郁彦は，『日中戦争史』（河出書房新社，1961年）でこの点に関して言及している。

ったのがこの「中立法」であった。中国共産党の機関紙『紅色中華』でも「中立法」の動向は詳細に述べられている。同時に，日本は，資源が乏しかったため，石油，鉄鋼などの燃料や原材料の輸入に関して，アメリカ，そしてイギリスとその植民地に大きく依存していた[3]。すなわち，アメリカ「中立法」は，日中双方にとって，極めて重要な存在であったのである。

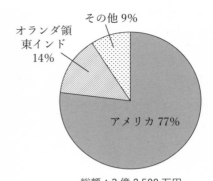

総額：3億2,500万円

図6-1　1940年における日本の石油依存度

（2）戦争か，紛争か

　盧溝橋事件勃発後の状況を日本は，当初「北支事変」，その後は「支那事変」と呼んだ。それは，事態を軽く見せるための日本の軍部の工作であったと十五年戦争史観では批判されるが，グローバルな視点からすると，国際的な評価と一致していたといえる。

　蒋介石が戦争勃発後最も望んだことは，各国の利権が絡む国際都市であった上海や南京に対する日本軍の侵攻に対して，非難する国際世論が起き，各国に自然発生的に日貨排斥運動や日本との協力関係を断絶するなどの経済制裁の動きが起きてくることであった。しかし，日本はこの時期，アメリカの方針があくまでも支那事変を戦争とは見なさず，「中立法」の適用を行わず，不介入政策を堅持するものと確信していた[4]。

3　例えば日本は，石炭はアメリカの2.6％，鉄鋼は1.6％の生産高しかなく，その供給は英（植民地を含む）米に大きく依存していた。1933年の重要原料の輸入先は鉱油：米・42％，鉄：米・25％，英・16％，鉛：カナダ・47％，米・34％，錫：海峡植民地・50％，米・16％，亜鉛：カナダ・53％，オーストラリア・28％であった。英米との対立は，日本にとって死活問題であったといえる。―江口圭一『十五年戦争研究史論』，校倉書房，2001年，18～19頁。

　確かにこの時期のイギリスの公文書を見ると，イギリスやオーストラリアなどは日中戦争を「中日紛争」(Sino-Japanese Hostilities or Incident) と呼び，1941年12月の太平洋戦争勃発までは日本に対して敵対的な立場をとることはなかった。また，ソ連は日本との武力衝突は極力避けようという方針を貫いたのである。

　日中戦争開始時の国際社会の評価の象徴的なものは，1937年11月3日からブリュッセルで開催された九ヵ国条約会議の決定に見ることができる。蔣介石は，この会議に大きな期待をかけていた。また，日本は同会議には不参加であったが，高い関心を示した[5]。しかし，蔣介石の期待に反して，九ヵ国条約会議は11月15日に「宣言」を発表し，あくまでも「中立」の立場を堅持する姿勢をみせ，日中両国の武力衝突の継続は「会議参加国の生命財産に重大な損害を与えている」とし，「即時停戦を共同で勧告」した[6]。

　このような「宣言」の内容に対して，国民政府を代表して出席していた顧維鈞は11月23日会議で演説をし，強い不満と憤りを表明し[7]，「日本の侵略に対して中国は再度抗議し，同時に各国が物質上の援助を中国に与え，並に兵器・弾薬および金銭的援助を日本に与えることを停止すべきこと」を力説した[8]。それでも，11月24日同会議は英米仏の起草した「第二次宣言書」を発表し，あくまでも「商務財政上の相互利益の目的」から「軍縮と非武力の原則」を貫く必要を強調した上で，「無定期延期」を宣告して閉幕した[9]。

　すなわち，九ヵ国会議参加国は，中国における自国の経済活動継続及

4　『東京朝日新聞』1937年12月8日夕刊。

5　『東京朝日新聞』1937年11月3日。

6　『中央日報』1937年11月16日。

7　『中央日報』1937年11月24日。

8　『新中華報』1937年11月24日。

9　家近亮子「中国の抗日戦争と戦後構想」，岩波講座『東アジア近現代通史』6，岩波書店，2011年，160頁。

び利益の視点から日中の武力衝突を終結させようとし，中国が望んだ日本に対する国際制裁は行わない方針を貫いた。日本はこのような九ヵ国会議の状況を具に報道し，国際社会が下した決断を当然のことと報道したのである[10]。

2. 日中戦争の開始─盧溝橋事件から南京事件まで

（1） 盧溝橋事件

　盧溝橋事件は，1937年7月7日夜半に発生した。盧溝橋は，北京の郊外，西南へ20kmほどの永定河にかかる石橋で，1189年に建設された。マルコ・ポーロ（Marco Polo）の『世界の記述』（『東方見聞録』）の中で橋の欄干にすべて形の異なる大小485頭の獅子の彫刻が施されていることから「世界で一番美しい橋」と紹介された。そのため，欧米ではMarco Polo Bridge と呼ばれ，盧構橋事件は Marco Polo Bridge Incident という。

　盧溝橋事件研究の代表的なものには，安井三吉（『盧溝橋事件』，研文出版，1993年），秦郁彦（『盧溝橋事件の研究』，東京大学出版会，1996年），江口圭一（『盧溝橋事件』，岩波書店，1998年），肥沼茂（『盧溝橋事件　嘘と真実』，叢文社，2000年）などがある。最新の史料を使って分析したものには岩谷將

図6-2　盧溝橋

〔2010年9月，筆者撮影〕

10　『東京朝日新聞』1937年11月24日。

「盧溝橋事件」（筒井清忠編『昭和史講義』，ちくま新書，2015年初版），広中一成『牟田口廉也』（星海社新書，2018年）がある。

　7月7日，日本の支那駐屯軍の中の豊台駐屯の歩兵第一連隊（連隊長・牟田口廉也）の他約130名の兵士は，盧溝橋付近宛平県城北側で夜間演習を行っていた。このすぐ近くには中国軍（宋哲元配下の国民革命軍第29軍）が駐屯し，永定河堤防付近で夜間工事を行っていた。

　午後10時40分頃何者かが二度にわたって支那駐屯軍の演習場に向け発砲した。日本軍は中国軍が発砲したと判断し，警備召集をかけ，500名の部隊を出動させる。翌8日午前3時半頃，再び銃声を確認した日本軍は戦闘準備に入り，一木清直大隊長は5時半に総攻撃を命じた。発砲したのが何者かについては，日本側の陰謀説（日本軍の誰かが味方に向かって発砲した），第29軍兵士の発砲説，中国共産党の計画的行動説，中国軍の誤認発砲説，偶発説などがあるが，発生から80年以上たった現在まで真相は明らかにはなっていない。

　しかし，中国の概説書および歴史教科書では日本軍の陰謀説がほとんどである。例えば，1997年に愛国主義教育の拠点として盧溝橋の近くに建設された愛国教育の重要拠点である「中国人民抗日戦争記念館」のパンフレットには「日本軍は演習を口実に中国軍を攻撃した」とある。

1）事件発生後の日中両国の対応

　日本は，事件発生直後は不拡大政策をとった。参謀本部作戦部長であった石原莞爾は増兵を禁じ，停戦交渉を行い，11日午後8時に第29軍との間に現地協定を成立させた。中国側の対応に関していうと，蔣介石は事件の詳細な報告[11]を8日朝に宋哲元からの電報で受けた。宋は日本軍が夜間演習時に宛平県城を占領することを意図して城を包囲攻撃したので，29軍が正当防衛を行った旨を報告した。そのため，蔣は日本が先制攻撃をしたとの認識を持つに至る。

11　蔣中正総統文物「革命文献—盧溝橋事変」。

　一方，東京では現地で停戦協定が成立する前の11日の午後6時半に閣議が開かれ，関東軍，朝鮮軍および日本からの派兵を決定する。近衛文麿首相は，事態拡大は望んでいなかったが，派兵を決定すれば，「中国軍は折れて出るはず」で，事件は短期間に片付くと信じていた[12]。結果的に，石原莞爾らの「不拡大派」が「拡大派」の「一撃論」に圧倒されたということになる。中国軍に一撃を加え，抗日政策を転換させようという考えがその後陸軍内部で主流になっていく。

　日本軍の北平への本格的な進攻を知った蔣介石は「大戦は免れない」が，同時に「不戦不和」「一面交渉，一面抵抗」を国策としていかざるを得ない考えを7月27日の「日記」で記している。ここで書かれた「不戦不和」政策こそが蔣介石の戦略の最大の特徴となり，日本軍は奥地に引き込まれ，泥沼の日中戦争を戦うことになる。28日日本軍は全面攻撃を開始し，翌29日には永定河以北の北平・天津地区をほぼ制圧した。

　7月29日，宋哲元軍の北平撤退を午前3時の電話で知った蔣介石は記者会見を開き，「今，最後の関頭に至った」として全国の民衆に国家のために犠牲を払い，最後の勝利を勝ち取ろうと呼びかけたのである[13]。

　一方，共産党の機関紙『紅色中華』が盧溝橋事件を最初に報じたのは7月13日のことであった。ここでは，「日寇の挑戦的な行動は，絶対に偶発的でない」ということが主張されている。

2）中国の抗日民族統一戦線の結成と中ソ不可侵条約

　その後中国においては，西安事件時の合意通り，抗日民族統一戦線の準備が着々となされ，共産党は7月14日国民党に「国共合作の公布に関する宣言」を手渡し，今後国民党を決して敵とせず，紅軍を国民革命軍に改編し，孫文の三民主義実現に向けて共に努力する用意があることを伝え，第2次国共合作交渉に入る。

　その過程の中で，国民政府はソ連との不可侵条約を締結する。同条約

12　庄司潤一郎「日中戦争の勃発と近衛文麿の対応」，『新防衛論集』第15巻3号，
　　1988年。
13　『中央日報』1937年7月30日。

は，8月21日南京で調印されたが，有効期限は5年であった。その約1ヵ月後の9月22日に第2次国共合作が成立し，中国は抗日戦争を戦う体制を固めたのである。

（2）上海戦

　北平と天津を失った蔣介石は，8月に入ると，「応戦」から「決戦」準備へと入る。この時期，蔣が最も力を入れたのが空軍の整備と日本軍の軍事拠点に対する空爆計画の実行であった。前章で述べたように，1937年5月，宋美齢の強い要請を受けて，第1次世界大戦時に活躍したアメリカの陸軍航空隊大尉であったシェンノートが国民政府の軍事顧問として中国にやってくる。シェンノートはその後中国空軍の創設のために教官としての役割を果たす[14]。

　蔣介石は空爆計画の実行場所を上海に決定する。なぜ，上海なのか。それは，華北では中央軍の軍事的基盤が弱く，日本には対抗できないが，上海には諸外国の共同租界があったため，上海において日本軍が軍事行動を起こせば，国際制裁が日本に下り，中国が有利に和平交渉を行えると判断したためであった。

　上海における空中戦の準備は宋美齢とシェンノートによって密かに進められる。蔣が美齢から「空軍戦闘準備」が完成したとの報告を受けるのは，8月10日であった。この時期，日本においては，中国側の抗戦が上海で準備されているとは想像しておらず，各新聞は国際都市上海に抗日戦が及ぶことはないと論評している[15]。

　しかし，日本側の見解に反して中国側の上海戦準備は着々と進んでいた。8月13日朝，上海の宝楽安路の空き家からの機関銃射撃があり，日本陸軍部隊が淞滬鉄道を越えて宝山路に突入し，そこを守っていた保安

14　"Claire Lee Chennault, Lieutenant General, United States Army Air Corps", *Arlington National Cemetery Website.* -http://www.arlingtoncemetery.net/clchenna.htm）

15　『東京朝日新聞』1937年8月5日。

隊に向かって発砲し，戦闘が開始した。翌14日，国民政府は「自衛抗戦声明」を発表し，「日本の侵略は，国際連盟規約，九ヵ国条約，不戦条約を破壊するものである」ことを強調した[16]。

上海において，蔣介石には当初強い勝算があったが，結果的には未熟であった中国空軍機が共同租界などに誤爆を繰り返したため，かえって国際的な批判を受けることになる[17]。日本軍は上海を攻撃すると同時に南京にも連日空襲を行った。そのため，蔣は上海撤退を決断し，首都を南京から四川省の重慶に移すことを11月20日に公式に発表した。蔣は1935年から奥地（四川省中心）建設を進め，不測の事態に備えていたのである。日本軍は上海を占領し，南京攻略に向かうことになる。

（3）南京事件

国民政府は12月1日から重慶で業務を開始するが，蔣介石は南京にとどまっていた。日本は，国民政府の遷都後も南京攻略に固執し，日本の新聞は，あくまでも南京を首都と書き続けた。日本は国民政府の首都移転は認識していたが，あくまでも首都・南京の攻略にこだわった。そのため，蔣が7日に南京から廬山に移ると，翌日の日本の新聞各紙は一斉に蔣の「都落ち」を報道した。また，南京戦が起きる以前の12月10日から日本では南京陥落「祝賀提灯行列」が各地で行われた。南京占領はこのような日本での祝賀ムードの中で展開されていったのである。

当時，南京を守っていたのは南京護衛軍（唐生智司令長官）であり，蔣介石からその防衛の総指揮を与えられていた。11月28日唐生智は外国公館・教会・報道関係者らに「南京と存亡を共にする」覚悟を語っていた。しかし，その覚悟を覆したのは，蔣介石からの一通の無線であった。

12月11日，日本軍は南京城外中山陵を占領し，翌12日日本軍は中華門に進撃し，中山門城に攻め込む。このような状況の中で午後3時南京司

16　『中央日報』1937年8月15日。
17　家近亮子『蔣介石の外交戦略と日中戦争』，123～124頁。

令部に蔣介石からの無線が届き，5時，
唐生智は会議を招集して蔣介石の撤退
命令を伝えた。その夜の11時，南京護
衛軍は撤退を開始し，未明に完了す
る[18]。翌13日日本軍は南京占領を発表
した。

　蔣介石はこの南京撤退に関して，
「国軍は南京を退出したが，政府が終
始一貫日本の侵略に抵抗するという基
本的な国策には影響はない，その唯一
の意義は，全国が一致して抗戦の決意
を強化するためである」と説明した[19]。

図6-3　蔣介石の南京撤退命令
発令を伝える四川の新
聞『新蜀報』

すなわち，日本軍の南京占領は，中国
側の正規軍が撤退し，逃げ遅れた兵士のみが残った状況の中で行われた
ことになる。日本軍に投降し，捕虜となった兵士が想像以上に多かった
背景にはそのような理由があった。

　いわゆる「南京大虐殺」は，この後数週間にわたって繰り広げられた
と言われている。しかし，当時の日本の新聞は日本軍が負傷した南京の
子どもなどを治療している様子などのみを報道したため，日本人は南京
事件の実態を知ることができなかった。それが日本で報道されるのは，
戦後の極東国際軍事裁判（東京裁判）においてが初めてであった。

　日本は現在，南京事件で多くの一般人や投降した兵士たちが殺害され
たことは認め，歴史教科書にも記載されているが，その数に関しては不
明であるとの見解を示している。しかし，1985年8月15日に鄧小平が南
京にオープンさせたいわゆる「南京大虐殺記念館」の入り口には「被害
者300000」の文字が刻まれている。中国側はこの30万説にこだわり，日

18　『新蜀報』1937年12月14日。
19　『大公報』1937年12月14日。

本との歴史認識問題の争点ともなっている。習近平国家主席は2014年から12月13日を国家哀悼の日とすることを決定した。

3. 日中戦争の展開 ―太平洋戦争までの道

（1）日中戦争の諸相

1）持久戦へ

1938年は，日中戦争を考える上で非常に重要な年だった。37年中，日中は幾度

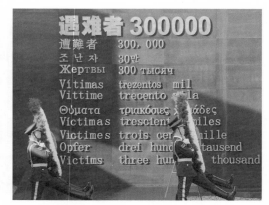

図6-4　「南京大虐殺記念館」（南京）の「被害者300000人」が各国語で刻まれた壁の前での追悼式典（2014年12月13日）　〔写真提供：共同通信社〕

となく和平交渉（ドイツの駐華大使・トラウトマンの工作など）を試みるが，日本側が蔣介石の下野を前提に，共同防共政策を条件としたためうまくいかなかった。蔣はこの時期「容共抗日政策」はソ連の援助が期待できたため，簡単には放棄できなかったのである。日本は，国民政府が共産党やソ連と訣別すれば，和平は可能になると考えていた。

この交渉が難航したため，近衛内閣は，1938年1月16日「爾後国民政府を対手とせず」とする「第1次近衛声明」を発表する。その背景には，日本との和平を望むいわゆる親日政権が華北，華中に次々と成立し，蔣に代わって国民政府の正統政府を組織できる可能性のある汪精衛の存在があった。日本は，国民政府と共産党の支配区を執ように爆撃すると同時に親日勢力を拡大する作戦をとり，投降を促すビラまきなどを行った。ビラ，ポスター，ラジオ放送など，日中戦争時には情報戦，宣伝戦が日中双方で精力的に行われたのである。

　このような中，1938年５月になり蔣介石と毛沢東はそれぞれ独自の持久戦論を発表する。毛沢東の持久戦論は有名であるが，それより以前に蔣介石が持久戦論を展開していたことはあまり知られていない。同年５月に軍人向けに出版された蔣の訓話集の中の「持久必勝」において，蔣は「最後の勝利は，必ず最後の５分まで堅忍した者に帰する」と述べている[20]。この戦術は蔣が日本に軍事留学した際に学んだものであった。

　では，蔣介石の「最後の勝利」は何によってもたらされるのか。蔣はそれを「以夷制夷」に求めた[21]。すなわち，日ソ開戦，日米開戦に期待したのである。蔣は，一貫して中国が「不戦条約」「九ヵ国条約」などを遵守し，「平和を希求する国家であること」を国際的にアピールする戦略をとった。その上で国際世論を起こし，「同情」と援助を引き出そうとしたのである。それは，蔣の持論であった「外交は無形の戦争」論[22]の実践であった。

　一方，毛沢東は1938年５月26日から６月３日まで延安の抗日戦争研究会で「持久戦を論ず」と題する連続講演を行ったが，そこで中国が「戦略的反攻」に出るまでの間，「戦略的防御」および「戦略的対峙」が必要との認識を示している。毛は「戦略的反攻」への転換するため，中国国内はもとより，日本における革命運動の興隆に期待をかけ続けた[23]。毛は「戦略的持久」の目的を「抗戦力の強化」と「国際情勢の変動と敵の内部崩壊」にあげ，最終的勝利は，「国際的な力および日本人民の革命闘争と力を合わせて，共同で日本帝国主義を包囲攻撃し，一挙に消滅

20　抗戦軍事研究会編『蔣委員長的‥戦畧與戦術』，勝利出版社，広州，1938年，24頁。

21　「蔣介石日記」1935年１月26日。

22　蔣介石が1931年11月30日「外交は無形の戦争である」という演説を行ったが，この中で蔣は，「外交の成敗および勝負の価値は，一切の有形の戦争よりも上」とし，外交の重要性を強調した。―家近亮子『蔣介石の外交戦略と日中戦争』，35頁。

23　毛沢東「論持久戦」，『毛沢東選集』第二巻，人民出版社，北京，1968年，411・430〜431頁。

する」ことによって得られるという予測を立てたのである[24]。その背景には，日本共産党の活動家たち（野坂参三や鹿地亘など）が延安を訪れ，共に抗日活動を展開していたことがあった。

　いずれにしても，中国国民党と共産党の代表者が共に持久戦論を展開しながら，共同で日本軍と戦う作戦を実行しなかったことは，日中戦争を長期化させる大きな要因となった。国共両党は，戦後構想の中での指導権争いを想定し，自らの軍の温存と拡大に重きを置いていたと言える。

2）戦時下の東アジア社会

①日本

　日本には2・26事件後広田弘毅内閣が成立したが，1936年8月に日独防共協定を締結するなど，軍部に追随する政策を実行した。これは，後に日独伊三国同盟に発展し，日本を日米開戦への道に進ませることになる。防共・反共政策は中国でも実行され，親日の反共政権が次々と成立していった。

　このような中，戦時体制は日本の国民生活にまで影響を及ぼすようになる。1937年9月近衛内閣において「挙国一致」「尽忠報国」をスローガンとする「国民総動員運動」が始まる。町内会，隣組（10軒単位）などが組織され，国民は互いに監視し，また密告する閉鎖的な社会構造が出来上がっていく。また，38年4月には「国家総動員法」が公布され，「国民徴用令」「国民職業能力申告令」「従業者移動防止令」などが施行され，国民は召集令状一つで兵役に就く義務を負うようになる。

　1937年以前陸軍の兵力は35万から40万人であったが，日中戦争後は100万人に，海軍もまた10万から16万人に増大した。それは，働き盛りの男子が生産活動から離脱することを意味し，当然日本の経済活動にもさまざまな影響を与えた。

　戦時体制の影響は，さらに言論統制の強化に現われた。日中戦争開始

24　毛沢東「抗日遊撃戦争的戦略問題」，『毛沢東選集』第二巻，379頁。

後，いわゆる「大本営」が設置され，報道の一本化が図られることになる。政府の広報誌となった『週報』や『写真週報』などが発行され，戦地の偏った情報が国民にもたらされた。そして，新聞雑誌，ラジオ放送，そして当時大衆娯楽の代表的な存在であった映画までもが管理の対象となった。映画に関しては，1939年4月に「映画法」が公布され，その政策，配給はすべて許可制となり，また国策となるニュース映像が必ず上映の前に流され，国民の士気を高める役割を果たした[25]。このように，日中戦争は徐々に一般民衆の生活を統制するようになる。

②中国

　前述したように，中国は日中戦争を全国，全領土で戦ったわけではなかった。当然，日本との関係によって人々の生活は異なっていた。満洲国や華北などでは戦時とは言えない日常生活が営まれていた。日本と戦わず，和平を求めることを選択したいわゆる親日政権とその指導者は，表6-1の通りである。

　これらの地域においては，貿易はもとより，観光も推進され，相互訪問の多くのツアーが企画された。また，日本語教育が小学校

図6-5　日本軍が中国人に配布した「新政府建設之図」と題する宣伝工作ビラ。1938年12月における親日政権とその支配地域を示す。

〔防衛研究所戦史研究センター所蔵〕

25　宮地正人監修，大日方純夫・山田朗・山田敬男・吉田裕著『日本近現代史を読む』，新日本出版社，2012年，111〜112頁。

表6-1　中国の親日政権

親日政権名	地域・首都	存続時期	指導者	日本との関係・その他
①満洲国「五族[26]協和・王道楽土」	現東北3省（吉林・遼寧・黒龍江省と内モンゴル・河北省の一部　首都・新京（長春）	1932年3月1934年3月から帝制〜1945年8月	溥儀（清朝12代皇帝）	日本人を政権に多数雇い入れ，溥儀の弟溥傑は嵯峨浩と結婚し，日本の陸軍士官学校出身。多くの日本人が移住。日本は満洲国を独立国として承認。
②蒙古連合自治政府後，蒙古連合自治邦（汪精衛政権下の自治区）	内モンゴル自治区首都・張家口	1936年2月1937年12月改組1941年8月〜45年8月	徳王	日本の関東軍の指導下にあった。日本軍の駐屯。国民政府から独立し，日本と共同防共を行う。汪精衛には合流。
③中華民国臨時政府「和平・反共・建国」がスローガン	河北省・山東省・山西省と河南省・江蘇省の一部首都・北京	1937年12月〜40年3月。のち汪精衛の国民政府に合流	王克敏・王揖唐	日本の華北分離政策に呼応政府要人の多くは留日経験者。日本は1938年5月に北支那開発会社を設立して，華北を統轄。
④中華民国維新政府「和平建国」がスローガン	江蘇省・安徽省と河南省・浙江省の一部，南京・上海首都・南京	1938年3月〜40年3月汪精衛の国民政府に合流	梁鴻志	梁は，幼少期日本で育つ。政府要人の多くは留日経験者。日本・満洲国と提携し，共同防共を行う。
⑤中華民国国民政府（汪精衛政権）「和平反共建国」「満洲国承認」「日本軍の和平後の撤退」	②③④に合わせて，広東・福建・湖北省の一部（武漢・漢口・厦門など）	1940年3月〜45年8月	汪精衛（汪兆銘）	汪は，日本の法政大学出身。孫文の後継者といわれた中国国民党の要人。汪は日本との和平と共同防共を政策として政権を樹立したが，1944年3月3日名古屋大学病院で病死する。

［広中一成『ニセチャイナ』（社会評論社，2013年）を参照して作成］

26　五族とは，満洲族，日本人，漢民族，モンゴル人，朝鮮人をいう。

から行われ，日本留学も盛んであった。

　一方，日本との戦場となった地域では激しい日本からの空襲などを受けていた。特に，重慶は1938年12月から43年8月の間，200回にのぼる爆撃を受け，多数の被害者を出した。中国国民党と共産党は，合作は行ったが，次第に相互不信から対立するようになり，自軍の勢力の拡大と温存を重視するようになる。延安を中心とする共産党支配区では生産活動が盛んに行われていた。

③朝鮮と台湾の戦時体制

　日中戦争の開始は，日本の植民地支配にも大きな影響をもたらした。日本における「国家総動員法」は朝鮮と台湾でも適用され，徴兵の必要からも同化政策が加速していった。朝鮮では三・一運動後，「武断政治」と憲兵警察による統治から制限付きながらも表現や結社，集会の自由が認められ，憲兵警察から普通警察による統治となり，「文化政治」が行われていた。

　しかし，「国家総動員法」が成立すると，「国民精神総動員朝鮮連盟」が結成され，戦時体制がとられ，統制が厳しくなる。さらに，朝鮮人を「忠良なる日本臣民」に改造するため，さまざまな「内鮮一如」のための皇民化政策が実行された。学校における日本語教育（「内鮮共学」・日本の国定教科書の使用）の徹底，臣民の誓い（「私共は大日本帝国の臣民であります」「私共は心を合わせて天皇陛下に忠義を尽くします」など）の暗唱，日本の神社の創建と参拝が行われ，1940年からは「創氏改名」[27]政策が開始された。この本質は，日本と異なる伝統的な夫婦別姓制度を日本的な家制度（夫婦同氏の原則—1898年施行。国家が家を通じ

27　本来，朝鮮人の名前は「本貫・姓・名」の三要素で構成されている。本貫とは宗族集団の始祖の出身地の地名で，姓は父親が名乗る姓のことで女子は結婚しても父親の姓を名乗った。「創氏」の目的は，各家の戸主の「氏」を新たに創ることで，日本と同じ戸籍制度を適用でき，徴兵などがし易くするなどのことがあった。当初は届け出制で，創氏する「氏」は任意であり，本来の「姓」をそのまま「氏」とする例も多く見られた。

て個人を把握するため）に変えることにあった[28]。

　大韓民国臨時政府は，重慶で蔣介石の保護の下，金九（キムグ）が中心となって独立運動と独自の軍隊（光復軍）の養成を行い，国際社会の承認を得るべく，IPRなどさまざまな国際会議でその正当性を訴えた。また，1932年に中

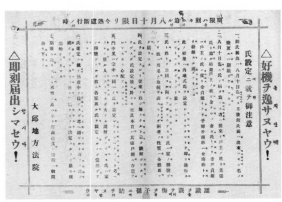

図6-6　「創氏改名」を呼びかけるポスター。あくまでも，原則は任意の形をとった

〔出典：https://ja.wikipedia.org/wiki/%E5%89%B5%E6%B0%8F%E6%94%B9%E5%90%8D〕

国共産党に入党し，満洲などの東北部でパルチザン運動を展開していた金日成（キムイルソン）は，日本軍に追われて40年にソ連領に逃がれ，ハバロフスクで革命訓練を受け，朝鮮独立の機をねらっていたのである。

　台湾では1898年3月に民政局長の後藤新平が台湾総督に就任し，「内台一如」のスローガンの下，1914年には「台湾同化会」が発足し，19年からは「内台共学制」が施行され，「台湾教育法」の下，本土並みの教育制度が実施され，多くの近代的な学校が建設された。例えば，28年に創設された台湾大学は台北帝国大学として発足したのであった。また，33年には「内台共婚法」ができ，台湾人と日本人の同化政策が進められた。日中戦争後の「国家総動員法」は，台湾でも適用され，皇民化政策が進められ，朝鮮と同様の「改正名」が奨励された。台湾は，大日本帝国の台湾県として，また南進基地の重要な軍事拠点としてその役割を担うことになったのである。

28　水野直樹『創氏改名—日本の朝鮮支配の中で』，岩波新書，2015年，51～52頁。

（2）太平洋戦争への道

　前述したように，蔣介石が最も望んだことは，早期に日ソ開戦か日米開戦が起きることで「以夷制夷」政策が実現することであった。1939年9月第2次世界大戦が勃発する。蔣介石は日米が早期に参戦すると予測したが，日本は不介入，アメリカは中立の方針を貫いたため，蔣にとって大きな誤算となった。その後国民政府は対米外交，特にローズヴェルト密着外交にその持てる力を集中していく。しかし，アメリカには「中立法」の縛りがあり，中国の思惑通りに事は進まなかったのである。

　アメリカ外交が「急転した」のは，1940年9月の日独伊三国同盟の成立からである。「大東亜共栄圏構想」を主張する松岡洋右の強い主張で締結されたこの同盟には昭和天皇も強い懸念を持っていた。ここからアメリカの世論は日本をファシズム国家・「ならず者の国家」の一員と見るようになり，「くず鉄」「鉄鋼」などが禁輸となり，ルーズヴェルト大統領は対日参戦を示唆する発言を行うようになる。41年4月に日本はソ連と不可侵条約を締結し，日ソ開戦の可能性はなくなったが，ABCD包囲網[29]の成立，アメリカの石油の禁輸などによって追い詰められていく。このような状況を好機と見た中国はルーズヴェルト大統領に対する密着外交をさらに加速していくのであった。

29　America・Britain・China・Dutch の略。

7 | 戦争の東アジア②

《目標＆ポイント》　本章においては，アジア太平洋戦争が東アジアの国際関係に与えた影響を考察する。英米と同盟国となった中国は，国際的な地位を向上させる。同時に，蔣介石はアジアにおける民族自決を主張して，カイロ会談に臨む。その意識の根底には「中華の復興」があった。また，東アジアの戦後秩序に大きな影響をもったカイロ宣言，ヤルタ密約はどのようにして決定したのかを解明していく。

《キーワード》　日米開戦，ルーズヴェルト，チャーチル，連合国共同宣言，蔣介石のインド訪問，カイロ会談，テヘラン会談，ヤルタ会談

1. 日中戦争のグローバル化

　日ソ（日満軍とソ蒙軍）は，1939年5月から9月にかけてノモンハンで大規模な武力衝突を起こしたが，日満軍は大敗を喫し，作戦を中止する。この「ノモンハン事件での敗戦と独ソ不可侵条約の締結という『ダブル・ショック』により日本のソ連に対する戦略的認識は大きく変化し，日本国内では陸軍省や外務省を中心にソ連を中立化する動きが促進された」[1]。この判断が，日ソ中立条約締結につながったと言える。

　蔣介石は日中戦争勃発後も日ソ開戦の可能性が高いという認識をもっていた。したがって，日ソ中立条約の締結は「予定外」のことであり，日ソが満洲国と外モンゴルを相互に承認したことに激しい憤りを見せた[2]。蔣にとって，満洲も外モンゴルも中国の固有の領土であったから

---

[1]　花田智之「ノモンハン事件・日ソ中立条約」，筒井清忠編『昭和史講義』，ちくま新書，2015年，184頁。

[2]　「蔣介石日記」1941年4月13日。

である。

　日ソ開戦の可能性がなくなった国際情勢の中で，1940年9月27日にベルリンで調印された日独伊三国同盟は，蔣介石にとってまさに「天佑」となった。翌日の「日記」で蔣は「これで，抗戦必勝の形成はすでに定まった！」とそのはやる気持ちを記している。その後，アメリカは海軍を増強し，ハワイに海軍の隊員4,200人，陸軍防空砲隊1,000人を派遣し，太平洋の防衛に備えた。そのことを駐米大使であった胡適からの電報で知った蔣は，さらにルーズヴェルト大統領に密着するように指示を与えた。しかし，対米外交の全権大使として蔣が派遣していた宋子文は，10月15日の電文の中で「大部分のアメリカ市民は，中国に同情しているが参戦を望んでいるのは，17％にすぎない」ので，アメリカ「政府は市民の心理を無視して，事を運ぶことはできない」と説明している[3]。この宋子文の電文の内容は，非常に興味深い。この世論を覆すためには，参戦するための大義名分がどうしても必要であったのである。

　中国はアメリカの大統領が選挙のため世論を重視することは熟知していた。この年は，大統領選挙の年であり，ルーズヴェルト大統領は3選目を狙っていたが，3選されれば超法規的な措置をとり，中国への大型の借款とそれ以外での援助も行うと予測していた。そのような中国にとって，日本の真珠湾攻撃は，まさに千載一遇のチャンスとなったのである。

　1941年12月8日の日米開戦，すなわち太平洋戦争の勃発は，蔣介石にとって待ち望んだことであり，「抗戦4年半以来の最大の（外交）成果であり，また唯一の目的であった」[4]のである。翌9日午後5時，蔣は自ら国防最高会議常務会議を招集し，「英米などの友好国」と共に「対日宣戦」を行うことを即座に決定し，対日独伊宣戦布告を行った。蔣はその後，中国が連合国側の一員であり，日中戦争が太平洋戦争および第

3　家近亮子『蔣介石の外交戦略と日中戦争』，岩波書店，2012年，253頁。

4　「蔣介石日記」1941年12月9日「上星期反省録」。

２次世界大戦の一部であることを各所で強調していく。

2．中国の国際的地位の向上

（1）連合国共同宣言

　1942年１月１日ワシントンで26ヵ国が署名した「反侵略共同宣言（連合国共同宣言―Declaration of the United Nations)」が採択された。連合国という言葉は，それまでは「Allies」が一般的であったが，41年12月にルーズヴェルト大統領が「United Nations」と表現し，それが使われるようになった。この単語は，国連の語源ともなっている。日本は現在，それを国際連合と訳しているが，中国は「聯合国」のまま使用している。すなわち，国連は日独伊のファシズム枢軸国に徹底抗戦するための同盟を基礎に成立したものであったのである。

　この宣言は，41年８月９日から12日までルーズヴェルト大統領とイギリスのチャーチル首相がカナダの東海岸に位置するニューファンドランド島沖に停泊していたイギリス軍艦上で行われた大西洋会談の「大西洋憲章―Atlantic Charter」を基礎としている。同憲章は８章から成るが，第１章ではアメリカとイギリスが「領土などの拡大の意図を否定」し，第３章では「すべての人々が住む政府の形態を自ら選ぶ権利があることを尊重する」とある。ある意味，これは第１次世界大戦時にウィルソン大統領が提起した民族自決主義の実行と見ることができる。

　アメリカは本来門戸開放主義を唱え，植民地を持たない主義であったが，イギリスはこの時点で多くの植民地を保有していた。ウィルソンの民族自決主義は英仏の強い抵抗から適用をヨーロッパに限定された。本憲章においてもチャーチルはその適用をナチスドイツが占領しているヨーロッパ諸国に限定解釈しようとし，ルーズヴェルト大統領との見解の相違を見せたのである[5]。すなわち，イギリスにとって独伊との戦いは，

5　http://worldjpn.grips.ac.jp/documents/texts/pw/19420101.D1J.html　2019年２月15日アクセス。

あくまでも植民地を守る（イギリスの公文書に残されているチャーチルの発言には“defense”という単語が多く見られる）ためであった。この点は，後に述べる蔣介石とチャーチルの対立を考える上で非常に重要となる。

（2）中国の国際的地位の向上―「世界四強の一」へ

　1941年12月31日，ルーズヴェルト大統領が蔣介石に南太平洋戦区に中国戦区最高統帥部の設置を提議する。そして，1942年1月5日蔣はタイ，ベトナムなどを含む連合軍中国戦区最高司令官に就任した。連合軍より中国戦区に与えられた当面の任務は，英米軍の後方支援，特に空軍への基地（重慶・成都など）の提供，およびビルマ作戦であった。

　1942年1月1日，蔣介石は元旦の「書告」の中で中国が「連合国共同宣言」において中心的役割を果たすことを評価され，英米ソと共に「世界四強之一」になったことに言及している[6]。3日の「日記」には「我が国が共同宣言を締結した時に，ルーズヴェルト大統領が特別（宋）子文に中国が四強の一つになったことを歓迎すると表明した」とある。すなわち，中国が第2次世界大戦後，確立した「五大国」としての地位は，蔣が推進してきた外交戦略がもたらした成果であり，中華民国が中華人民共和国に手渡した最大の外交果実となったといえる。

　1月2日中国軍は英米連合軍と共にビルマ入りをしたが，蔣介石は自ら3月1日昆明からビルマ視察に赴き，2日英印軍総司令ウェーヴィル（Wavell，中国名・魏菲爾）と会談し，ビルマ作戦の総指揮を担う。また，4月5日には重慶を訪れていた中国戦区米軍司令官スティルウェル（Stilwell，中国名・史廸威）と宋美齢を伴ってビルマ入りし，対日本軍積極作戦を提案し，ビルマの中国軍が日本軍を殲滅させるという期待をアメリカに抱かせた[7]。このような中国の連合軍の一員としての積極的

6　蔣介石「書告海内外軍民僑胞」，中国国民党中央委員会党史委員会『総統　蔣公思想言論総集』巻31「書告」，台北，1984年。

な軍事行動は，英米の蔣介石評価を飛躍的に向上させていく[8]。

3. 太平洋戦争勃発後の東アジア

（1）蔣介石の戦後構想

1）「中華の回復」への模索

　蔣介石にとって，日米開戦は持久戦論の終焉となった。しかし，それだけで中国が近代から抱えていた国家目標が達成されたわけではなかった。完全な国家としての「独立と平等」は，たとえ，日本軍を駆逐できたとしても欧米列強との近代からの矛盾を解決しない限り達成できるものではなかった。

　蔣介石の外交戦略の目的が単なる「抗日」にあったのではないことは，太平洋戦争勃発直後の「日記」で明らかになる。12月20日の「日記」に蔣は「連合国共同宣言」の「附帯政治・経済条件」として次のことを入れるべきであると書いている。

　甲　イギリスに対して，チベットと九龍が中国の領土の一部であるとの承認を要求する。

　乙　ソ連に対して，外モンゴルと新疆が中国の領土の一部であることの承認を要求する。

　丙　東四省・旅大・南満洲が中国の領土の一部であると各国が承認することを要求する。

　丁　各租借地及び治外法権と各種特権等はすべて一律中国に返還され，一切の不平等条約は取り消される。

7　バーバラ・W・タックマン著・杉辺利英訳『失敗したアメリカの中国政策―ビルマ戦線のスティルウェル将軍―』，朝日新聞社，1996年，東京，319-320頁。原著：Barbara W. Tuchman, *Stilwell and the American Experience*, Russell & Volkening, New York, 1970.

8　浅野和生「英国議会における蔣介石に対する認識と評価―1931年から1950年の貴族院での議論を中心に」，黄自進主編『蔣中正與近代中日関係』2，稲郷出版社，台北，2006年，156頁。

　この附帯条件は，「領土問題」と不平等条約の撤廃を軸にその後の外交戦略が展開されていくことが明らかになる極めて重要な記述である。蔣にとって長年の懸案は，イギリスとロシアとの間の領土問題の解決にあった。ソ連とは外モンゴルの独立問題があり，新疆への侵攻に強い警戒感と不快感を示していた。また，イギリスとはチベット独立問題，香港の返還問題を抱えていたのである。

　そのため，蔣は日米開戦と同時に近代からの領土問題と不平等条約撤廃問題を解決することを望んだのである。重光葵は，蔣介石と英米との関係を「元来英米に使はれんよりも英米を利用せんとするもの」と論評している[9]。確かに，重光の洞察は一面真理である。不平等条約に関しては，1942年10月10日，米英をして最後まで残っていた不平等条約改正（治外法権撤廃）へと踏み切らせることとなり，43年1月の米英との対等な友好条約（「中米平等新約」「中英平等新約」）の締結へと実を結んでいく。また，42年3月にはアメリカは5億ドルの対中借款に踏み切る。これこそが蔣介石が描いた外交戦略の理想的な展開であった。

2）中国の戦後国家建設構想

　蔣介石は，日米開戦と同時に抗日戦争の勝利を確信し，戦後構想を各所で提起していく。それが具体的に表れたのが1943年3月に出版された『中国の命運』[10]であった。ここでは，三民主義を「中国の正統的道徳観念」の系譜に位置づけ，新国家の基本を「文化，経済，国防」の三位

図7−1　新約に署名する宋子文

9　武田知己監修・解説重光葵記念館編『重光葵外交意見書集』第2巻，現代史料出版，2007年12月，10頁。

一体とすること，そして国民党と三民主義青年団がその中心となること
が強調された。これは，明らかに三民主義を「革命の三民主義」と解釈
し，マルクス主義的側面を強調した毛沢東の『新民主主義論』（40年1
月発表）と国民党を排除する可能性につながる「三三制」（41年5月，
スローガンとなる）に対するアンチ・テーゼとなった。

　共産党はこの対抗措置として，1943年8月，周恩来が「蔣介石国民党
をファシズム」と規定する論文を発表し，ここで，周は蔣介石が「一つ
の主義，一つの党，一人の指導者」を主張しているとして，「新専制主
義の個人独裁」であり，「ヒトラーとひとつ穴のむじな」であると激し
く非難し，これは「孫中山の三民主義を裏切り……イギリス・アメリカ
の自由主義をしりぞける」と「要約できる」と述べた[11]。周は，蔣介石
が最も拠り所としようとした「三民主義」とアメリカとの連帯を理論的
に断ち切ることで，蔣を国内的にも国際的にも孤立させようとしたので
ある。このようにして，抗日戦争終了を待たずして，国共は戦後構想を
めぐり激しく対立し，その後互いを中傷誹謗する情報戦に突入していく。
戦後の国共内戦はこの時期から避けられないものとなっていた。

3）日本軍の掃討作戦とアメリカ軍の空爆

　1943年になると，日本軍は共産党の抗日革命根拠地に対する掃討作戦
を展開し，汪精衛の南京政府軍と共同作戦をとり，「清郷」を実行す
る[12]。アメリカ軍は中国国内の大連など日本の拠点を空爆し，また中国
の成都から飛び立ったB29が九州の都市を爆撃するようになる。これに
対して，日本軍は成都大爆撃などを行い，また44年4月から9月にかけ
て「大陸打通作戦（第一号作戦）」という最後の大攻勢をかけ，50万の

10　『中国之命運』は，蔣介石が原文を1943年1月に完成させ，2月陶希聖・朱其
　　華・陳布雷らの国民党幹部が撰述し，陶希聖・蔣緯国が改修し，孫文の命日であ
　　る3月12日に合わせて重慶の正中書局から蔣介石の名で出版されたものである。
　　これは，国民党の戦後構想の合意文書であると見ることができる。
11　周恩来「中国のファシズム―新専制主義について」（1943年8月16日），『周恩
　　来選集』，北京外文出版社，1981年，213〜223頁。

兵力を投入し，北平から武漢，広州，柳州にいたる鉄道幹線を攻撃する。
これに対して，共産党は各抗日根拠地から一斉に反攻に出たのである。

4. 戦後構想をめぐる中国とイギリスの対立

（1）蔣介石のインド訪問

　ルーズヴェルトは，植民地時代の終わりを意識し，中国を四大国の一
つと認めたが，イギリスのチャーチル首相の眼中には基本的に中国はな
く，民族自決に対する意識もなく，自らの使命を戦前の大英帝国の支配
を回復することと公言していた[13]。また，「中国が世界四大強国の一つ
であるとは全く笑わせる」[14]として，中国と蔣介石に対しては，一貫し
て軽視，もしくは蔑視の態度をとった。

　前述したように，蔣介石は日本との戦争勝利を確信した後は，イギリ
スとソ連との間の領土問題を解決する必要があることを強く意識してい
た。そのため，各所で民族自決の必要性を公言するようになる。その後，
蔣の発言と行動は，イギリスにとっては挑戦的で耳障りなものになって
いく。

　それが最も明示的になったのは，1942年2月5日から21日までの16日
という長期にわたったインド訪問であった。蔣介石は第2次世界大戦を
「アジア諸民族の解放」の戦いであることを意識するようになる。そし
て，これは日本ではなく，中国がリーダーシップをとるべきであるとい
う強い使命感をもつにいたる[15]。しかし，そのことがイギリスの国益に
反するものになることに蔣はあまりにも無頓着であったといわざるを得

12　「清郷」とは，「四郷ヲ精査シテ盗匪等ヲ粛正スル」という意味であった。一小
　　林英夫『日中戦争と汪兆銘』，吉川弘文館，2003年，87頁。

13　呂芳上著・松重充浩訳「『弾性』国際主義者蔣介石―1942年のインド訪問を検
　　討事例として」，山田辰雄・松重充浩編著『蔣介石研究―政治・戦争・日本―』，
　　東方書店，2013年，506頁。

14　チャーチル『第二次大戦回顧録』第22巻，毎日新聞社，1955年，366頁。

15　「蔣介石日記」1942年3月21日。

ない。イギリスの国立
公文書館（Ｔｈｅ
National Archives
United Kingdom：
TNA）のアーカイブ
には蒋のインド訪問に
関する厖大な史料が残
されている。蒋一行の
行動はすべて把握さ
れ，チャーチルに報告
されていたが，特に，

図7-2　蒋介石（左）とガンディー（右）
〔World History Archive/ ニューズコム -/ 共同通信イメージズ〕

ガンディーを訪問したことに強い憤りを示した記録が残っている。

　蒋介石は，インドから帰国する2月21日，インドのラジオ放送局
（All-India Radio）カルカッタ支局で「インド国民に告げる書」を発表
した。ここで蒋は，中印両民族ともに自由を獲得すべきであると主張し，
イギリスに対して「速やかにインド国民に政治上の実権を与えるように
期待する」と述べた。これは，戦後すべての植民地は解放されるべきで
あるというメッセージとして受けとめられ，イギリスとの対立の要因と
なっていく。

　因みに，蒋介石は「日記」の中でインドへの途上，ベトナム，タイ，
ビルマを通過した時，これらの国をかつては中国の国土であったが，今
は失ってしまったという感慨を述べている[16]。近代以前の中華世界は，
近代的な国民国家における領土の概念とは本来異質なものであるが，中
国の指導者の中にはしばしばこれを混同した解釈が見られる。

16　「蒋介石日記」1942年2月5日，2月7日「上星期反省録」。

（2）朝鮮独立問題

　蔣介石は，インド訪問後自らが重慶で保護していた大韓民国臨時政府の国際的な承認運動を本格的に開始する。承認の場に使われたのがIPR（日本名・太平洋問題調査会）であった。蔣は，IPR活動を極めて重視していた。太平洋戦争勃発後の1942年12月にカナダのモン・トランブラン（Mont Tremblant）で開催された第8回IPRに対して，中国は極めて積極的にその準備を行った。日本IPRが参加しなかったため，朝鮮IPRが復活参加し（朝鮮IPRは，第1回と第2回のホノルル会議に独立団体として参加していたが，日本の反対で参加を見あわせていた），またタイで活動していた「自由泰」の代表もオブザバーとして参加している。この「自由泰」の代表は，秘密裏に重慶に蔣を訪ね，保護と支援を受けていた[17]。元「宗主国」としての中国の使命を強く担った蔣は，本会議の議案として，積極的な提案を行うように指示したのである。それは，次のようなものであった[18]。

　①対日問題：東三省（旅順大連を含む）およびその占領地の回復，台湾・琉球・澎湖諸島の帰還，朝鮮独立。

　②香港の友好的帰還。

　③東南アジアおよび西南太平洋における植民地と委任統治問題の解決

　④ベトナム問題：ベトナムは，以前は完全に中国の領土であった。フランスが武力によって中国の領土を侵略したものである。したがって，安南民族の自由と独立を主張する。

　⑤ソ連に対して，外モンゴルあるいはチベットは中国の完全な領土であることを認め，その問題を解決することを希望する。

　モン・トランブラン会議においては，戦後の国際秩序構築に向けた話し合いがもたれたが，中国代表は蔣の意向を受け，強く植民地の自由と独立を主張した。本会議にはインド代表も参加し，あたかも植民地対宗

17　亜當「戦時的暹羅」，『南聲報』，1945年元旦特刊，1945年1月1日。

18　家近亮子「蔣介石による戦時外交の展開─中国IPRへの領導と中華の復興・領土回復の模索─」，『軍事史学』第53巻第2号，2017年，98頁。

主国の対立構造が浮き彫りになった。特に，朝鮮問題を積極的に解決しようとしたのが中国代表であった。ここには，中国の清朝以前の華夷的世界秩序復活の考えが強く見られたのである。

　蔣はこの会議への提案作成後，大韓民国臨時政府に対して，積極的に介入する政策を作成し，朝鮮の独立後を具体的に考察していく。蔣は，光復軍を軍事委員会の直属とさせ，経費の補助を決定したが，その革命団体の活動に関しては，必ず蔣の承認を得ることとした。このようにして朝鮮独立に関与の態勢を固めた蔣は，カイロ会談でも同様の主張を行うのであった。

（3）カイロ会談

　1943年11月23日夜からエジプトのカイロで開催されたいわゆるカイロ会談は，チャーチル首相，ルーズヴェルト大統領と蔣介石の三者会談となった。その結果発表されたカイロ宣言（Cairo Declaration）は，日本の戦後処理を決める内容で，ポツダム宣言にも反映され，東アジアの戦後の国際秩序形成に大きな影響を与えた。蔣はここで積極的な提案をしていく。席上，「日本未来の国体問題」が議案となったが，蔣は，それは「戦後を待って，日本人民が自ら決定すべきこと」であると主張し，ルーズヴェルト大統領の同意を得た[19]。

図7-3　カイロ会談。左から蔣介石，ルーズヴェルト，チャーチル　〔写真提供：時事〕

19　秦孝儀総編纂『総統　蔣公大事長編初稿』巻5上冊，中正文教基金会，台北，1978年，438頁。

そのため，「カイロ宣言」には戦後日本の国体に関する条項は盛り込まれなかったのである。

　この「日本未来の国体問題」への提言の真意は，日本そのものを対象とすると同時にイギリスを牽制するものであったといえる。ルーズヴェルト大統領に実質的民族自決主義を認めさせることで，イギリスの植民地政策を暗に批判し，アメリカと共同歩調をとっているという印象を与えようとする戦略が見られる。席上，蔣はイギリスに対して「チベット問題」「香港問題」を入れ，領土問題についての話し合いをもとうと企図した[20]。しかし，チャーチルはこれには同意せず，無視したのである[21]。

　11月23日の「日記」には蔣介石自らがその会談で行った発言と提案が記されている。その内容は箇条書きにされているが，以下のようである。

　①日本未来の国体問題，②共産主義と帝国主義の問題，③領土問題，④日本対華賠償問題，⑤新疆及其投資問題，⑥ソ連の対日参戦問題，⑦朝鮮独立問題，⑧中米連合参謀会議，⑨ベトナム問題，⑩日本投降後の駐軍監視問題

　ルーズヴェルトは，蔣介石に対して，戦後は国民政府に中国共産党を迎え入れて国共統一政府をつくることを提案したが，蔣はソ連が東北四省に介入しないことを条件にこれを受け入れた[22]。ソ連の対日参戦に関しても，蔣は同様の条件を出したのである。

　また，この時蔣介石は琉球（沖縄）問題にも言及し，「琉球は国際機構を通じて，中国とアメリカの共同管理に託しても良いと提議した」ことを23日の「日記」で明らかにしている。それは，①アメリカの心を安んじるため，②琉球は日清戦争以前にすでに日本に属していたため，③同地区をアメリカと共同で管理した方が，中国が占有するよりも穏当なためであった。しかし，現実には戦後沖縄は，アメリカによって単独で

20　「蔣介石日記」1943年11月21日「本星期豫定工作課目」。

21　「蔣介石日記」1943年11月26日。

22　竹内実編『日中国交基本文献集』下巻，蒼蒼社，1993年，103頁。

1971年6月まで占領統治されることになる。

　11月27日，蒋介石は帰国の途につくが，チャーチルとルーズヴェルトはテヘラン（Teheran）に向かい，ソ連のスターリンを迎え，28日から対独戦に関する三者会談をもつ。ここでスターリンは「ドイツが降伏すれば，日本に対して宣戦する」と約束し，英米はその代わりにヨーロッパ戦線を優先すると約束した[23]。ソ連の1945年2月4日のヤルタ会談でソ連の対日参戦は決まったとされているが，それはより早い段階で話し合われていたのである。

　1943年12月1日に発表された日本の無条件降伏をうたったカイロ宣言の内容の要旨は次の通りである[24]。すなわち，

①英米中の「三大同盟国」は，日本国の侵略を制止し，罰するための戦争を遂行しているのであり，自国のための利益や領土拡張の意図はない（これは，「大西洋憲章」の主旨につながる）。

②目的は，日本国が1914年の第1次世界大戦開始後に奪取し，又は占領した太平洋における一切の島嶼を剥奪すること，並びに満洲，台湾・澎湖諸島の如き日本国が中国人から盗取した（has stolen）すべての地域を中華民国に返還することにある。

③朝鮮人民の奴隷状態に留意し，やがて朝鮮に自由且つ独立をもたらすことを決意する。

　カイロ宣言は，東アジアの戦後の国際関係を決定づけるものとなった。そこには蒋介石の意向が強く反映されていたのである。しかし，この時チャーチルと領土問題，民族自決問題で対立したことで，中国はその後戦後構想から疎外される場面が多く見られるようになる。

5. ヤルタ密約

　カイロ会談に出席した蒋介石であったが，その後の国際会議には招待

23　同上，105頁。

24　外務省編『日本外交年表並主要文書』下巻，原書房，1965年。

されることはなく，英米ソの三国が戦後構想を決定していく。そこには大国の論理が強く反映されていたため，中国にとっては納得のいかない領土に関する決定もなされていく。1945年 2 月 4 日から11日までソ連のクリミア自治区のヤルタ（Yalta）で秘密会議が開かれた。出席したのはルーズヴェルト，チャーチル，スターリンの 3 人であった。この三者での会談は，テヘラン会談，44年 8 月のダンバートン・オークス会議（ワシントン郊外）に続いて 3 度目であった。

　ここでの決定は，東アジアの戦後だけでなく世界の冷戦構造を考える上で重要である。ヤルタ密約の内容は，1946年 2 月11日になってアメリカの国務省から公開されたが，その内容は中国にもしばらくは知らされていなかった。内容は，以下の通りである[25]。

　その目的は，ドイツが降伏し，ヨーロッパにおける戦争が終結した後に 2 ヵ月又は 3 ヵ月を経て，ソ連が次の条件により連合国に与して日本に対して参戦することに関する協定を結ぶことにある。

　①外モンゴル（モンゴル人民共和国）の現状維持

　②1904年の日本の攻撃（日露戦争）によって侵害されたロシアの旧権利の回復

　　（イ）樺太（サハリン）の南部及び隣接する島嶼はソ連に返還される

　　（ロ）大連におけるソ連の優先的利益の擁護し，港は国際化されるべく又ソ連邦の海軍基地としての旅順口の租借権は回復される

　　（ハ）東清鉄道及び大連に出口を供与する南満洲鉄道は，中ソ合弁会社の設立に依り共同運営される

　③千島列島はソ連邦に引き渡される

　本会談では台湾と朝鮮についても話し合われたが，台湾はカイロ会談での決定通りに中華民国に返還されることが再確認されたが，朝鮮半島に関しては，当面の間は連合国の信託統治とすることが決められた。カ

25　外務省編『日本外交年表並主要文書』下巻，1966年。

イロ宣言では朝鮮の独立が蔣介石の強い意向で入れられたが，ルーズヴェルト大統領はもともと信託統治論者であり[26]，カイロで朝鮮の「自由・独立」を誓約した後も，むしろ信託統治構想を積極的に推進したのであった[27]。

　ヤルタ密約の内容は，中国の主権にかかわるものが多いが，中国との事前協議はなく，それが中国に知らされるのは，1ヵ月以上もたってからであった。1945年3月15日駐華大使ハーレー（Hurley）がソ連対日参戦作戦の基本条件を蔣介石に伝達する。その第一項には，「外モンゴル（すなわちモンゴル人民共和国）の現状を当面維持する」とあった[28]。すなわち，これは外モンゴルの独立を承認することと等しく，蔣介石の長年の主張は，英米ソによって覆されたといえる。また，大連・旅順問題，南満洲鉄道問題は日本との戦争終結後も主権を完全には回復できない可能性を示唆し，重大な意味をもっていたのである。

　太平洋戦争勃発後中国はその国際的な地位を飛躍的に上げたが，領土問題を抱えていたイギリスとソ連との問題を解決することはできなかったといえる。

26　小此木政夫『朝鮮分断の起源』，慶應義塾大学法学研究会，2018年，21頁。

27　同上，34頁。

28　「蔣介石日記」1945年3月「上月反省録」。

8 | 東アジアの戦後処理

《目標＆ポイント》　本章においては，まず日本がポツダム宣言を受諾するまでの過程（市街地爆撃・沖縄戦・原爆・ソ連参戦）を概説する。一方，中国はどのような戦後構想をもち，その実現のためにいかなる外交戦略を展開したか。戦後の朝鮮の独立と分断，台湾・澎湖諸島の中華民国への返還，GHQによる日本占領，東京裁判，カイロ宣言・ヤルタ密約・ポツダム宣言に基づく戦後処理について考察する。

《キーワード》　大東亜共栄圏，東京大空襲，沖縄戦，原爆，ソ連参戦，外モンゴル問題，香港回収問題，朝鮮の独立と分断，GHQ，マッカーサー，東京裁判

1. 「東アジア広域ブロック化」構想の破綻

（1）「大東亜新秩序」・「大東亜共栄圏」という国策

　日本は太平洋戦争勃発後，その大義名分をアジアの解放とし，「大東亜新秩序」「大東亜共栄圏」の実現に向けて，東南アジア諸国に進攻した。「大東亜新秩序」とは1940年7月26日に第2次近衛文麿内閣において提起され，45年の終戦まで国策となっていたもので，「日本を盟主とする広域ブロック化構想」を指した。また同時期の，外相であった松岡洋右の「日満支（汪精衛の中華民国国民政府—筆者注）をその一環とする大東亜共栄圏の確立をはかる」との発言から「大東亜共栄圏」とも言われることが多い。

　イギリスがヨーロッパ戦線がありながら，太平洋戦争に参戦した最大

の目的は，前章で述べたようにチャーチル首相のいうアジアの防衛（defense）にあった。大西洋憲章とカイロ宣言においては新たな領土は求めないことが確認されていたが，民族自決の実現に関しては，イギリスは決して同意しなかったのである。

（2）太平洋戦争のアジアへの拡大—アジア太平洋戦争の諸相

1）1941年12月

　日本軍は真珠湾攻撃を行った12月8日同日，マレー半島のコタバルに上陸し，シンガポールを目ざして南下した（シンガポール占領は，翌年の1月2日）。また，25日には香港を占領した。一方，12月10日にグアム島を占領し，1941年12月台湾の陸海軍航空基地からフィリピン[1]を空爆し，翌年の1月にはマニラを占領し，その後全土を占領した。この時，フィリピンを守っていたのは，後に日本を占領統治することになるダグラス・マッカーサー（MacArthur）であった。この時，アメリカの極東軍兵士7万6,000人が捕虜となったため，「アメリカ戦史上最大の降伏」といわれた[2]。

2）1942年・43年

　このフィリピン陥落がアメリカの世論に与えた影響は大きかった。1942年3月21日，アメリカ議会は大統領の日系人強制収容命令を承認した。そのため，11万人以上の日系人は財産をすべて没収されアリゾナ州などの砂漠に作られた10ヵ所の日系人収容所（War Relocation Center）に強制的に収監されることとなった。この措置はカナダ・南米諸国でも見られた。

1　フィリピンはスペインの植民地であったが，米西戦争の結果，1916年からアメリカの自治区となり，35年に10年後の完全独立を約束されていた。そのため，この時期はアメリカ軍が常駐していた。日本は，この約束を肩代わりするかたちで，1943年5月御前会議の決定として，フィリピンを独立させた。

2　シドニー・メイヤー著・芳地昌三訳『マッカーサー：東京への長いながい道』，サンケイ新聞社，1971年，参照。

　ホノルルのパール・ハーバー（Pearl Harbor）に1962年に建設された
いわゆるアリゾナ記念館（USS Arizona Memorial）の資料によると，
1940年時点でのハワイの住民のうち日系人は37％で最も多かった（その
他，スペイン・ポルトガル系25％，ハワイ人　15％，フィリピン系　12
％，中国人　7％，朝鮮人　2％，プエルトリコ系2％）。ハワイでは
開戦後ただちに391名の日系人が拘束され，サンド島に作られた収容所
に送られた。彼らは日本語学校の教師や仏教・神道の関係者で，新聞記
者などで思想的立場にある人物たちであった。彼らのうち172名が本国
の収容所に送られている[3]。例えば，ハワイ出雲大社の宮司もすべての
財産を没収され，アリゾナの収容所に送られた一人であった。このよう
に，戦争は日本本国ばかりでなく，海外に移住した日系人の社会にまで
大きな影響を及ぼしたのであった。

　日本は1942年5月までにマレー半島（マレーシア・シンガポール等），
オランダ領東インド諸島，ビルマ（英領），フィリピン，ニューギニア
東北部を占領する。6月になると，アメリカ軍は大攻勢に出て，日本は
6月5日ミッドウェー海戦で大敗し，日米は8月からはソロモン諸島の
ガダルカナル島の激しい攻防戦を行い，日本は2万1,000人の兵を失い，
43年2月1日に撤退し，以後守勢にまわることとなる。しかし，同年8
月にはビルマをイギリスから独立させ，10月にはフィリピンを独立させ
て同盟を結ぶなど，「大東亜共栄圏」構想を実現させようとした。

　日本軍機のオーストラリア爆撃については，日本のほとんどの教科書
には書かれていないが，1942年2月19日から43年11月まで，計97回，本
土および周辺諸島を空爆した。特に2月19日に突然行われたダーウィン
（Darwin－オーストラリア北部の海軍主要基地）に対する爆撃は，242機
による大規模なもので，使用された弾薬量は，真珠湾攻撃の総量を上回る。
数百人の死傷者を出し，多数の一般民家が犠牲になった。また，3月3日

3　塩出浩之『越境者の政治史―アジア太平洋における日本人の移民と植民―』，
　名古屋大学出版会，2015年，319頁。

図8-1　アリゾナメモリアルで
〔2017年9月筆者撮影〕

図8-2　戦後復活したハワイ出雲大
社　　〔2018年9月筆者撮影〕

にはブルーム（北西沿岸の都市）攻撃を行った[4]。オーストラリアが戦後
処理において，厳しく天皇の戦争責任を追及することとなった背景はここ
にある。キャンベラにあるオーストラリア戦争記念館には日本軍から接
収した多くの戦争資料が展示されている。

3）1944年

　1944年になると，大本営によってインパール作戦が認可され，3月か
ら実行された。目的は連合国から中国への軍事物資を運ぶいわゆる「援
蒋ルート」を遮断することにあった。しかし，これは蒋介石の国民政府
にとって生命線であったため，雲南で陳誠を司令官とする部隊を編成し，
ビルマへの進攻を計画し
た。また，英米の連合軍
もビルマ奪回に向かう。
この時，日本軍第十五軍
の司令官であったのは盧
溝橋事件の時と同じく牟
田口廉也であった[5]。牟
田口は，3月から積極策
に出たが，戦力不足と計

図8-3　オーストラリア戦争記念館（Australia
War Memorial）　〔2016年3月筆者撮影〕

4　Dennis O'Leary, *The Battle for Australia*, Wagga Wagga & District Sub
Branch of National Serviceman's Association of Australia, 2009, pp.10〜15.

5　広中一成『牟田口廉也』，星海社新書，2018年。

画の遅れのため，7月4日大本営はインパー
ル作戦の中止を命じた。マンダレーなどに駐
屯していた日本軍は壊滅状態になり，多くの
戦死者を出した。マンダレーの農村には今も
現地の農民が建て，守ってくれている日本陸
軍の墓がある。

図8-4　日本陸軍の墓地（マンダレー）
〔2016年3月筆者撮影〕

　7月，連合軍はサイパン島に上陸し，ほと
んどの日本兵が戦死した。以後アメリカ軍は
サイパン・グアムおよび中国の成都などの都
市を基地として日本の「市街地爆撃（絨毯爆
撃）」を行うようになる。爆撃は日本本土ば
かりでなく，台湾の新竹，屏東，高雄港など
の軍事基地にも及んだ。その目的は，フィリ
ピン奪回にあった。10月20日アメリカ軍はレイテ島に上陸を開始する。
神風特攻隊が米艦を攻撃したのは，この時が初めてであった。

2. 戦時下の東アジアの情勢

（1）中国情勢

　蒋介石は，対日勝利を次第に確信するようになり，1943年3月に『中
国の命運』で提起した国家建設構想を実現することに専念するようにな
る。問題は，中国共産党との合作をどのように戦後の国家建設に反映さ
せるかにあった。国民党が指導権を握ったままで憲政（憲法制定と民主
主義の実現）に移行するには，何が必要となるのか。ルーズヴェルト大
統領から提案されたような共産党を含む民主的連合政府の建設は，理論
上も組織上も簡単なことではなかった。

　毛沢東は，1940年1月に「新民主主義論」を発表し，「民主」の旗を

いち早く掲げることに成功した。中国共産党は，41年12月に太平洋戦争が勃発すると9日，「中国共産党の太平洋戦争に対する宣言」を出し，日本帝国主義を打倒するためには「民主政治を実行し，中国の全各党各派及び無党派の人士」をも含む強固な国民党・共産党とその他の党との合作が必要であると主張した[6]。この考えは，45年4月に出された毛沢東の「連合政府論」としてまとまっていく。この「民主」の旗に中国国民党の一党独裁に批判的であった知識人たち，いわゆる第三勢力の人士たちは糾合されていくこととなる。

また，毛沢東は人口の8割を超していた農民の大半を取り込むため，1943年10月から小作料の引き下げ運動である「減租」運動を開始する。それより以前の42年2月からは延安で「整風運動」を開始し，幹部に対する学習と生産運動を行い，清廉な印象を国内外に与えることに成功した。このため，アメリカの中国共産党評価も上がっていった。

国民政府は，蔣介石とチャーチルの対立があり，次第に連合国の中での評価が落ちていく。1944年になると，蔣介石と国民党は「独裁者」と「ファシスト党」という共産党によるネガティブ・キャンペーンに悩まされるようになる。それは，中国国内だけでなくアメリカ・イギリスをはじめとする海外でも展開されたのである。

（2）日本情勢

日本は，太平洋戦争勃発後，極端な物資不足に陥るようになる。食料，燃料はもとより，あらゆる生活物資が不足するようになり，国民生活を脅かすようになった。個人消費支出も1937年を100とすると，41年には81.7%，42年78.3%，43年73.9%，44年60.9%まで落ち込んだ。このような物資の不足を管理するため，配給制が拡大し，町内会や隣組の監視が強化され，人々は自宅で保有していた貴金属や贅沢品の提供，出征する

---

6 『中国共産党編年史』編集委員会編『中国共産党編年史1937—1943』，山西人民出版社・中共党史出版社，2002年，1224頁。

兵士の壮行，戦死者の公葬などにかり出された[7]。

「贅沢は敵だ！」「欲しがりません勝つまでは！」というポスターや貼り紙が到る所に貼られ，男性は国民服，女性は「モンペ」という農民などが着用していた和服を改良した作業着をはき，化粧もできなくなる。食料不足は深刻で，白米などは口にすることはできず，サツマイモとすいとんが主食となっていく。

召集令状で戦場に送られる兵士（陸軍と海軍）の数は，日中戦争勃発後の1938年は115万9,133人であったが，太平洋戦争勃発後の42年には282万9,368人に，そして終戦の年の45年には719万3,223人と急増していった[8]。召集令状は，年々年齢層が拡大され，本来徴兵免除であった大学生も動員された（学徒出陣）。また，44年後末になると鹿児島県の知覧陸軍飛行場などから特攻隊員が出動し，多くの若い命を失っていく。

また，銃後を守る女子は勤労奉仕や女子挺身隊として工場などで働くことが義務づけられた。若者が入隊した後の農村では老人・女性・子どもが労働力となったが，働き手を失ったため生産性が落ち，そのことが食糧不足に拍車をかけた。食糧の供給源となっていた満洲の開拓村でも戦争末期になると，召集令状が届くようになり，同様に働き手を失っていったため，食糧生産ができなくなっていった。負の連鎖は日本とその関連地域で同様に見られたのである。

アメリカ軍のB29による市街地爆撃は1944年6月15日の北九州の八幡製作所への爆撃から激しさを増していく。東京への空襲は，44年11月24日から開始され，都合106回に及んだが，特に45年3月10日の大空襲ではB29・300機が飛来し，33万発の焼夷弾が投下され，推定で10万人が亡くなり，100万人が罹災した。その後，空襲が横浜，名古屋，大阪，神戸などの主要都市に拡大していった[9]。東京など都市の小学生はいわ

7　宮地正人監修大日方純夫・山田朗他著『日本近現代史を読む』，新日本出版，2012年，135頁。

8　『昭和国勢総覧』，東洋経済新報社，1980年。

9　『朝日新聞』2018年3月8日夕刊。

ゆる「学童疎開」を44年夏から実施し，子ども達は親元を離れて，田舎のお寺などで集団生活をしたり，親戚に預けられたりした。

（3） 朝鮮と台湾情勢

　労働力不足が深刻になる1944年9月から植民地においても動員（労務動員）が行われたが，それは工場などでの労働者としての動員が主であった。2018年に問題となった徴用工の訴訟問題は，強制連行なのか，労働人口移動なのかについて，慰安婦問題同様に日本と韓国との間で歴史認識の違いが存在している。台湾では南方地域での飛行場などの建設のために多数の台湾人労働者が東南アジア各地に動員された。

　兵士に関して言えば，朝鮮では38年に，台湾では42年に陸軍特別志願制，43年には海軍特別志願制ができていた。しかし，徴兵制の施行は朝鮮では44年，台湾では45年であり，限定的なものであった。その背景には日本語普及の問題と，彼らに「武器を与えることにたいする恐怖感や軍事的貢献の見返りに参政権・自治権などを要求されることにたいする危惧が根強かった」ことがあった[10]。

3. 終戦への道

（1） 沖縄戦

　1945年1月，アメリカ軍はフィリピンのルソン島，2月硫黄島に上陸したが，3月23日の空襲に続き，4月1日には沖縄本島に上陸した。アメリカ軍は1,500隻の艦船で包囲し，約54万人の兵力を投入した。日本側の兵力は，現地召集の防衛隊と学徒隊（ひめゆり部隊を含む）10万人が中心であったが，1,900機の特攻機が投入された。7月2日，アメリカ軍は沖縄作戦終了を宣言したが，3ヵ月に及ぶ陸上戦は住民を巻き込み，多くの犠牲者（兵士と一般住民で約20万人）を出した。アメリカ兵

10　宮地正人監修大日方純夫・山田朗他著『日本近現代史を読む』，138，150頁。

も 1 万3,000人が戦死している。

　その後，沖縄はアメリカ軍によって占領統治され，1972年 5 月15日に日本に返還されるまで日本人はパスポートがなければ沖縄に行くことができなかったのである。

（2）ポツダム宣言

　英米ソは，4 月30日ヒトラーが自ら命を絶ったため，5 月 8 日に無条件降伏したドイツのベルリン郊外にあるポツダム（Potsdam—当時はヤルタ密約に基づきソ連委任統治下）でチャーチル，スターリン，そしてルーズヴェルトの任期中の病死にともない副大統領から 4 月12日に新しくアメリカ大統領となったハリー・S・トルーマン（Truman）が 7 月17日から会談をもち，日本に降伏を勧告するための文書（ポツダム宣言）が作成された。26日に出された宣言の内容には中国も同意し，英米中の名前で出されたが，ソ連は署名していない。その主旨は，以下のものである[11]。

　　一，英米中の陸海空軍は，日本国に最終的な打撃を加える態勢を整えた。この軍事力は日本国が抵抗を終止するまで遂行される。

　　二，日本を壊滅的な状態に陥らせるか，「理性の経路」を踏むべきかを決定すべき時期はすでに到来している。

　　三，降伏の条件

　　　　①軍国主義の永久的な除去　②新秩序の建設，戦争遂行能力の破壊の確証までの連合国による占領　③カイロ宣言の履行，日本国の主権は，本州・北海道・九州・四国，並びに連合国が決定する諸小島に局限される　④日本国軍隊の完全な武装解除　⑤一切の戦争犯罪人に対する厳重な処罰，民主主義（復活強化），言論・宗教・思想の自由並びに基本的人権の尊重の確立

11　外務省編『日本外交年表並主要文書』下巻，1965年。

四，連合国は日本国政府が直ちに全日本国軍隊の無条件降伏を宣言することを要求する。

　当時の日本は，海軍大将であった鈴木貫太郎内閣であった。その内容を知った鈴木は記者会見で「政府としては何ら重大な価値ありとは考えない。ただ，黙殺するだけである」と話したといわれているが，その会見よりも早くメディアが「政府は黙殺」と報道していたという説もある。いずれにしても，この日本政府の対応がアメリカが原爆を落とし，ソ連が対日参戦するための口実を与えることになった[12]。

（3）原爆投下

　アメリカのルーズヴェルト大統領が核開発プロジェクトを立ち上げたのは1942年10月のことであった。プロジェクトは本部がマンハッタンにあったため，マンハッタン・プロジェクト（Manhattan Project）といわれ，イギリスとカナダがこれに参加した。

　アメリカが核実験に成功したのは，1945年7月16日のニューメキシコ州アラモゴート砂漠における実験においてである。もし，日本が「直ちに」ポツダム宣言を受諾していれば，原爆は投下されなかったことになる。そのことは，トルーマン大統領が8月6日の広島への原爆投下の16時間後に発した声明からも明らかである。そこには，「ポツダム宣言」は全面的破壊から日本国民を救うために出されたものであるが，「彼らの指導者」がこれを無視したために，「日本の戦争遂行能力を完全に破壊するために，確実に，間違いなく」投下された旨が盛り込まれている。また，ここには，アメリカがその開発に延べ12万5,000人を投じ，20億ドルを費やしたことも述べられている[13]。

　原爆が日本政府に与えた影響は極めて大きかった。日本軍は原爆投下後の広島をただちに視察しているが，参謀本部第二部長であった有末精

12　鈴木多聞「『聖断』と『終戦』の政治過程」，筒井清忠編『昭和史講義』，ちくま書房，2015年，253頁。

三は，「12日に東京に此の種の爆撃を加えるとの噂があること」を「大
至急に打電」することを命じている[14]。日本にとって，皇居のある東京
への原爆投下は何としても避けなくてはならないことであった。しかし，
「噂」に反して，2回目の原爆は9日に長崎に投下され，広島に引き続
いて甚大な被害が出た。

　アメリカの日本への原爆投下に関して中国国民党の機関紙『中央日報』
は8月7日，「トルーマン大統領談話」を紹介して，「新発明の原子爆弾」
の投下が「完全に日本の作戦能力を撃破する」であろうと論評している。
また，基本的にアメリカの原子爆弾の使用を，対日戦終了を早めるもの
として歓迎し，もしその使用がなかったら，戦争は膠着状態に入り，終
結の目処がたたないとの認識も示している。

　これに対して，中国共産党の原爆評価は微妙にニュアンスが異なる。
1945年8月9日の『新華日報』時評は，次のように論評した。①「人類
史上空前」の破壊力と殺傷力をもつ巨大な原子爆弾の攻撃に日本侵略者
が遭遇したことは，「ファシスト侵略者の当然の報い」である。②中国人
民は「騙されてきた罪のない日本人民は別」として，日本軍閥には何らの
憐憫の情をもたない。また，同月13日に，共産党はアメリカが原爆保有
によって発言力を増すことに警戒心をもち，戦争終結の最大要因はソ連
の参戦にあると後に述べている[15]。すなわち，国民党，共産党共にこの時
点では日中戦争の勝利が自力ではなく，アメリカもしくはソ連の力に依
るところが大きいことを認めていたことは大変興味深い。また，この時

13　"Statement on Bombing of Hiroshima, By Harry S. Truman, President of the
　　United States of America, Date: August 7, 1945", Nuclear Films, Project of the
　　Nuclear Age Peace Foundation.
　　http://www.nuclearfilmes.org/menu/library/corrrespondence/truman-harry/
　　corr_tru. . . 2007/07/08
14　「原子爆弾に対する日本参謀本部の反響」，佐藤元英・黒沢文貴編『GHQ 歴史
　　課陳述録終戦史資料（下）』，原書房，2002年，721頁
15　『解放日報』1945年8月13日。

点で共産党は戦争責任二分論の認識を示している。

（4）ソ連参戦

　前章で述べたように，日本とソ連は1941年4月に中立条約を締結してる。しかし，ドイツ降伏後にその条約を無視して対日参戦をすることは，43年のテヘラン会談からの合意事項で，45年2月のヤルタ密約で再確認されていた。その密約にそって，ソ連は8月8日日本に宣戦布告し，9日未明から満洲へと突然武力進攻する。日本の終戦は8月15日とされるが，中国東北部ではここから戦闘が開始し，ソ連軍との戦いは続いており，ソ連軍による民衆の虐殺も行われていた。この虐殺は，日本人だけでなく一緒に入植していた中国人や朝鮮人にも及んだのである。日本人残留孤児問題などはこの状況の中から生まれてくる。

　この時ソ連は，英米中の戦争遂行理念とは異った概念を持ち込んでいる。それは，貢献に応じた配分の要求だった。大西洋憲章からカイロ宣言では冒頭に領土などの要求はしないことが謳われたが，ソ連は領土的な野心を見せた。それは，日本ばかりでなく，中国の主権にもかかわる問題であった。蒋介石と国民政府外交部はその後ソ連との難交渉に臨むこととなる。

4．日本の終戦と東アジアの再編

（1）ポツダム宣言受諾

　1945年8月9日日本は御前会議（天皇出席の会議）を開き，「ポツダム宣言」受諾に関して議論を行った。ここでは，受諾を主張する天皇側近グループとなお戦争遂行を主張する軍部強硬派との激しい対立が見られた。受諾条件の最大の論点は，①「天皇の地位の保障」という「国体護持」，②在外日本軍の自主撤収，③保障占領の拒否，そして④戦争犯

罪の自主裁判にあった[16]。しかし，翌10日午前2時「天皇の国家統治の大権を変更するの要求を包含し居らざることの了解の下に受諾す」[17]という決着をみる。すなわち，日本は天皇制存続のみを条件として無条件降伏したことになる。ここでは東郷茂徳外相が「皇室の問題に対しては一歩も譲れない。それが日本を救う途である」と強く主張し，この点では全会一致を見た[18]。

　日本政府は，8月14日ポツダム宣言受諾を連合国側に通達した。翌15日正午昭和天皇がラジオ放送（玉音放送）で「終戦の詔書」を読み上げ，国民に終戦を伝えた。正式な終戦は降伏文書に調印した9月2日となる。

（2）中国の終戦

　ヤルタ密約でのソ連の参戦の条件は国民政府にも伝えられ，宋子文がモスクワに飛んでソ連と交渉を重ねるが，旅順租借問題，外モンゴル問題で難航する。その過程で蒋介石は「対ソ交渉の方針及び要点」として，①「旅順租借は絶対に拒否」するが，②「外モンゴルには高度の自治をあたえ，中国の宗主権の下に外モンゴルを置く」，その自治政府が自らの権限をもって，ソ連との関係を構築することは容認する[19]，という妥協案を提起するようになる。しかし，それでもソ連の強硬な態度は変わらず，ついに蒋は外モンゴルの独立を認め，8月14日中ソ友好条約の締結に踏み切る。蒋の長年にわたる外モンゴルに対する主張はついに認められず，10月20日モンゴル人民共和国は独立を公式に発表した。

　1945年8月15日正午（中国時間），蒋介石は「抗戦に勝利し，全国の軍人，民衆及び世界の人々に告げる書」を発し，重慶の中央放送局にお

16　下村海南『終戦記』，鎌倉文庫，1949年，122頁。

17　「『ポツダム』宣言受諾ニ関スル八月十日附ケ日本国政府申入」，外務省特別資料部編『日本占領及び管理重要文書集』第一巻基本編，東洋経済新報社，1949年，14頁。

18　下村海南『終戦記』，123頁。

19　「蒋介石日記」1945年6月22日・24日。

いて自らこれを読み上げ，全国，全世界に向けラジオ放送した。その内容の特徴は，以下のようである。

①日中戦争を中国の「抗戦（防衛戦)」と定義した上で，「正義は必ず強権に勝つ」と述べ，8年間の抗日戦の正当性を強調したこと。

②キリスト教の教義から「汝の敵を愛せよ」，中国の伝統思想から「旧悪を念わず」「人に善を為せ」の一節を引き，中国人民に対して「我々は報復してはならず，ましてや敵国の無辜の人民に汚辱を加えてはならない」と説いたこと。

③戦争の責任及び「敵」を「日本の横暴非道な武力をもちいる軍閥のみ」に限定し，「一貫して，日本人民を敵とせず」という方針を貫こうとしたこと。

④今後中国は民主主義国家としての道を「邁進する」ことを強調したこと，である。

この方針の下，蔣介石は実際に200万人にのぼる日本軍捕虜と民間人を中国船で日本に送りかえすことを決定し，実行した。この演説は一般に「以徳報怨」の演説といわれているが，蔣介石自身は「以徳報怨」という言葉はまったく使っておらず，それは日本のマスコミの独自の解釈に基づく造語であった。日本の新聞がこの演説の内容を紹介したのは9月5日になってからであるが（大阪『毎日新聞』），日本人に大きな感動を与え，蔣介石評価を一気に高める役割を果たした。

一方，日本の敗戦が決まると同時に，蔣は8月15日香港回収に向かった。しかし，イギリスの「香港再占領」と「香港防衛」の意識は強く[20]，アメリカからの圧力もあり，イギリスに対する香港・チベット問題も解決できなかった。

毛沢東は，外モンゴル・新疆問題，香港・チベット問題を棚上げにす

20　イギリスの公文書館には，香港の再占領（re-occupation of Hong Kong）と中国の回収からの防衛（defense of Hong Kong）の史料が多数残されている。"WO203_5437 Re-occupation of Hong Kong"，"WO203-4359 Hong Kong reoc-cupation"

ることによってソ連とイギリスの支持を得，後の内戦を有利にしていく。イギリスが中華人民共和国をいち早く承認していく背景には香港問題があったといえる。8月20日の蒋介石の「日記」には，チベットの自治を認めたこと，トルーマン（大統領）がイギリスの香港支配を蒋に認めるように勧告したことが書かれている。蒋の抗日戦争勝利と同時に「中華の回復」を実現するという「夢」は大国の論理の前でもろくも消え去ったのであった。中国は，日本が降伏文書に正式に調印した翌日の9月3日を抗日勝利記念日としている（現在「抗日戦争記念日」で休日）。

（3）朝鮮の終戦

　朝鮮は，カイロ宣言を踏襲したポツダム宣言によって，8月15日日本からの独立が認められ，植民地支配から解放された。しかし，その独立がどのような形で達成されるかについては，独立運動を推進してきた各グループ（民族主義者グループ，共産主義者グループ，中道グループなど）内でも，ヤルタ密約で信託統治を計画していた連合国（米英中ソ）の中でも合意が成立していなかったため，混沌とした状況が見られた。

　9月2日になって，マッカーサーの命令によりが「北緯38度線の以北をソ連が，以南を米国がそれぞれに日本軍の降伏受理と武装解除を担当し，当分の間，米ソによる軍政が敷かれること」になり，「朝鮮半島が独立するまでは，米英ソ中による最長5年間の信託統治が必要とされた」[21]のである。

（4）台湾の終戦

　8月16日午後7時，台湾総督であった安藤利吉が全台湾人に「軽挙妄動」を慎むように呼びかけたが，すでにこの時点で「台湾独立」を主張する一部の人士が活動を開始していた。26日各新聞は「台湾接収」を報

21　平岩俊司「朝鮮半島（1）」，家近亮子・川島真編著『東アジアの政治社会と国際関係』，放送大学教育振興会，2017年，179頁。

道した。29日，国民政府は福建省政府主席で，44年5月に中央設計局内に設けられていた台湾調査委員会の主任委員であった陳儀を台湾省行政長官に任命し，台湾統治にあたらせることを発表した。10月24日陳儀は台北に到着し，翌25日安藤利吉が施政権を連合国に返還し，台湾省行政府は正式に業務を開始する。

　陳儀の台湾における最初の仕事は，台湾総督府の各部門，および日本企業の接収にあった。1945年11月から各部門の接収，台北帝国大学など日本が設立した学校の接収も開始された。日本企業は，公営企業と改編され，台湾の経済発展の基礎となっていく。

　在日台湾人の帰国は1945年11月5日，日本人の帰国は11月25日から開始し，台湾における日本軍の武装解除は12月1日に完成したのである[22]。

5. GHQ による占領統治と東京裁判・日本国憲法の制定

　日本はポツダム宣言を受諾して無条件降伏をし，1945年9月2日東京湾に停泊していた戦艦・ミズリー号上で降伏文書に調印した。その結果日本は，52年4月28日までの約6年半の間 GHQ[23] の間接統治下に入ることとなった。その間の日本の政治動向をまとめると以下のようになる。

（1）GHQ による日本統治

　GHQ は，1945年9月2日，旧日本軍解体等の司令第一号を発令した。また，9月11日には39人の戦犯容疑者に逮捕例を出した。その後，GHQによる日本統治は，マッカーサー最高司令官のもとに進められていく。アメリカ政府は9月22日「降伏後における米国の初期の対日方針」をマッカーサーに伝えた。その方針の基本は，①軍国主義日本の完全な解体，②積極的な民主主義の推進，にあった。GHQ の日本統治はこれら二つ

22　家近亮子『日中関係の基本構造―2つの問題点・9つの決定事項』，2004年，3頁。

23　GHQ は，General Headquarters of Supreme Commander for the Allied Powers（GHQ-SCAP）の略。日本名は，連合国最高司令官総司令部。

の方針を軸に推進されていったのである。

　日本占領政策の最高決定機関はワシントンの極東委員会であった。こ
れは，米英中ソ豪蘭仏印加比新の11カ国（後，ビルマ，パキスタンが加
わる）から構成されていたが，実際はアメリカ軍による単独占領であっ
たということができる。GHQ による占領は間接統治の形式をとり，政
策は「覚書・メモ・口述」の形式で日本政府に伝達された。日本におい
ては，8月17日皇族である東久邇稔彦内閣が発足し，武装解除，降伏文
書の調印等の戦後処理にあたった。

　1945年10月9日，戦前の外交専門家であった幣原喜重郎が首相となる。
11日幣原は，マッカーサーと会談し，口頭で「五大改革司令」を受ける。
それは，①婦人の解放などを含む憲法の民主化，②労働組合の結成，③
教育制度の改革，④特高（特別高等警察）など，秘密警察の廃止，⑤経
済機構の民主化であった。この司令に基づいて，幣原内閣は，45年中に
政治犯の釈放，治安維持法・治安警察法・特高の廃止，選挙法の改正に
よる婦人参政権の実現などを実行した。また，11月4日には財閥の自発
的解体計画を GHQ に提出し，46年中にはこれを実行し，財閥による市
場の独占を廃止し，経済の自由化をはかる。さらに45年12月9日 GHQ
は「農地改革指令」を発令し，「耕す者に田を」の原則に基づく農業に
おける民主化を実現する。

　このように，日本は GHQ の方針にしたがって，急速な民主化を進め
ていく。しかし，そのような流れの中で最も問題となったのが天皇の戦
争責任とその地位の問題であった。1945年9月27日昭和天皇は自らマッ
カーサーを司令部に訪ね，会談をもつ。その結果，マッカーサーは天皇
に戦争責任を問い，天皇制を廃止することは，日本国内に未曾有の混乱
をもたらすとの結論に達した。そして，象徴天皇制の樹立の方向性に向
かう。これに基づき，昭和天皇は46年1月1日詔書を発表し，「人間宣言」

150

を行う。

（2）「東京裁判（極東国際軍事裁判：The International Military Tribunal for the Far East)」[24]

　次にマッカーサーが実行した指令は，戦争犯罪人を裁く裁判所の設置であった。前述したアメリカの「降伏後に於ける米国の初期の対日方針」の「第3部－政治」の第2項は，ポツダム宣言に基づく「戦争犯罪人」に関する方針であった。ここでは，「戦争犯罪人（連合国の俘虜及びその他の国民に対して残虐な行為を行ったものを含む）は，逮捕され，最高司令官が組織する裁判にかけられ，有罪となった時は処罰される」ことが記されていた。

　マッカーサーは1946年1月19日極東国際軍事裁判所憲章を公布し，裁判所を設置させる。いわゆる「東京裁判」は，46年5月3日から48年11月5日（判決）の2年半続いた。ここでは戦争犯罪を「A：平和に対する罪」「B：人道に対する罪」「C：通例の戦争犯罪」に分けて審議した。いわゆるA級戦犯とは，新しく設けられた「平和に対する罪」を問われた戦争最高責任者とされた28名を指す。その結果，大川周明（精神障害），松岡洋右・永野修身（病気で死亡）を除く25名全員が有罪となり，土肥原賢二・板垣征四郎・広田弘毅・松井石根・東条英機・木村兵太郎・武藤章の7名が絞首刑，16名が終身禁固刑，2名が有期禁固刑に処せられた。後に述べる靖国神社参拝問題は，このA級戦犯合祀が関係している。

（3）日本国憲法の制定

　幣原内閣に与えられた最大の課題は，憲法の改正であった。1946年2月，国務大臣松本烝治を委員長とする「憲法問題調査委員会」が起草した憲法改正要綱がGHQに提出されたが，「明治憲法」を基にして，天

24　東京裁判に関しては，家近亮子「『東京裁判』決定の国際政治過程と日本・中国の裁判報道」（慶應義塾法学部編『慶応の政治学・地域研究』慶應義塾大学出版会，2008年）参照。

皇主権を温存しようとしたものであり，主権在民とはほど遠いものであった。これに失望したマッカーサーは，GHQ 民政局に対し，憲法改正に関するマッカーサー・ノートを提示し，日本国憲法草案の作成を指示した。民政局員たちは 2 月 4 日から作成を開始し，2 月10日起草作業を終えたのである。

　GHQ は，1946年 2 月13日「マッカーサー草案」を日本政府に提示する。その骨子は，主権在民，象徴天皇，戦争放棄などにあった。その後日本側からの修正が加えられ，11月 3 日「日本国憲法」（現行憲法）が公布された（47年 5 月 3 日施行）。その 3 大基本方針は，主権在民，平和主義，基本的人権の尊重となっている。

　このように，日本の戦後処理は GHQ の指導下で確実に進められていったが，東アジアの他の国と地域では混乱が続き，新たな紛争の時代へと突入して行く。

9 | 東アジアの分断化—中国の内戦と朝鮮戦争

《目標＆ポイント》 本章においては，戦後まもなく起きた中国の内戦と朝鮮戦争が東アジアを分断化することで，冷戦下の新秩序を形成していく過程を分析する。東アジアに誕生した二つの社会主義国と，アメリカの同盟国となった日本，韓国，中華民国（台湾）との対立構造の中でのサンフランシスコ平和条約，日華平和条約締結について考察していく。
《キーワード》 国共内戦，中華人民共和国，中華民国の台湾移転，朝鮮戦争，米中対立，サンフランシスコ平和条約，日華平和条約，吉田茂

1．中国における内戦—分断国家への道

（1）国共の対立—情報戦の展開

　中国における抗日戦争は，勝利で幕を下ろした。その間，中国国内は，国民政府支配区，中国共産党の革命根拠地，親日政権支配区，日本の占領区に分かれ，複合国家の様相を呈していた。中国国民党と共産党は日米開戦後，戦後の中国を誰が統治するかで激しいリーダーシップ争いを見せるようになる。延安からは常に抗日を訴える放送が流れていたが，それも徐々に反国民党，反蒋介石に変わっていった。

　中国共産党の機関紙であった『解放日報』や『新華日報』上では終戦直後に「内戦」の文字が躍るようになる[1]。ここでは，蒋介石は「人民の公敵」となり，日中戦争を勝利に導いたリーダーとしての役割は完全に否定された。蒋は「今日は民主世界である」という認識はもってい

1　「人民公敵蒋介石　発出了内戦信号」，『解放日報』1945年 8 月17日。

た[2]。しかし，その「民主」の見せ方，語り方において，毛沢東の論法は巧みであったといわざるを得ない。そのため，共産党は知識人・中間派，無党派層を取り込み，国民党と蔣介石を対岸に追い込むことに成功していく。

　一方，共産党は1945年4月23日から開催された共産党7全大会で毛沢東の「連合政府論」を発表し，多くの第三勢力を共産党に糾合することに成功する。共産党は7全大会に先立つ4月20日，「若干の歴史問題に関する決議」を採択した。ここでは，共産党が建党以来45年まで一貫して抗日戦争を勝利に導いたことと，その指導者としての毛沢東の役割が明記された[3]。

（2）双十会談から国共内戦へ

　1945年8月28日午後，毛沢東がアメリカの駐華大使であったハーレー（Hurley）と共に周恩来らの共産党幹部を伴って，重慶飛行場に降り立った。蔣介石は抗日戦争中，何度も毛沢東との会談を申入れたが，毛は35年に長征の結果行き着いた延安の山から一度も下りることはなかった。しかし，重慶飛行場に降り立った毛は，記者団に囲まれた時，「蔣介石は，抗日戦の間山にこもって，戦わなかった」と話し，それが世界に配信されたのである。

　国共両党は40日以上に及ぶ話し合いの

図9-1　1945年重慶会議での蔣介石（左）と毛沢東（右）

2　「蔣介石日記」1945年3月16日。

3　「中共中央六期拡大七中全会　若干の歴史的問題についての決議（1945年4月20日」，日本中国問題研究所中国部会編『中国共産党資料集』12，日本国際問題研究所中国部会，1974年，232〜266頁。

結果，10月10日にいわゆる「双十協定」を発表した。ここでは①平和的な建国方針の承認，②内戦回避と独立・自由・富強な新中国の建設，三民主義の徹底，③憲政への速やかな移行，④政治協商会議の開催と新憲法の制定などが決まった。蒋介石と毛沢東は宴席を設け，祝杯を上げた。しかし，この調印の日，山西省では鄧小平率いる共産軍が「上党戦役」を展開し，国民革命軍35,000人をせん滅したのである。

　1946年1月7日には，国共（張群，周恩来）とアメリカ（マーシャル（Marshall））を加えた3人委員会（軍事調処執行部）が発足し，停戦についての話し合いがなされた。マーシャルはトルーマン大統領の全権特使として国共の調停にあたった。この時のアメリカの対中政策の基本方針は共産党を含む連合政権の下での民主国家の建設を実現し，東アジアの安定を図ることにあった。

　しかし，その背後では華北などの親日政権区，もしくは東北部では日本軍の武器や戦略物資の接収で国共は激しい攻防戦を展開していた。アメリカも1945年8月には海兵隊員5万人を華北に派遣し，北京・天津を占領し，炭坑・鉄道を接収した。一方，ソ連は東北部に進駐し，日本軍の解除と武器などの接収などを行っていた。

　米ソは戦後間もない中国に介入することで，東アジアの勢力図を自らに有利に再構築しようとしたのである。1946年5月4日，共産党は「土地問題に関する指示」を出し，土地革命に着手し，本格的な農民動員と国家建設の基礎作りに乗り出す。このような状況下，6月25日，蒋介石はついに国民革命軍に対して中原解放区への進攻の命令を下し，中国は全面的な内戦に突入する。

（3）蒋介石の戦後直後の対日政策

　終戦末期蒋介石は，自らと国民政府を守るための将来構想を展開する

ようになる。それが，軍閥なき後の日本との新たな平等互恵の関係の樹立，東アジアにおけるアメリカを軸とする「反共・民主」の国際関係の構築であった。その意味で，終戦時のいわゆる「以徳報怨」の演説は自らの政治生命をかけた日本および日本人に対するアピールであったということができる。

　戦後直後，蔣介石は自らの考えを実行に移し，日本の「自由・平和・民主」達成のために，積極的な工作を行っていく。まず，蔣は自らが抗日戦争の期間に発表した「対日言論」を日本語に翻訳して出版することを指示した。その指示により発行されたのが，国民政府軍事委員会政治部編の『蔣委員長が日本軍民に告ぐ演説集』（1945年12月15日）である。ここには，蔣介石自らが選定した「対日言論」が収録されている。この言論集は市販されることはなく，主に，上海などで日本への帰還船に乗り込むのを待機していた日本人将兵と日本人居民に配られた。蔣介石が日本語での発行を急がせた理由はそこにあった。日本へ帰還する日本人達は，自らの軍艦を準備し，帰還事業を遂行した蔣の温情を感じながら，その書を手にすることになったのである。

　本書の「提要」には，全体を通して，日本が平和を確立する必要性が記され，①「中国は抗戦開始から今に至るまで，唯だ日本軍閥を敵とし，日本国民を敵としていない」こと，②「日本の民衆が正義の力を発揮して侵略政策を打倒し，以て東亜の平和を恢復せんことを望む」こと，③「中国は已に統一した堅固なる信仰—三民主義がある」ことが強調されている。

　いわゆる「以徳報怨」の演説，中国の軍艦による送還事業の実行，自らの言論集の配布が一部の日本人の間に蔣介石に対する尊敬と感謝を根付かせたことは事実である。日本には今も「以徳報怨の碑（千葉県いすみ市岬町）」「蔣公頌徳碑（横浜市西区宮崎町）」「中正神社（愛知県額田

郡幸田町）」などが存在し，蔣の遺徳を称えている。

　「中正神社由緒」，および蔣介石の生誕100年を記念して1986年に日本で結成された「蔣介石先生の遺徳を顕彰する会」の「趣意書」には，蔣が日本のために行った四大政策（「天皇制の民族自決」「ソ連の日本分割占領の阻止」「200余万軍民の早期祖国送還」「対日賠償請求権の放棄」）を讃え，「その中のどれ一つが欠けても，今日の日本の復興，発展は期せられなかったはずであります」と述べられている[4]。戦後日本の民主

図9-2　（上）　『蔣委員長が日本
　　　　　　　　軍民に告ぐ演説
　　　　　　　　集』〔筆者所蔵〕

図9-3　（右上）　中正神社社殿
　　　　　　　　〔2019年3月筆者撮
　　　　　　　　影〕

図9-4　（右下）　中正神社の由
　　　　　　　　来〔2019年3月筆
　　　　　　　　者撮影〕

化は蔣介石が望んだ通りとなった。しかし，蔣介石にとって，それはあくまでも自らが大陸中国の支配を維持しつつ，日本との友好関係を構築し，東アジアを反共の豊かな社会とするための戦略であった。そのために蔣は，対日賠償の放棄を決定したのである。

2. 朝鮮半島の分断化

　1945年12月，モスクワで米英ソ外相会談が開催され，朝鮮半島の最長５年間の信託統治が決まった。この決定に対して，南朝鮮では金九らが反対の立場を表明し，「李承晩は信託統治に反対しつつも米軍政府との協力を維持するなど混乱状態が続いた」が，ソ連指導下にあった北ではこれを支持した[5]。「カイロ宣言」では蔣介石が朝鮮の独立を強く主張し，「朝鮮の人民の奴隷状態に留意し，やがて朝鮮が自由且つ独立するものとする」という文言が入ったが，「やがて（in due course）」という言葉の解釈には余地があり，その後の国際情勢で変化したといえる。したがって，「それにもっとも強く反発したのは」，蔣介石の強い影響下にあった「金九と臨時政府指導者たちであった」[6]のである。蔣は金九を長年保護し，戦争中も独立承認運動を支持していた。

図9-5　李承晩大統領（左）と金九　〔中央フォト〕

4　蔣介石先生の遺徳を顕彰する会編『以徳報怨—写真集「蔣介石先生の遺徳を偲ぶ」』，1986年9月，103頁。

5　平岩俊司「朝鮮半島（1）」，家近亮子・川島真『東アジアの政治社会と国際関係』，放送大学教育振興会，2017年，181頁。

6　小此木政夫『朝鮮分断の起源—独立と統一の相克—』，慶應義塾大学出版会，2018年，446頁。

蒋の「中華の回復」構想においては，臨時政府が独立し，朝鮮半島を支配すれば，中国の影響力が大きくなるはずであったのである。

　1946年2月，金日成が中心となった北朝鮮臨時人民委員会が結成された。金日成は，戦時中ソ連で抗日運動をしていたが，解放後ソ連軍とともに北朝鮮に帰国していた。また，李承晩は，1920年に臨時政府の大統領となったが，金九らと対立し，アメリカのハワイを拠点として国際連盟やIPRを中心に独立承認運動を展開し，アメリカ軍支配下の南朝鮮に45年10月に帰国していた。朝鮮半島の分断は，このような情勢でも直ちに決定したわけではないが，米ソ対立の冷戦構造が明示的になるに従い，米ソは介入を強めていった。

　金九は，アメリカから「臨時政府としての入国を許すわけにはいかない」ので，個人の資格で帰国するようにと言われたため，臨時政府としての凱旋は諦め，個人の名での帰国を決意する[7]。1945年11月4日，重慶で臨時政府の壮行会が盛大に行われた。これに出席した蒋介石は，「早期の独立が達成されることを祈る」と述べた[8]。金九は中国との連絡は帰国後も密にとる体制を作り，重慶を後にする。金九は，蒋の影響もあり，あくまでも南北統一を進めるべきという主張を崩さなかったため，南朝鮮における単独選挙には反対の立場をとったことで，李承晩と対立するようになる。

　1948年8月，まず南朝鮮で単独選挙が実施され，李承晩が初代大統領に選出されて，15日に大韓民国が樹立された。その後，金九は李承晩の政敵となり，49年6月26日暗殺された。蒋介石の朝鮮独立への長年の支援は，水泡に帰したことになる。48年9月9日，北朝鮮でも朝鮮民主主義人民共和国が金日成の指導下で成立し，38度線を境界とする分断化が決定した。

7　梶村秀樹訳注『白凡逸志　金九自叙伝』東洋文庫234，平凡社，2009年，304頁。

8　『中央日報』重慶版，1945年11月5日。「蒋介石日記」1945年11月4日。

3. 中国の分断化—中華人民共和国の成立と中華民国の台湾移転

（1）国共内戦の展開

　1945年末から46年にかけて中国には「民主建国会」（45年12月）「中国民主促進会」（45年12月）「中国民主憲政促進会」（46年2月）「民主社会党」（46年9月）等が陸続と成立し，既存の「中国民主同盟」と相まって国民政府に対して早期の憲政実現と民主国家建設を迫るようになる。共産党はこれらの勢力を吸収して，「民主」連合のリーダーとしての役割を演じることに成功する。彼らは政治協商会議に参加することで，毛沢東の「連合政府論」が実現するとの期待を持つようになる。

　内戦勃発後国民党は11月15日から南京で初めての国民大会を開催する。この国民大会は現実には出席代表・1,355名の内国民党員が85％を占め，共産党・民主党派の参加はみられないという名ばかりの国民大会であった。本大会においては，11月28日「中華民国憲法草案」[9]が採択された。これは，総統個人に権力が集中することを容認しており，民主

9　4章175条からなる。主要な条項を抜粋すると，次のようになる。

　第一章　総綱

　　第一条　中華民国は三民主義に基づく，民有民治民享の民主共和国である。

　　第二条　中華民国の主権は国民全体に属する。

　第四章　総統

　　第三六条　総統は国家元首であり，対外的に中華民国を代表する。

　　第三七条　総統は全国の陸海空軍を統率する。

　　第三八条　総統は法に依って法律を公布し，命令を発布する。

　　第三九条　総統は法に依って条約及び宣戦，講和を締結する権利を行使する。

　　第四〇条　総統は法に依って戒厳を宣布する。

　　第四八条　総統副総統の任期は6年で，連選連任は一度とする。

　ここから分かることは，民主主義を制度的に保証しながらも，総統個人に権力が集中していることである。国民政府はこれを「戡乱時期」の臨時的措置と説明した。

憲法とはいえない内容であった。共産党は直ちにこの憲法に対する不承認を発表する。それでも，1947年1月1日国民政府は「中華民国憲法」を公布し，12月25日からの憲政への移行を発表する。

　1947年2月毛沢東は抗日期に活躍した八路軍・新四軍を人民解放軍（以後，解放軍）と改称した[10]。共産党はその後国民党との内戦での都市および地域の占領を「解放」という言葉で表現した。すなわち，「民主」と「解放」という言葉の氾濫が内戦期の特徴となったのである。国民党はその対立概念となることで人民の支持を急速に失っていった。

　共産党は9月「人民解放軍大挙反抗宣言」を発表し，2年以内に内戦に勝利し，「民主連合政府」を樹立することを宣言した。実際に解放軍はこの時期から総攻撃を開始する。この時期の解放軍のスローガンは，「打倒蔣介石，解放全中国」であった。一方で，共産党は10月「土地法大綱」を公布して「耕者有其田」の方針に基づく社会主義的土地改革を断行し，人口の圧倒的多数を占める農民を自らの勢力に糾合することに成功する。

　当時の中国の政治情勢に対して危機を感じたアメリカはウェデマイヤー（Wedemeyer）を特使として1947年7月中国に派遣し，国民政府に対して「政治経済改革」を断行することを提言した。48年2月にはトルーマン大統領が「中国人民に告げる書」を発表し，共産党が中国を統治することは，アメリカの利益に対して有害であるとの見解を表明した。その後アメリカは1年間にわたって国民政府に対する総額7億2,000万ドルにのぼる援助を実行することとなる[11]。

　このようなアメリカの援助と期待にもかかわらず，抗日戦争期の財政的疲弊と内戦の負担が国民政府に重くのしかかり，中国の経済は壊滅的

10　毛沢東は1947年2月1日「中国革命の新しい高まりを迎えよう」（『毛沢東選集』第4巻）を発表した。この中で毛は初めて「解放区の人民解放軍」（155頁）という言葉を使い，その後3月になって正式に改称することが発表された。

11　アメリカは国民政府に対して「米中救済協定」「米中海軍協定」「臨時援助」「1948年援中法案」「米中農業協定」などの名目で援助を行った。

状況に陥る。特に都市を中心とする物価の急騰は民衆の生活を圧迫し，執政党への批判と離反としてはね返った。この時期蔣介石は民衆，特に国民党員に対して自己犠牲と資金援助を強要した。このことが国民党員の大規模な脱会と共産党への移籍につながっていく[12]。

　国民政府は日本軍の華北への介入が濃厚になっていった1931年から故宮博物院の宝物の疎開を計画し，33年1月から南京，上海への移送を開始する。その理由は，「国家は滅んで再興できるが，文物は一度失われたら永遠に元には戻らない」ことにあった[13]。日中戦争開始後は四川省の峨眉山，巴県など国民政府支配下の奥地に移送し，さまざまな形で保管していた。1948年9月，その故宮博物院の宝物を上海から台北へ移送する作業が開始される。その後断続的にこの作業は行われた。現在台北の故宮博物院の所蔵品のほとんどが，49年半ばまでに移送されたものである。この台湾への運搬を決定したのは蔣介石であるが，その目的は故宮の宝物を中国の正統政府としての「一つのシンボル」とするためであった[14]。このことを考慮にいれると，蔣介石はこの時期から台湾への移転を計画していたといえる。

　1948年になると解放軍は地方都市を次々と占領していく。このような状況下で国民政府は3月29日から第1期「行憲国民大会」を南京で開催する。国民大会は4月18日「戡乱動乱[15]時期臨時条項」を憲法に追加することを決定した。国民政府は19日「戒厳法」を公布し，非常事態宣言を宣告する。

　蔣介石の中華民国総統への選出はその「戒厳法」公布の翌日の4月20日国民大会の選挙によって実現した[16]。5月20日蔣介石はようやく中華民国総統に就任した。この時から中華民国国民政府は中華民国政府と名称を変える。その間も人民解放軍の主要都市に対する占領の勢いは止ま

12　家近亮子『蔣介石と南京国民政府』（慶應義塾出版会，2002年），第7章参照。

13　野嶋剛『ふたつの故宮博物院』，新潮撰書，2011年，95頁。

14　同上，17頁。

15　「動乱を鎮圧する（「剿共」の完成）」の意味。この条項は台湾でも続けられた。

るところを知らず，国民党を追いつめていく。

　蔣介石は1948年11月9日トルーマン大統領に緊急の軍事援助を要請するが，この時期になるとアメリカは，国民党は頑固で変化が見られないとの評価を下し，「有限援助政策」を採るようになり，次第に国民党からの援助要請を一切拒絶するようになった。そのような中，49年1月1日蔣介石は「法統」「憲法」「国民党軍隊の維持」を条件にして共産党に和平交渉を申し入れると同時に，上海で病気療養中であった陳誠を台湾省主席に任命し，台湾建設を本格化する準備に入る。これより以前，台湾においては47年2月28日台北市民の大規模なデモに対して警察・憲兵隊が武力鎮圧するという事件（いわゆる二・二八事件）が起き，鎮圧命令を下した陳儀は引責辞任していたのである。

　毛沢東は蔣介石の和平申し入れに対して，1月14日「時局にかんする声明」を発表した。この中で毛沢東は8項目の条件を提示し，反動分子の参加しない政治協商会議をひらき，民主連合政府を樹立して，南京国民党反動政府およびそれに所属する各級政府いっさいの権力を接収することを主張した[17]。そして，この8項目の条件を「全国人民の総意を反映するもの」とした。これらは国民政府の正当性をも真っ向から否定するものであった。

（2）中華人民共和国の成立と中華民国の台湾移転

　蔣介石は毛沢東の「声明」から8日目の1949年1月22日，突然下野を表明した。2月1日には国民党中央は南京から広州に移転し，4月21日中華民国政府も広州に移った。同日解放軍は南京を占領した。また，6月15日には新たな政治協商会議準備会が発足し，中華人民共和国設立の準備が開始する。ここでは国名問題が討議された。「中華人民民主共和

16　この時の副総統選挙は，李宗仁，孫科の間で決戦投票が行われた。その結果，1,338票対1,295票で李宗仁が選出された。因みに，蔣介石の得票は2,430票であり，得票率は90％を超えていたが，満場一致ではなかった。

17　『毛沢東選集』第4巻，419頁。

国」「中華人民民主国」「中華人民共和国」の３案が出されたが，それまでは「中華人民民主共和国」が暫定的に使われていた。周恩来は，略称は人民が慣れ親しんでいる「中華民国」の使用を許容することを表明していた。しかし，「民主」と「共和」は意味が重なるという意見が多く，最終的に「中華人民共和国」に落ち着いた。また，新国歌の歌詞案も90以上出されたが，目につくのは「偉大なる中華」「人民の中華」「新しい中華」のフレーズである。いかに中国人が「中華」の概念にこだわりを持っていたかが分かる。しかし，これも慣れ親しんだ「義勇軍行進曲」を暫定的に使用することが決定する。

　８月１日中華民国政府は広州から重慶に移転し，中枢機関の一部は台湾への移動を開始する。そのような状況下，アメリカ国務省は８月５日『中国白書』[18]を発表し，中国国民党への決別とした。ここには，国民政府に対する痛烈な批判が展開されていた。アメリカはこの時点で国民政府は腐敗による経済破綻で自壊したと断定したのである。蔣介石はこの『中国白書』を読み，「中国の新たなる恥の始まりである」と涙を流したことを同日の「日記」の中で記している。

図9-6　中華人民共和国成立を宣言する毛沢東〔Pictures From History／ニューズコム／共同通信イメージズ〕

　９月21日から30日まで北平（北京）で中国人民政治協商会議が開催され，毛沢東を中華人民共和国中央人民政府委員会主席に選出し，首都を北平とし，北京と改称すること等を決定した。そして，10

18　『中国白書』の正式名は，United States Relations with China, with special reference to the perioded 1944-1949, Department of State Publication 3573, Far Eastern Series 30. である。邦訳にアメリカ国務省『中国白書』，朝日新聞社，1949年がある。

月1日毛沢東は天安門において，中華人民共和国の成立を高らかに宣言した。翌2日，ソ連は中華人民共和国が中国を代表する政府であることを承認すると発表し，4日アメリカは不承認を発表した。

11月29日，中華民国政府はさらに重慶から成都へ移転を余儀なくされる。そして，ついに12月8日台北へ遷都を決定し，9日から行政院が業務を開始し，蔣介石と経国父子は，成都から台北へ軍用機で飛んだ。その際，蔣介石父子は側近と国歌を歌い，「大陸反攻」を誓った。しかし，二人が大陸に戻ることは生涯なかったのである。

4. 朝鮮戦争

1950年に起きた朝鮮戦争は，東アジアの政治社会に大きな影響をもたらし，今日に至っている。2018年，南北宥和，米朝接近があり，朝鮮戦争の終結が宣言されると期待されたが，北朝鮮の非核化が具体化せず，実現には至っていない。すなわち，朝鮮戦争は現在も休戦状態にある（2019年10月現在）。

金日成は，朝鮮人民民主主義共和国成立後，国家統一を目標としていた。1950年1月19日金日成はソ連のスターリンから「対南侵攻」の許可を得，5月には北京を訪問して毛沢東の同意も得た。その後の6月25日未明，突然北朝鮮軍が38度線を越えて，武力侵攻を開始し，3日でソウルを占領した。このような事態を重く見たアメリカは，直ちに国際連合安全保障理事会に提訴し，「韓国国連軍（16ヵ国参加）」の結成が決定した。これは在日駐留部隊を中心に編成されたため，日本も間接的に関与することになる。

中国が朝鮮戦争を自国と関連づけて意識したのは，7月7日に国連安保理の国連軍の派遣の決定からである。7月10日，共産党中央軍事委員会は「東北国境の防衛にかんする決定」を採択し，52万にのぼる国境防

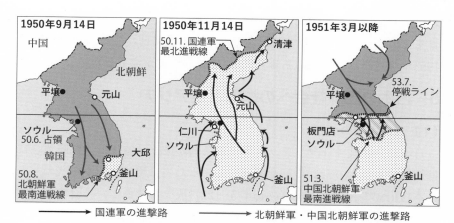

| 1950年9月14日 | 1950年11月14日 | 1951年3月以降 |

図9-7　朝鮮戦争の地図〔山川出版社，詳説『世界史図録』2014年，244頁〕

衛軍を編成した。9月米軍がソウルを占領すると，金日成はスターリンに救援を求め，10月1日スターリンは北京に電報を打って，毛沢東に志願兵を編成しての出兵を提案する。10月19日40万の中国人民志願軍が鴨緑江を越え，25日から米軍との戦闘が開始した。中国ではこれを「抗米援朝戦争」と位置づけた。その後，対米対決姿勢が鮮明になり，アメリカとは完全に断交状態になり，主要敵となったのである。

　また，朝鮮戦争後，台湾海峡にアメリカ第七艦隊が停泊し，祖国統一を目指す共産党の計画を頓挫させることになった。さらに，韓国・日本・台湾の反共包囲網ができ，米軍基地が恒久化するなど，冷戦構造が先鋭化・固定化する。このような中で，中国は自らを社会主義陣営の一員として明確に位置づけるしか選択の余地はなく，「向ソ一辺倒」政策が強化される。経済発展の視点からすると，アメリカとの完全な断絶は大きな負の要因となった。中国はその後，新民主主義体制を捨て，社会主義の道を選択せざるを得なくなるのである。

　共産党は朝鮮戦争勃発後，国家防衛の愛国運動を全国で展開した。そ

れにより全国レベルで人民を動員し，組織することができ，共産党に今日まで続く一党支配の正当性と自信を与える結果となった。朝鮮戦争は，1953年 7 月27日38度線にある板門店で休戦協定が成立した。

5. 日本の国際社会への復帰と東アジア

（1）吉田内閣の成立

　日本は，戦後サンフランシスコ平和条約が成立するまで，国際連合には加盟できなかった。これを実現していったのは幣原内閣から代わった日本自由党の吉田茂内閣（1946年 5 月22日成立）であった。日本おいては，46年 4 月新選挙法による衆議院総選挙が行われた。その結果，日本自由党が第一党になったが，過半数を占めることはできず，日本社会党などの革新党の躍進が見られた。この結果にはGHQによる公職追放令の影響があった。GHQは46年 1 月戦前の旧態依然とした議員が衆議院に復帰することを望まず，公職追放令を出して東条内閣時期の議員全員を失格としたのであった。その結果，戦前からあった日本自由党及び日本進歩党の議員の多くが失格となった。当時日本自由党の党首は鳩山一郎であったが，GHQは鳩山に追放令を出し，前外相であった吉田茂を強力に首相に推したのである。吉田は53年 5 月までの間，5 回にわたる組閣を行い（47年 6 月から48年 3 月日本社会党・片山哲内閣，48年10月まで民主党・芦田均内閣），アメリカの支持の下，まさに日本の戦後復興と国際社会への復帰を果していくのであった。

（2）冷戦構造下の「日華平和条約」の締結
1）「共産主義の防御壁」としての日本

　冷戦による国際情勢の変化は，アメリカの日本に対する占領政策を変化させることとなった。アメリカは1947年半ば頃からアジア情勢を分析

した場合，日本の経済発展と民主化が最もアメリカの国益に適うと考えるようになる。その結果，47年8月15日から制限付きながら民間貿易が許可され，日本は再び国際経済活動に参入する機会を得る。

　1948年になると，アメリカにとっての日本の立場はより明確になる。1月6日アメリカの陸軍長官であったロイヤル（Loyal）は，「日本は共産主義に対する防御壁である」と演説し，日本の軍事的・経済的・政治的な戦略的地位の重要性を強調した。ここからアメリカの占領政策は大きく転換する。すなわち，日本を友好国に育成するため，経済発展のための制約を排除し，経済復興を速やかに実現しようとしたのである。その具体的政策がドッジ（Dodge）が考案した経済安定9原則[19]であった。これは，緊縮経済を実行することによってインフレを抑え，単一為替相場の設定によって輸出を拡大し，日本の経済を復興させ，自立させることを目的としていた。その結果49年4月には1ドル＝360円という単一為替レートが実現したのであった。

　朝鮮戦争開始後，日本には戦争特需景気が起きた。国連軍が日本を基地として出兵し，その物質の調達をドルで支払ったため，日本には朝鮮戦争時期都合11億ドルが流入した。そのことは，日本経済の早期の回復を可能にした。また，マッカーサーは1950年7月8日吉田茂に対して書簡を送り，自衛隊の前身となる警察予備隊の創設（75,000人）と海上保安庁の拡充（8,000人の増員）を指令した。政府はこれを受けて，自衛隊の前身となる警察予備隊令を公布する。

　さらにマッカーサーは日本共産党の機関紙『アカハタ』を発行禁止にするなど，共産主義取り締まり（レッド・パージ）を強化するようになる。吉田内閣はこれを受けて，7月28日まず企業のレッド・パージを断行し，9月1日にはレッド・パージ政策を閣議決定する。その一方，10月13日，1万余人の公職追放が解除され，11月10日には旧軍人・3千人

19　デトロイト銀行頭取で，自由主義経済を主張するドッジは，トルーマン大統領の特使として来日し，日本の経済復興と国際経済への復帰に尽力した。

以上の公職追放が解除され，警察予備隊に旧軍人が応募することが許されるようになった。

2）冷戦構造の中の台湾

　1950年3月1日蔣介石は「復職宣言」を発表し，総統に復帰した。復帰に際して蔣介石は国民に対して，「共に奮闘して，5年で共匪を排除し，大陸を光復し（取り戻す），三民主義の新中国を再建しよう！」と呼びかけた[20]。ここから「大陸反攻」が台湾の主要な政治課題となる。5月には「準備一年，反攻二年，掃討三年，成功五年」のスローガンを提起し，具体的な大陸反攻計画を示した。

　国際的な台湾の地位は複雑であった。1945年10月の国際連合成立時，中華民国は五大国の一つとして常任理事国入りを果たした。しかし，49年の中国の分断化は，どちらの中国が正当であるか，どちらを承認するかという問題を国際社会に提起した。先に述べたようにアメリカとソ連はすぐに態度を表明した。

　1950年1月5日トルーマン大統領は年頭演説で，中華民国への援助を表明したが，台湾問題へは不介入とすることを強調した。それを受けるかたちで，同日イギリスは中華人民共和国を承認する協議に入ったため，中華民国はイギリスとの断交を決定する。この背景には，カイロ会談以前からの蔣介石とチャーチルの香港をめぐる確執があった。毛沢東は，外モンゴルや香港問題を「副次的」問題として，イギリスとソ連との関係を優先し，内戦を有利に戦うという戦略をとったのである。

　このようなアメリカの対台湾政策はやはり朝鮮戦争を期に変化する。トルーマン大統領は戦争勃発直後の1950年6月27日，台湾への不介入宣言を破棄する「台湾中立化宣言」を出し，アメリカ海軍第七艦隊に台湾を防衛するため，台湾海峡に向かうことを命じた[21]。これを受け，28日蔣介石はトルーマン声明を検討する会議を開き[22]，29日韓国に33,000人

20　『先総統蔣公思想言論総集』巻32「書告」，255頁。
21　若林正丈『台湾―分裂国家と民主化―』，東京大学出版会，1992年，69頁。
22　「蔣介石日記」1950年6月28日。

の陸軍精鋭部隊を派遣することを表明した。このようにして，台湾はアメリカの重要な同盟国としての役割を担うようになる。そのことは，米中対立の激化に伴ってますます強くなっていくのであった。

　1950年7月31日マッカーサーは台湾に赴き，8月1日蔣介石と会談して，GHQの連絡所を台湾にも設置する（8月9日から）ことを決定した。9月5日，第七艦隊は台湾海峡で大々的な軍事演習を行い，中国を牽制する。

3）サンフランシスコ平和条約と東アジア

　日本の戦後処理を確定するサンフランシスコ講和会議は以上のような状況下で，1951年9月4日から開催された。中国に関していえば，対立を避けるために中華人民共和国も中華民国も招聘しないことが決定された。このアメリカの決定に対して，中華人民共和国の外交部長であった周恩来は，「我が中華人民共和国が参加することは当然のこと」であり，中華人民共和国の参加しない講和会議は「一切その合法性を認めることができず，無効である」と述べ，自らの正当性を主張した[23]。

　イギリスは1950年2月イギリス首相・アトリーは，訪米の際トルーマン大統領に対して，「台湾が中国に帰属するという大前提の下，中華民国を中立化する方式を採用して，中華人民共和国を講和会議に参加させてはどうか」と提言した[24]。しかし，トルーマンはこれに反対し，意見の一致はなかった。その後もイギリスは，講和会議には中華人民共和国を中国の代表として参加させるべきことをソ連とともに主張したのである。このイギリスの主張に対して，アメリカ国務省の対日講和問題顧問であったダレス（Dulles）は「中華民国を除く若干の国家が日本と多数国間条約を結ぶ。そのあとどちらの中国を選ぶかは日本の自主的な選択にまかせ，別途，二国間条約を結ぶ」という代替案を提起し，イギリスはこれに同意した。ダレスはさらに「日本は必ず貴国（中華民国）と条

23「対日講話問題に関する周恩来中国外相の声明（1951年8月15日）」，『日中関係基本資料集（1949年～1997年）』財団法人霞山会，1997年，19～25頁。

24　臧士俊『戦後日・中・台三角関係』，前衛出版社，1997年，26～27頁。

約を結ぶことを願うだろう」と中華民国駐米大使・顧維鈞に述べたのである[25]。

　サンフランシスコ講和会議には対日参戦をした55ヵ国のうちの51ヵ国が参加し，1951年9月4日から開幕した。不参加は，中国・インド・ビルマ（ミャンマー）・ユーゴスラビアの4ヵ国であった。8日には日本と参加国中48ヵ国の間で条約が締結された。これをサンフランシスコ平和条約という。調印を拒否したのは，ソ連・ポーランド・チェコの3カ国であった。この条約は翌52年4月28日から効力が発効し，この時点で6年半に及ぶ連合国による日本占領が終了することとなる。

　サンフランシスコ平和条約が調印された1951年9月8日同日，日本とアメリカとの間には日米安全保障条約が締結され，アメリカ軍の駐留が決定する。これによって，アメリカの日本に対する影響力は占領終了後も継続することとなる。

4）日華平和条約の締結と東アジアの国際関係

　サンフランシスコ講和会議終了後も日本政府（第三次吉田内閣）には大きな課題が残されていた。それは，最大の対戦国であった中国との平和条約の締結であった。どちらの政府と戦後処理を行うかは，原則上は日本の裁量に任されていた。1951年10月30日吉田首相は国会答弁の中で，「日本は現在依然として講和の相手を選択する権利を持っている。この権利を行使するにあたっては，客観的環境と中国の情勢を考慮すべきで，中国と日本の将来の関係は軽々しく決定すべきではない」と述べている。これは，吉田の基本的姿勢であった[26]。吉田は中国のもつ市場の潜在性を重視していたのである。

　吉田のこの発言は蒋介石に衝撃と危機感を与えた[27]。そのため，中華民国外交部長であった葉公超は，アメリカ駐華大使を緊急に呼び，「吉田の発言は自由世界に対する挑発である」と述べ，アメリカに事態を打

25　竹内実編『日中国交基本文献集』下巻，蒼蒼社，1993年，154頁。

26　吉田茂『回想十年』第3巻，新潮社，1957年。

27　「蒋介石日記」1951年10月「本月反省録」。

開することを要請したのである[28]。

　1951年12月15日アメリカはダレスを特使として日本に派遣する。ダレスは吉田に対して,「中華民国政府は中国の合法政府であり, 台湾は極東の軍事戦略上, 極めて重要である。日本政府と中華民国政府が講和をすすめれば, それは日本の利益になるだろう」と述べた。そして, 24日の第2回目の会談でついに吉田はアメリカの意向に添うことを「書簡」で伝えざるを得なくなる。吉田はその中で「日本政府は, 究極において, 日本の隣邦である中国との間に全面的な政治的平和及び通商関係を樹立することを希望する」が,「事実, 中国の共産政権は, 日本の憲法制度及び現在の政府を, 強力をもって転覆せんとの日本共産党の企図を支援しつつあると信ずべき理由が多分にあります。」[29]と述べ, 中華民国との条約締結に踏み切る意志を伝えたのである。

　日華平和条約会議は1952年2月20日から台北市の中華民国外交部会議室で開始した。日本側代表は元大蔵大臣・河田烈, 中華民国代表は外交部長・葉公超であった。条約は4月28日調印され, 8月5日発効する。第1条は「日本国と中華民国との間の戦争状態は, この条約が効力を生ずる日に終了する」とある。この文言が1972年9月の日中国交正常化交渉では問題になる。また, この条約は「戦争賠償」の文字を一つも含まない前例のない講和条約となった。無賠償の決定は, 蔣介石の「戦争責任二分論」「以徳報怨」政策の帰結であった。このようにして, 日本の中国との戦後処理は一応の決着を見る。

　その後, 日本と台湾は経済的にも政治的にも密接な関係を築いていくのであった。

28　林金莖『戦後の日華関係と国際法』, 39頁。

29　「吉田内閣総理大臣のダレス米大使あて書簡」,『日中関係基本資料集1949年～1997年』, 財団法人霞山会, 1997年, 28頁。

10 | 日本の高度成長と東アジア

《目標＆ポイント》　本章では日本の高度成長と東アジアについて考察する。日本では55年体制確立後，経済発展し，国民生活も豊かになっていった。中華人民共和国とは国交がないまま民間交流，民間貿易が活発化するが，台湾問題が起きる。中国では文化大革命が起き，日本にも波及する。韓国とは日韓基本条約が成立し，関係が正常化する。

《キーワード》　55年体制，高度成長，LT 貿易，交流協会，台湾問題，日米安保闘争，文化大革命，毛沢東，紅衛兵，劉少奇，日韓基本条約

1．日本の高度成長

（1）日本社会の変容

　日本は，国際社会に復帰し，アメリカの保護の下で高度成長の波に乗っていく。日本は明治維新後アジアでもっとも早く近代化を遂げ，経済発展した。その発展の成果は主に軍備拡張に充てられ，結果対外拡張主義に走ったが，戦後は軍事費が抑えられたことで，インフラ整備や義務教育の充実などに国家予算が使われ，日本人の生活は耐乏生活から次第に豊かになっていく。この過程で，戦争相手国から同盟国となったアメリカ一辺倒の現象が見られ，社会にはアメリカ文化が氾濫していく。

　玉音放送から 1 ヵ月後の1945年 9 月15日，32頁からなる英会話の小冊子『日米会話手帳』が科学教材社から出版された。これは，45年末までには360万部を売り上げ，戦後最初の大ベストセラーとなった[1]。また，

1　ジェームス・M・バーダマン著・樋口謙一郎監訳『日本現代史』，IBC パブリッシング株式会社，2013年，24頁。—James M. Vardaman, *Contemporary Japanese History: since 1945.*

46年2月からは新日本放送，ラジオ東京などで平川唯一を講師とする英会話番組「カムカム英語」の放送が開始する。これは，「しょじょじのたぬきばやし」の音楽に乗って，英会話を覚えるというユニークな番組であった。アメリカは，豊かな消費文化をもたらし，コカコーラ，チョコレート，チューインガムなどに憧れる日本人が増え，ジャズが巷に流れるようになる。

　昭和天皇は，1946年1月1日に象徴天皇として「人間宣言（「新日本建設に関する詔書」）」を出した。ここでは，「天皇が現人神であり日本民族が優越するとの考えは誤っているとして天皇自ら否定」しているが，天皇は「詔書の作成に関与し，「五箇条の御誓文」を冒頭に加えるように自ら求めていた」[2]。その後天皇は日本全国をめぐり，国民と直接対面するようになった。

（2）高度成長社会の出現と55年体制の確立
1）高度成長社会の出現

　戦争は多くの命を奪った。第13章で詳述するが，戦後の日本は政府の「産めよ，増やせよ」政策にのり，出産ブームを迎えた。いわゆる団塊の世代の出現である。これにより，人口が急増し，小学校は1クラス50名，1学年10クラス以上ある学校も珍しくなかった。義務教育は，戦前の6年制から9年制になり，大学進学率も上がり，学歴偏重，詰め込み型受験勉強重視の競争社会が到来する。

　この競争社会は，個人から社会，地方へと波及し，やがて国際競争力を競うまでになる。日本のGNP（Gross National Product・国民総生産）は，1955年から73年までの18年間，毎年実質10％上昇し，戦後23年目の68年には米国に次ぐ世界第2の経済大国になる。これを可能にしたのは，朝鮮戦争特需景気とそれに続く好景気（神武景気，岩戸景気，オリンピ

2　加藤陽子『昭和天皇と戦争の世紀』講談社学術文庫，2018年，387〜388頁。

ック景気，いざなぎ景気）であり，世界第2の経済大国になった日本では「国民総中産階級」意識の普及が見られるようになった。特に，1960年に池田勇人内閣が策定した「国民所得倍増計画」は有効であり，後に述べるように，中国の改革・開放政策のモデルともなった。

2）55年体制の確立と安保闘争

1951年のサンフランシスコ平和条約で戦後処理を済ませた日本は，国際社会に復帰したが，そこはまさに冷戦の真っ只中にあった。そのため，国際連合への加盟はソ連との共同宣言，国交正常化が成立した56年の12月12日まで待たなくてはならなかった。それ以前，日本の国連加盟に関してソ連が拒否権を発動して，否決されていたからであった。

日本は，アメリカによって「共産主義の防御壁」の存在としての役割を与えられ，1954年3月アメリカとMSA協定（日本国とアメリカ合衆国との間の相互防衛援助協定－Mutual Defense Assistance Agreement between Japan and the United States of America）を締結した。これは，日米両国が互いに軍事的な支援を行うための協定であり，米軍が日本に配置されることを可能にした。また同時に，日本には防衛の目的でのみ再軍備が認められ，防衛庁が設置され，自衛隊法が制定された。それに基づき，警察予備隊を編制して設置された保安隊を改編して（52年10月）自衛隊（Japan Self-Defense Force：JSDF－陸上，海上，航空自衛隊）とした。

このように，アメリカと安全保障同盟を結んだ日本にはいわゆる「55年体制」[3]と呼ばれる政治体制が出現する。1955年，日本とアメリカの軍事同盟に反対して，分裂していた日本社会党が「護憲・革新・反安保」をスローガンとして再統一した。これに危機を感じた財界は，自由党と日本民主党に働きかけ，保守合流が実現して自由民主党（自民党）が結成された。その後，自民党政権は1993年10月に日本新党の細川護熙内閣

3　その語源は，升味準之輔「1955年の政治体制」（『思想』1964年4月号）による。

が成立するまでの約40年間続くことになった。野党第一党は，常に社会党であったが，この構図が「55年体制」と呼ばれた。

　日本ではアメリカとの安保条約に反対するグループが多く存在していた。そのような中で1958年から岸信介内閣が安保条約の改定交渉に入った。社会党は条約の廃棄を主張し，労働者・学生などを巻き込んで反対

図10-1　現在の在日米軍基地

運動を起こしたが，政府は強行採決して60年1月19日新安保条約と地位協定に調印した。その後，日本全国で安保反対闘争（「日米相互協力及び安全保障条約」改定反対）が繰り広げられた。

　このことに強く反応したのが中国共産党であった。1960年までに日本には十数カ所に「毛沢東研究会」が成立し，若者の間には毛沢東思想が浸透していた。『人民日報』は，日本の安保闘争に強い関心を示し，これを「日本革命」と規定し，1958年10月末から連日報道し，その写真も精力的に掲載してる。共産党は日本人民の「英雄的」「正義の愛国闘争」を，中国の「抗米援朝闘争」に連動させ，反米闘争のアジアへの拡大に大いなる期待をかけた。1960年5月9日には北京の天安門広場に100万人以上が集結し，「日本人民の日米軍事同盟反対闘争支援集会」を開催し，日本の人民による安保闘争を全面的に支援し，日中が団結して「美帝（アメリカ帝国主義）」を駆逐すべきことを叫んだ。この支援集会は

その後中国国内の33都市，1,200万人以上に拡大していった。『人民日報』は，日本人民の「革命」は必ず勝利するという見解を示したのである[4]。

2. 日本と中華人民共和国の民間交流

（1）日中関係4団体の結成と活動

前節で述べたように，日本は台湾へ移転した中華民国と戦後処理を行い，戦後の日中関係をスタートさせる。同時にそのことは，中華人民共和国との国家間関係の樹立を断念することを

図10-2　『人民日報』1960年5月9日の記事

意味した。「日華平和条約」締結時，日本は人民共和国との貿易に強い関心を抱き，戦後の日中関係を独自に展開することを模索したが，アメリカ追随の外交路線を選択せざるを得なかった。その後日本は，人民共和国とは国交がないながらも，人的交流と民間貿易を再開させる道を模索していく。

国共内戦末期の1949年5月4日，日本は中国との間に「中日貿易促進会」を発足させる。また，5月24日には「中日貿易促進議員連盟」が結

4　『人民日報』紙上には，ほぼ連日日本の安保闘争関連の記事が掲載されている。ここでは，中国各地の日本人民支援集会と同時に，世界各地の日本人民への支援運動が紹介されている。1958年末から1960年9月までの安保闘争関連記事は，約900にのぼる。

成され，6月には「中日貿易協会」が成立した。「貿易促進会」と「貿易協会」は「幅広い人たちによって構成された民間の団体」であり，「議員連盟」は「超党派の国会議員による組織」であった。それは特に国交回復には重要な役割を果たし，71年「日中国交回復促進議員連盟」へと改組され，国交正常化後は「日中友好議員連盟」となった[5]。

　1950年10月1日，中華人民共和国建国1周年に合わせて，日本に一つの協会が発足した。それが「日本中国友好協会」（以後，「友好協会」）である。「友好協会」は，一ツ橋の教育会館に，全国の各界各層から約1,000人が参集し，結成したものであった[6]。

　「友好協会」の理事長には魯迅の友人であった内山完造が就任し，副会長には戦前の代表的な中国研究者であった平野義太郎らが就任した。メンバーは，社会党議員を中心とした超党派の議員，作家，経済人などが名を連ねた。本協会は準備の段階の1950年2月20日すでに機関誌『日本と中国』を創刊している。そこでは，当時日本では入手困難であった新中国の実情が紹介された。占領下，レッド・パージの風潮の中で本誌は「中国情勢を詳細に伝える唯一のマス・メディアともいえる存在」となった[7]。

　これら4団体は，いずれも日本と人民共和国との友好関係の確立を目ざすものであった。しかし，このような活動は，朝鮮戦争勃発後 GHQ によって弾圧を受けるようになる。特に1952年に「日華平和条約」が締結されると，これらの団体の存在，活動が厳しい監視下におかれるようになった。特に，「友好協会」に対する締め付けは厳しかった。「友好協会」は当時手に入らなかった『人民日報』や『世界知識』などを香港経由で輸入していた[8]。この活動が「占領を誹謗する文書配布による占領目的阻害」の罪に問われて，逮捕者までを出した。

5　［社］日中友好協会編『日中友好運動五十年』，東方書店，2000年，16～17頁。
6　同上，9頁。
7　同上，14頁。
8　同上，20頁。

178

（2）日本・人民共和国，民間交流・民間貿易の開始

1950年12月6日，GHQ は吉田内閣に対して対中輸出全面禁止を指令した。この指令を受けて，日本政府は通産省の許可なくしては日本の船舶は中国大陸に行ってはならないという命令を発する。さらに，51年5月には国連が朝鮮戦争に際しての人民志願軍の出兵への制裁措置として「中国向け禁輸勧告」を決議した。

1952年5月15日にはモスクワ経済会議に参加するためモスクワ入りした高良とみ（衆議院議員緑風会），帆足計，宮腰喜助（両者ともに衆議院議員で中日貿易促進議員連盟幹事）の3名が空路北京に到着する。この3名が新中国を訪問した最初の日本人になる。彼らは，6月1日第1次日中民間貿易協定を締結することにこぎ着ける[9]。

貿易協定は，その後第2次（53年10月）から第4次（58年3月）と順調に進むが，「長崎国旗事件」[10]で中断を余儀なくされる。62年11月からは LT 貿易（覚書貿易）が開始する。これは，58年11月9日，日本代表・高碕達之助と中国華僑事務委員会主任・廖承志との間に長期総合貿易に関して調印された「覚書」に基づくものであった。LT とは，廖（Liao）と高碕（Takasaki）のイニシャルをとった略称であった。

しかし，日本の企業にとって中国との貿易は極めて魅力的であった。例えばエビは，日本の食材の中では消費量が多かったため，中国から安く輸入することが望まれた。そのような中で東京丸一商事，東京食品など商社7社と大洋漁業，日本水産，日魯漁業，日本冷蔵（後ニチレイ）の水産大手4社の合計11社が「中国蝦輸入促進協議会」を結成し，政府

9　島田政雄・田家農『戦後日中関係五十年』，東方書店，1997年，115頁。

10　1958年5月2日，長崎市の浜屋デパートでは日中友好協会長崎支部主催の「中国切手，錦織，剪紙展示即売会」が開催され，中華人民共和国の国旗が掲げられていたが，これを右翼団体に所属する男が引き下ろして，毀損した事件。その後，日本政府は人民共和国と中華民国双方にイベントの際，国旗掲揚を認めないと通告した。事件も，軽犯罪として扱われた。周恩来は，岸信介首相の対応を批判し，貿易を中止して対抗した。─『朝日新聞』1958年5月11日に特集がある。

に働きかけた[11]。その結果1955年4月第1次日中漁業協定が調印され，56年4月からの冷凍加工輸入が可能となった。

　このような経済交流の他に民間交流も盛んになる。その目的は，①中国に残留していた日本人および中国で逮捕された戦犯の早期帰国の実現，②文化交流（松山バレエ団の中国公演，京劇の日本公演など），そして，③日中国交正常化の実現にあった。日中間の交流は，日本においては完全に民間主導ですすめられた。これに対して，中国側は政府主体であった。中国政府は周恩来が一貫して指導権を握り「政治三原則」[12]「政経不可分」などの方針を原則として堅持はしたが，日本人抑留者などの人道問題には極めて柔軟に且つ速やかに対応した[13]。

　国交正常化までの日中間の対立点は台湾問題に集約される。それは，①人民共和国が自らの正統性および台湾は中国固有の領土であることを主張し，②国際的地位の回復（国連復帰等）を求め，③「日華平和条約」の無効性を訴えたことからなる。問題はこれらの中国の主張に対して，日本がどのように対応し，これらの問題を解決するかにあった。

　これに対し，日本政府は「台湾帰属未決定論」などを主張して，実質的に「二つの中国」を作り出そうとしたが，社会党，公明党などの野党は中国の主張を早い段階で受け入れ，国交正常化の実現に向けて精力的に動いた。

3. 中国の文化大革命と東アジア

　日本が経済復興し，高度成長していく反面，東アジアの他の国々ではそれぞれが困難な国家建設をスタートさせていた。

11　同上，11頁。

12　1958年8月，社会党の佐多隆忠が訪中した際，周恩来総理が打ち出した関係改善のための前提条件。①中国敵視の言論と行動の即時停止，②「二つの中国」政策の停止，③日中両国の正常な関係回復のための障碍の除去。

13　家近亮子『日中関係の基本構造』（晃洋書房，2004年）の165〜170頁で表にして詳述した。

（1）中華人民共和国—新民主主義論から社会主義へ

1）新民主主義国家からのスタート

　中華人民共和国は成立当初，社会主義ではなく新民主主義による国家建設を行った。共産党の指導者たちは社会主義への移行には一定の時間が必要であると判断していた。劉少奇は長ければ15年から20年かかるという考えを示し[14]，毛沢東も同様の発言をしていた。1949年9月21日から開催された政治協商会議では29日に臨時憲法となる「共同綱領（全60条）」が決定した。これは「新民主主義論」「連合政府論」を反映したものであった。その第1条には，「中華人民共和国は新民主主義の国家であって，労働者階級が領導し，労農同盟を基礎とし，民主的諸階級と国内の各民族を結集団結させた人民民主独裁を実行」とあり，共産党の領導（統率して指導すること）は「序言」にも本文にも謳われていない。

　また，連合政府の約束は人事に反映され，最高権力機関となる政協代表は，共産党44％，各民主諸党派[15]30％，労働者農民各界無党派26％から構成され，中央人民政府委員会の主席は毛沢東であったが，副主席は劉少奇・宋慶齢・李済深・張瀾・高崗で3名が民主諸党派から選出された。

2）土地革命と階級区分

　共産党は内戦期の1947年10月「土地法大綱」を公布し，地主の土地を没収し，農民に均しく分配するという土地改革を共産党占領区で開始し，49年には基本的に終了していた。50年6月「土地改革法」が制定され，52年末までにチベット・新疆などを除く全国で土地改革が完了した。また，土地改革を完遂するため，1950年8月に農村における階級区分制度

14　毛里和子『現代中国政治』名古屋大学出版会，2012年，19頁。

15　「民主諸党派」とは，「中国致公党（1925年10月成立）」「中国民主同盟（44年9月）」「九三学社（45年9月3日）」「中国民主建国会（45年12月）」「中国民主促進会（45年12月）」「中国農工民主党（47年2月）」「台湾民主自治同盟（47年11月）」「中国国民党革命委員会（48年1月）」の8団体をさす。現在も存在し，一定の役割を果たしている。

が決定した。そこでは，農村人口は地主，富農，中農，貧農，雇農に分けられた。この時の階級区分が文化大革命時の「紅五類・黒五類」[16]の出身血統主義に通じていく。

3) 自治区の誕生

毛沢東は抗日期にはソ連の「民族自治」政策に倣い，自治共和国を含む中華連邦の可能性を模索したが，建国後は連邦制ではなく，「区域自治制」をとり，内モンゴル，新疆，チベットを「中華民族の自治区」とする政策をとった。チベットは軍事的圧力の下，中央政府との交渉に応じ，1951年10月人民解放軍がラサに進駐し，支配下に入った。

その後，国家統一で残された問題は，台湾の「解放」であった。共産党は1951年春には台湾を攻略し，国家統一を完成させる計画を立てていた。その計画を中止させたのは朝鮮戦争であった。その後，中国は新民主主義体制を捨て，計画よりも早く社会主義の道を選択せざるを得なくなる。

(2) 社会主義建設

1) 社会主義中国の誕生

共産党が明確に社会主義建設を打ち出したのは1953年6月の中央政治局会議であった。毛沢東は「過渡期の総路線」を提起し，この会議終了後から社会主義的改造（計画経済，工商業の国有化，手工業・農業の集団化，共産党一党による指導体制の確立）が加速していく。

1954年9月15日から北京で開催された第1期全国人民代表大会（全人代）で「中華人民共和国憲法」（54年憲法）が採択された。ここでは国家主席に毛沢東，国務院総理に周恩来，そして全人代常務委員長に劉少

16　文化大革命の時に社会で横行した階級区分。これにより，迫害を受けた人が多かった。「紅五類」とは「革命幹部・革命軍人・革命烈士（革命・抗日戦争・内戦などで亡くなった遺族）・労働者・農民」，「黒五類」は「地主・富農・反革命分子（中国国民党関係者など）・破壊分子（犯罪者など）・右派（反右派闘争で批判された人々）」であった。分類は家族，子孫にまで及んだ。

奇が選出された。

　その「序言」には，「中国人民は百余年の英雄的な奮闘ののち，中国共産党の領導の下，（中略）人民民主独裁の中華人民共和国を樹立した。（中略）中国共産党を領導者とする民主的諸階級，民主的諸党派，人民の諸団体の広範な人民民主統一戦線を結成した」とある。

　ここから分かることは，共産党が連合政府に招き入れた民主諸党派を自らの領導下に組み入れたことである。政治においては，最高権力機関は実質的には共産党の全国代表大会になったが，形式的には「全国人民代表大会と各段階の人民代表大会（第二条)」と謳われることになった。民主諸党派は「野党」ではなく「参政党」と位置づけられる「擬似政党」といわれる存在となっていく。経済国有制の計画経済（第1次5ヵ年計画）が開始された。

2）反右派闘争と大躍進運動

　中国は，1953年からは「ソ連に学べ」をスローガンに，あらゆる分野でソ連のものが導入された。しかし，ソ連でフルシチョフ書記長がスターリンの個人独裁批判を開始すると，中ソ論争が起き，56年4月毛沢東は脱ソ連の社会主義の新たな発展モデルを模索し，知識人達に自由に意見を述べることをすすめる「百花斉放・百家争鳴」を呼びかけた。すると，予測よりも激しい共産党の「党天下」に対する不満と批判，民主化要求が噴出した。これに対して，劉少奇は9月の共産党8全大会において，個人崇拝を否定し，集団指導体制を確立する必要性を説いた。

　このような党内外の動きを制するため，1957年2月毛沢東は「人民内部の矛盾を正しく処理する方法について」の演説を行い，「継続革命論」を提起した。そして，6月8日『人民日報』に社説「これはどういう訳だ？（「这是為什么？」)」を掲載させ，知識人に対する攻撃を開始し，全国的に大規模な反右派闘争を展開した。これにより58年夏までに55万

人が「右派分子」の
レッテルを貼られ,
殺害,投獄,失脚な
どの迫害を受けた。

　毛沢東は1957年11
月ソ連を訪問し,各
国共産党労働者党モ
スクワ会議に出席し
た。席上毛沢東は
「東風は西風を圧す
(社会主義は資本主
義を圧倒するという
意味)」の演説を行
った。11月13日には
『人民日報』に「生
産戦線上で一つの大
きな躍進を行おう」
が発表され,「大躍
進」運動が発動され
た。

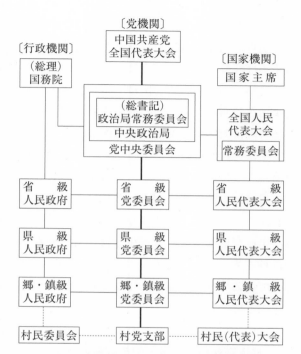

※ただし,人民公社時代は郷・鎮級以下の組織は人民公社に編成。
軍・司法系統を除く。1982年以前の党の最高ポストは党主席。

図10-3　「党国体制」組織図〔天児慧『中華人民共和国史（新版）』岩波書店,2013年〕

　1958年5月5日共産党8期2回大会において毛沢東は「もし,鉄鋼生産が5年で4,000万トンに到達できれば,7年でイギリスを,8年でアメリカを追い越すことができる」と発言した。これを受けて全国的「大鉄鋼生産」が開始され,農民が鉄鋼生産にかり出され,農村にはにわか造りの製鉄所である「土法高炉」がつくられ,農機具・鍋・釜までを溶かす結果となった。

　1953年から生産と分配の統一を図るため農業集団化が行われ，1958年
8月から全国に「人民公社運動」が展開されることになった。人民公社
の基本は「政社合一」制度にあり，行政機能と生産活動が一体化し，工
業・農業・商業・教育・医療・軍事機能全てを担う行政単位の役割を果
たす存在であった。ここでは毛沢東が理想とする完全な平等性が守られ，
集団労働においては労働点数制が導入されたが，賃金は一律で，農民は
一度手に入れた自留地を失い，副業は禁止されたため現金収入は計れず，
農機具など生産にかかわる用具は全て公有となった。1958年10月末まで
に総農戸数の99％以上が人民公社に組織された。

　しかし，このような急激な「大躍進運動」と「人民公社運動」はかえ
って生産を低下させ，食糧生産は1951年の水準まで落ち込み，深刻な食
糧危機をもたらし，餓死者を出した。矢吹晋はその数を2,538万人前後
としている[17]。これは毛沢東の失策となり，毛の権力と権威失墜の大き
な原因となった。

（3）経済調整期─改革・開放政策の萌芽
1）毛沢東の失脚と劉少奇・鄧小平路線

　1958年11月共産党は人民公社の「行き過ぎ」を是正することを決定し
た。これに対して，毛は次期の国家主席の候補者にならないことを表明
し，提案はただちに採択された。このことは，党内でカリスマ的権威を
確立していたという自負をもっていた毛沢東にとっては屈辱的な出来事
となった。

　1959年4月第2期全人代が開催され，劉少奇を新たに国家主席に選出
し，周恩来が国務院総理に再任された。また，副主席には宋慶齢と董必
武が選ばれ，鄧小平が国務院副総理となり，新執行部が発足し，調整政
策を実行していく。

17　矢吹晋『図説　中国力』，蒼蒼社，2010年，40〜41頁。

　この時期，中国を取り巻く国際環境も厳しくなっていた。祖国統一を目指した中国が58年8月台湾の金門・馬祖島を砲撃し，アメリカが台湾海峡に第七艦隊を出動させた。これを事前に知らされなかったフルシチョフは強い不信感を抱き，中ソ論争も激化していった。また，チベットでは同年3月に動乱がおき，独立を主張するダライ・ラマ14世が4月にインドに亡命し，ネルー首相がこれを受けいれる発表を行った。これによってインドとの関係も悪化し，8月には中印国境紛争が発生した。

2）調整政策の今日性

　共産党が調整政策に転換した理由の一つにはソ連との関係があった。フルシチョフは毛の大躍進政策や人民公社を公然と批判し，また対外的には平和共存政策をとっていたため，アメリカやインドと対立している中国とは一線をおこうとした。そのため，ソ連は1960年6月16日中国に派遣していた1,390人の専門家の引き上げと257項目の科学技術協力項目廃止を決定し，通告した。これにより中ソ対立は決定的になり，中国は外交戦略の見直しと，自力更生による経済建設を行う必要に迫られる。

　1960年7月，共産党は北戴河会議で「調整・確実・充実・向上」の「八字方針」を提起し，いわゆる経済調整政策が開始される。緊急の課題は食糧生産の回復にあった。61年1月共産党は「大躍進」において食糧の深刻な減産があり，大量の餓死者が発生したことを初めて報告した。

　1962年1月に開催された共産党拡大工作会議開催は毛沢東にとって厳しいものとなった。本会議にはほとんどの指導幹部が参加し，その数から「7千人大会」と呼ばれた。ここで中央を代表して政治報告を行った劉少奇は，経済的困難の原因を「3分の天災，7分の人災」とし，その人災が毛沢東の過ちに因ることを暗に示唆した。また，個人独裁に対しても厳しい批判が出た。この会議の席上，毛沢東はついに自己批判を行わなくてはならなくなった。

　その後，経済だけではなく各方面における調整政策が加速することになった。この時に実施された政策の多くは鄧小平の手で1978年12月からの改革・開放政策として復活している。例えば，自留地，家庭副業の拡大，工場長責任制の導入，農業における生産責任田の施行（安徽省），自由市場の開放（個人収入の自由支配許可）などは，全て改革・開放期の主要な政策となっている。また，「一人っ子政策」の萌芽ともいえる計画出産指導機関の設置がなされ，63年1月には周恩来が改革・開放政策の目標ともなっている「四つの現代化（農業・工業・国防・科学技術）」を提唱し，科学技術重視，知識人重視の方針を打ち出した。その意味でこの時期は改革・開放期の萌芽期と見なすことができる[18]。

　これらの政策によって，工業総生産は1.7倍，食糧生産額は44.4%増加した[19]。文革中に劉少奇と周恩来は死去したため，一般に1978年12月からは「鄧小平の時代」といわれるが，正確には「劉少奇・鄧小平時代」の再来である。経済の再生を計りながら，党の集団支配体制を強化していった点でも一致しているといえる。

3）戸籍制度の確立

　この時期で特筆すべきことは，今日問題とされている都市と農村の格差の原因となった戸籍制度が確立したことである。1958年の戸籍登記条例ができた後も大躍進政策続行のため，農民は契約工として都市へ流入しつづけ，58年から3年間で都市人口は3,124万人増加した。そのため食糧生産が低下し，深刻な食糧不足を引き起こした。61年になると，共産党中央は都市人口を今後2,000万人減少させ，都市の食糧消費量を減少させる方針を発表し，都市に出ている「農戸（農業戸籍）」の労働者を農村に帰らせる政策をとった。ここから労働移動の逆流現象が生まれた。都市人口を1962年度中に1,300万人削減することが決定され，「非農

18　これについては，家近亮子「中国（2）―調整政策から文化大革命」（家近亮子・川島真『東アジアの政治社会と国際関係』，放送大学教育振興会，2017年）の77頁で表にして説明した。

19　王丹著・加藤敬事訳『中華人民共和国史十五講』筑摩書房，2014年，286頁。

戸（都市戸籍）」を持たない人々が全員農村に強制的に送り返された。以後，「農戸」の者は，軍隊に入る場合か大学に入学する場合を除いて都市に出てくることは許可されなくなる。これにより，厳しい人口移動制限制度が確立し，閉鎖的二元的身分社会が出現し，現在では格差の最大の原因となっている。

4）周恩来外交の展開

　この時期，中国は米ソ両大国と対立し，隣国インドとも紛争を抱え，孤立状態にあった。これを打開すべく行われたのがいわゆる周恩来外交であった。中国の最大の外交目標は，国連において支持国を増やし，中華民国が享受していた代表権と五大国としての国際的な地位を得ることにあった。そのため，周恩来は「小異をすてて大同につく」と「外交無小事（外交ではどのような小さな事も小国も大事にする）」方針で精力的にアジア・アフリカ外交を展開した。

　1954年にはインドのネルー首相と「平和五原則（領土・主権の相互尊重，相互不可侵，内政不干渉，平等互恵，平和共存）」を発表し，翌55年にはインドネシアのバンドンでアジア・アフリカ会議（AA会議）を主催した。アフリカにおいては，65年からタンザニア・ザンビア鉄道（タンザン鉄道）の建設を提案し，無利子の借款を実行して，76年開通させた。そのような周恩来がアジア外交で最も力を入れたのは先に述べた日本との外交関係の正常化であったのである。

　また，この時期中国は東南アジア，中東，アフリカ外交を活発化し，支持国を徐々に増やしていった。1963年4月から5月にかけて国家主席であった劉少奇・王光美夫妻はインドネシア・ビルマ・カンボジア・北ベトナムを歴訪した。また，周恩来は63年12月に中東諸国，アルジェリアなどのアフリカ諸国を歴訪し，精力的に支持を取りつけていった。

5）プロレタリア文化大革命の発動と展開

　毛沢東にとって，調整期は長い革命生活の中で最も屈辱的な時期であったが，水面下で「巻き返し工作」を進行させ，復権の機会をうかがっていた。1960年9月，失脚した彭徳懐に代わり新たに国防部長となった林彪は，軍内部で「毛沢東思想学習運動」を開始する。毛の権威の復権は，まず軍内部で林彪によって意識的に行われていく。

　プロレタリア文化大革命はまさに毛沢東の文芸工作への介入から開始された。64年6月になると毛沢東は，一切の文芸，学術界の代表的人物の錯誤に対して「政治批判」を浴びせることを指示し，「文化革命五人小組」を成立させる。この運動に影響を与えたのは毛の三番目の妻であった江青であった。江青は，王光美のファーストレディとしての活躍を苦々しく思っており，自らが第一線に躍り出るチャンスをねらっていたのである。この時点では劉少奇は，毛の意図が読めず，純粋な文芸批判運動と見ていた。

　1966年4月18日，『人民日報』は社説「毛沢東思想の偉大な赤旗を掲げ，社会主義文化大革命に積極的に参加しよう！」を掲載し，その後全国的規模で文革が開始された。文革派は『人民日報』などの共産党機関紙および機関誌を指導下におき，完全な言論出版の統制を開始する。文革は前期（紅衛兵運動と革命委員会）と9全大会以後とに分けることができる。

　1966年5月7日毛沢東はいわゆる「五・七指示」を出し，自らがイメージする共産主義像を明らかにした。それは，全国の各業各界が工業も農業もやり，文も武もやる革命化した大きな一つの学校とする「一大学校論」であった。当初の闘争目標は，「資本主義の道を歩む実権派（走資派）」に置かれた。中央政治局常務委員の選出においては，林彪が毛に継ぐ序列2位になり，劉少奇は8位に転落した。闘争の真の目的は開始から2ヵ月で明るみに出る。

　5月29日，北京の清華大学附属高級中学の約40名によって「紅衛兵」と呼ばれるようになる組織が誕生した。8月1日，毛沢東は「紅衛兵」からの手紙への返信の中で反動派に対する「造反有理」を「熱烈支持」することを表明した。毛のお墨付きをもらった「紅衛兵」は数が急増し，街頭で活動を開始し，知識人

〔中国通信／時事通信フォト〕
図10-4　紅衛兵100万人大会（1966年8月18日）

を監禁し，三角帽をかぶらせて街頭を引き回すなどして，批闘大会を連日のように開催し，寺院・教会・旧跡・文物などの文化遺産を徹底的に破壊し尽くすようになった。

　「若者の暴走」は日増しにエスカレートし，武闘が横行した。また，「親が英雄なら子供は好人物，親が反動なら子供は大馬鹿者」という「血統主義」を助長する出身血統主義が横行し，大衆レベルでの個人迫害が激化していった。毛沢東は8月18日天安門の「紅衛兵100万人大会」に出席し，自ら「紅衛兵」の腕章をしてこれを容認する態度を示した。毛沢東は若者を動員して文革を拡大する戦略をとった。この時の中国の様子が文革のイメージとなっている。後の章で詳述するが，この時の文革が中国社会，特に人口問題と教育問題に与えた影響は計り知れない。

　1967年4月1日『人民日報』は「愛国主義か，売国主義か」を掲載し，劉少奇を党内最大の走資派と批判した。その後劉少奇夫妻への激しい批闘大会が繰り返されたが，それを先導したのは江青であった。68年2月4日「人民日報」は「もう一人の党内最大の走資派」鄧小平に対する批

判を開始した。それにより鄧は「留党監禁」され，江西省南昌の農村に下放され，厳しい労働を強いられた。

1968年3月毛沢東は「革命委員会」を文革の指導組織とすることとした。この背景には，「紅衛兵」の行き過ぎた武闘を制止し，運動を終息させる意図があった。毛は68年12月「知識青年が農村に行って貧農・下層中農から再教育を受ける必要に関する指示」を出した。このいわゆる「上山下郷」によって下放された都市の青年たちは，通算で1,600万人にのぼった。

1968年10月共産党は8期拡大12中全会を開催し，劉少奇を「裏切り者・スパイ・労働者の敵」とし，党籍を永久に剥奪した。文革はここで一つの区切りを迎える。劉少奇はその後河南省開封市郊外の特別刑務所に投獄され，69年11月12日肺炎のため死去した。

1969年4月1日，共産党は9全大会を開催した。毛沢東が中央委員会主席に，林彪が唯一の副主席に就任した。この後文革は後期の段階に入る。本大会で林彪は毛沢東の国家主席復帰を主張し，「毛沢東天才論」など毛沢東を神格化することで自らがナンバー2（後継者）であることをアピールしようとした。しかし，林彪と江青グループとの奪権闘争は激化の一途をたどった。

このような林彪であったが，1971年3月には上海でクーデターを秘密裏に計画するようになる。8月毛沢東は南方巡視を実行し，各地で林彪に対する不満を表した。この談話の内容を入手した林彪グループは，毛の暗殺を決定し，9月12日広州から北京に向かう毛の列車爆破を計画した。計画は事前に露呈し，クーデターは失敗。13日林彪は飛行機で亡命を断行し，モンゴル・オンドルハンで墜落して死亡した。このいわゆる「林彪事件」後，周恩来がナンバー2として活躍するようになる。米中接近，日中国交正常化はこのような中国の政治状況を背景にして実現し

ていく。

4. 中華民国（台湾）

　台湾に移転してからの中華民国でも「戡乱」体制は基本的に続いた。そればかりか，1950年7月，中国国民党の「改造」の過程で蔣介石は「全権委任」を獲得し，絶対的な独裁権力を得た[20]。それを可能としたのは，前章で述べたように冷戦構造の中での台湾の役割，地位の向上にあった。

　このような東アジアの国際情勢は，蔣介石の「大陸反攻」スローガンを現実化させる可能性を示唆した。台湾では1947年に起きた二・二八事件[21]からいわゆる「省籍矛盾」問題が発生し，政治運営に大きな支障をきたしていた。45年以前から台湾に住んでいた「本省人」とその後大陸から移り住んだ「外省人」との間の深刻な溝が社会を分断していたのである。国民党は，「本省人」の不満を力で封じ込める政策をとり，49年4月6日の台湾大学らの学生デモをきっかけに5月20日から台湾全土に戒厳令を布いた。この戒厳令は，87年7月14日までの38年間続けられた。これは，「党禁（政党・結社の禁止）」「報禁（国民党管理下の新聞・雑誌の出版，およびテレビ・ラジオなどの報道の禁止）」と並んで，国民党独裁の象徴的な政策となったのである。

　蔣介石および中国国民党は，対外的な危機，中国共産党とソ連の脅威を強調し，権力を集中した。1950年の第5回国連総会において，中国代表権問題の評決結果は，中華人民共和国：中華民国：棄権が，16：33：

20　松田康博『台湾における一党独裁体制の成立』，慶應義塾大学出版会，2006年，63〜65頁。

21　1947年2月27日に起きた台北市民と警察とのたばこの販売をめぐる衝突。台湾では46年になると物価が高騰し，また，たばこ，酒，樟脳などが専売となっていた。たばこの闇販売を行っていた女性との間のトラブルが発生し，この時，警察が発砲したため，翌28日台北市民が大規模なデモを起こした。陳儀は戒厳令を出したが，デモは台湾全土に拡大し，多くの住民が殺害され，投獄された。

10で中華民国が中国支持の2倍以上を獲得し，国連での五大国としての地位を継続させた。

　1951年2月にはアメリカとの「相互防衛協定」を締結し，軍事援助は50年から74年に打ち切られるまで総額25億6,600万ドル，一般経済援助は65年に打ち切られるまで，総額約15億ドルが供与された。また，51年4月には公式に軍事顧問団の派遣が再開された[22]。蒋介石は，一度失った自らの理想とする外交戦略の理念型を台湾で再び実現したと言える。日本は，蒋が望んだ通り，民主化し，経済発展して，アメリカを紐帯とする同盟国となったのである。

　このような体制下，台湾では1952年に農業と工業の生産が戦前の最高水準を回復した。これを可能にしたのは，農地改革を実施し農民の所得を向上させ，増産に関心を持たせたことと工場の再建と生産の回復に努めたことであった。51年からのアメリカの援助は極めて有効に働いたといえる。また，53年からは四ヵ年経済建設計画を発足させ，それ以後計画的な経済建設を行い，国際的には「経済奇跡」といわれる経済発展を実現していくのである[23]。

5．朝鮮半島情勢

（1）韓国

1）李承晩時代

　大韓民国は，アメリカ同様に大統領を直接選挙で選び，国民主権の議会制民主主義を確立して発足した。大統領の任期は4年で二選までと制限され，権限も憲法で定められていた。しかし，李承晩は実際には四選され，1960年4月25日まで大統領であり続けた。それは，李が54年11月に強行的に憲法を改正し，三選禁止の適用除外規定（「憲法が制定されたときの大統領—つまり李承晩に限って無制限に重任をみとめる」[24]）

22　若林正丈『台湾　分裂国家と民主化』東京大学出版会，1992年，70頁。

23　高希均・李誠編／小林幹夫・塚越敏彦訳『台湾の四十年』上，連合出版，1993年，
　　50〜52頁。

を盛り込んだからであった。また，その権限も大幅に拡大したのであった。

　韓国は1960年代半ばまで世界の最貧国グループの中にあり，一人あたりの国民所得は日本の5分の1に過ぎなかった。李承晩は，大韓民国臨時政府が日本に対して宣戦布告したことを理由に国際社会に「対日戦勝国」として戦争賠償金を認めるように働きかけた。しかし，これは承認を得られなかったため，51年に日本と平和条約を結ぶことはなかった。

　これに不満をもった李承晩は，1952年1月18日大統領令である「大韓民国隣接海洋の主権に対する大統領の宣言」を発表し，周辺国との水域区分と海洋境界線を一方的に決めた。いわゆる「李承晩ライン」と呼ばれる境界線には竹島が含まれ，54年からは不法占拠したため，1618年から固有の領土としている日本との間で現在も領土問題となっている。52年2月12日，アメリカは「李承晩ライン」を認めることができないとの声明を出したが，韓国はこれを無視した。

　李承晩は，権威主義体制により経済復興を試みたが，失敗して国民の人気が落ち，1960年4月18日高麗大学の学生デモがソウル大学，延世大学にも波及し，4月25日辞任を表明して，ハワイに亡命した。

2）朴正煕時代

　その後韓国の権力を握ったのは，朴正煕（パクチョンヒ）少将であった。朴は日本の陸軍士官学校出身の軍人であったが，5月16日に軍事クーデターを起こし，非常戒厳令を宣布して，

図10−5　いわゆる「李承晩ライン」

24　中川信夫『李承晩・蔣介石』，三一書房，1960年，18頁。

軍事政権を発足させた。朴は，共産主義と対決できる国力を培うため，経済五ヵ年計画を開始し，経済建設に着手した。1963年には軍を退役して，大統領選挙に立候補し，当選した。朴正熙は，「国家主導で産業育成を図るべく，カネとモノを重工業に投入して高度成長を達成」したのである[25]。それを可能にしたのは，日韓基本条約の締結であった。

　1965年6月22日，朴正熙政権は日本の池田勇人内閣との間で「日韓基本条約」（「日本国と大韓民国との間の基本関係に関する条約」）に調印し，6月22日に批准した。当時の韓国の国家予算の2年分以上もの資金を供与または借款を提供し，経済協力することで日韓の国交を正常化する。この条約で日本は朝鮮に残したインフラ・個人資産などを正式に放棄した。この中には同時に結ばれた「日韓請求権協定」に基づく朝鮮人個人に対する補償金も含まれていた。そのため，2018年に起きた元徴用工の賠償請求裁判に対して，日本政府は「完全かつ最終的に解決された」との見解を崩していない。

　この日本からの経済援助，1990年まで続く円借款，技術供与のODAの実行は，韓国の経済発展に大きな貢献をし，また64年にベトナム戦争に派兵を決定したことにより巨額の米ドルが流入して，「漢江の奇跡」と呼ばれる高度成長を達成し，台湾・シンガポール・香港と並ぶ「アジアの小龍」の一つとしての地位を確立する。朴正熙大統領は李承晩同様憲法を改正して三選されたが，79年になると民主化要求デモが盛んになり，10月26日側近の大韓民国中央情報部（KCIA）の部長であった金戴圭（キムジェギュ）によって射殺された。

（2）朝鮮人民民主議共和国（北朝鮮）

　朝鮮戦争休戦成立後，北朝鮮では金日成（キムイルソン）朝鮮労働党委員長が直ちに経済建設の目標を設定し，3段階からなる「祖国工業化」の方針を提示し

25　西村成雄・小此木政夫『現代東アジアの政治と社会』，186〜187頁。

た。特に重工業の復旧が優先された。1957年からは五ヵ年計画が発足し，ソ連から10億ルーブルもの経済援助に依存する計画であった。しかし，58年8月フルシチョフは「五ヵ年計画は幻想」「重工業偏重主義」と批判し，また金日成の個人独裁も批判された。これに反発した金日成は，56年12月から「千里馬運動（一日に千里走るという伝説の馬のようなスピードで経済建設を進める運動）」を展開し，大衆動員を行って，自らの権力基盤を固めていった[26]。これは，毛沢東が大躍進政策を発動した事情と極めて類似している。「ソ連一辺倒」から自力更生へ，大衆動員，個人独裁の確立であった。

　また，思想における「主体（チュチェ）思想」の考えを示し，自主路線を歩むことを内外に主張したのである。そして，中国の文化大革命が発動された1966年8月12日の『労働新聞』は「自主性を擁護しよう」を掲げ，中国やソ連の大国主義とは異なる路線を歩むことを宣言した。金日成は，革命の「首領」としての地位を確立した。

26　平岩俊司「朝鮮半島（1）」，家近亮子・川島真『東アジアの政治社会と国際関係』，188〜189頁。

11 日中国交正常化と東アジア国際関係の変容

《**目標＆ポイント**》　本章においては，1971年の米中接近，中華人民共和国の国連加盟，翌年の日中国交正常化がどのように東アジアの国際関係を変容させたのかを多角的に考察する。断交した台湾とはどのような関係構築を行ったのか。また，周恩来，毛沢東が相次いで死去して文化大革命が収束し，中国は新たな時代へと突入する。

《**キーワード**》　周恩来，田中角栄，ニクソン，米中接近，日中共同声明，四人組，第１次天安門事件，華国鋒，鄧小平，蔣経国

1．米中接近と中華人民共和国の国連加盟

（1）中ソ対立の激化

　劉少奇は，フルシチョフが実行した集団指導体制の中国への導入を行い，個人独裁体制を確立しようとしていた毛沢東の恨みを買うことになった。毛沢東の死後文革を収束させ，1978年12月から改革・開放政策を実行した鄧小平は，劉少奇の遺志を引き継ぎ，個人独裁を否定し，集団指導体制を確立していくことになる。

　毛沢東は，1966年の文革発動後ソ連との対立の姿勢を強め，紅衛兵は北京のソ連大使館を襲撃するなどした。これに対して，ソ連は10月になるとソ連内の中国人留学生に休学を命じた上，国外退去命令を出したため，中ソ関係は一触即発の状態になる。68年８月に起きたチェコ事件[1]後，中国共産党がこれを侵略行為とし，ソ連を「社会帝国主義」「覇権

主義」として激しく非難したため，緊張が高まっていった。

　1969年３月２日，中ソ国境の東北端のウスリー川にある小さな島，珍宝島（ソ連名，ダマンスキー島）で中ソ両軍の武力衝突が起きる。武力衝突は15日にもあり，両国間に緊張した状況が生まれた。この，いわゆる珍宝島事件後も中ソ両国は，７月８日黒龍江（アムール川）の八岔島（ゴルジンスキー島）付近，８月13日新疆ウイグル自治区テレクチ地区の国境線でと相次いで武力衝突を起こした。

　このような状況下，ソ連共産党の機関紙『プラウダ』は1969年８月末になると，中国を激しく非難し，間接的に中国への核攻撃を示唆する記事を再三掲載する。毛沢東は，これを受けて，北京などの主要都市に核シェルターとなる地下街の建設を命じた。筆者が最初に中国に行ったのは1978年の夏であったが，その時北京の地下都市を案内され，「ソ連からの核の攻撃に備えるため建設した」という説明を受けたのを印象深く覚えている。中国は64年10月に原子爆弾の地下核実験に成功していたが，その技術はまだ米ソには追いついてはいなかったといえる。

　そのような中，1969年９月12日ソ連のコスイギン首相がベトナムのホー・チ・ミン大統領の葬儀出席のため，ハノイを訪れた帰途北京に立ち寄り，周恩来と会談した。会談は空港のラウンジで行われるという異例のものであり，両国の緊張した関係を物語っていた。この時周恩来は，①19世紀に結ばれた中国とロシアとの条約が不平等条約であったことを認めること，②中国はそれらの条約によってロシアが既に得ている領土に関しては返還を求めないこと，③国境問題はこれらの条約に沿って解決し，合意時点まで即刻軍を撤退させることを提案した。コスイギンは

1　1968年８月にチェコスロバキアのプラハで起きた事件。チェコでは社会主義の体制を変革する運動（「プラハの春」）が起き，ソ連ブロックといわれた地域統合が崩れそうになった。これに対し，ソ連はワルシャワ条約機構軍を派遣し，軍事介入し，チェコ全土を占領下に置いた。フルシチョフに代わり書記長となったブレジネフは，「一国の社会主義の危機は，社会主義ブロック全体の危機」という考え（ブレジネフ・ドクトリン）を展開した。

周の提案を受け入れると約束した
が，帰国した途端，激しい中国批
判を再開した。

（2）米中接近

　中国の対米接近は，このような
対ソ関係の悪化を背景に着実に進
められていった。それは，1968年
11月にアメリカにおいてリチャー
ド・ニクソン（Nixon）大統領が

図11-1　エドガー・スノー（左）
と毛沢東（右）〔ユニフォト
プレス〕

当選し，翌年1月の就任演説の中で「中国との冷えきった関係に終止符
を打ちたい」と述べた。この演説の内容を聞いた蔣介石は，アメリカを
「美帝（アメリカ帝国主義）」と呼び，「その外交は空前の厳しい状況下」
の混沌としたものになったとその日記に記した[2]。蔣は，中華人民共和
国との接近を模索するニクソンの政策を「ニクソン主義」と呼び，強い
警戒感を示した。

　1970年1月にはワルシャワで米中大使級会談が開始したが，思うよう
な進展は見られなかった。この時，両国間に横たわる最大の懸案は，台
湾とベトナム問題であった。その後，周恩来はアメリカとの交渉を有利
に導くため，その外交手腕を発揮していく。

　まず，周恩来は1936年6月に長征中の毛沢東を陝西省保安（現・志丹）
に訪ね，世界に抗日革命家・毛沢東の存在を紹介した『中国の赤い
星』[3]の著者であるアメリカのジャーナリスト，エドガー・スノー
（Snow）を1970年，中国に招待した。スノーの中華人民共和国訪問は，

2　「蔣介石日記」1969年1月21日。

3　『中国の赤い星』の原著名は，*Red Star over China*（*Victor Gollancz, London,
　1937*）であり，保安で4ヵ月間毛沢東自身から直接取材した毛の半生を綴ったノー
　トをもとに1937年10月に出版されたものである。この本は各国で翻訳され，ベ
　ストセラーとなった。

60年，64年に続く3回目で，毛沢東の礼賛者とアメリカでは見られていた。10月1日の建国記念日に毛沢東と林彪と並んで天安門に姿を見せたスノーに対して周恩来は，「ワシントン側から先に」何らかの意思表示を行うことを要請したのである。

スノーは帰国後ただちに中国の意思を大統領に伝え，これを受けたニクソンはアメリカ政府の公式文書をパキスタンのヤヒア・カーン（Yahya Khan）大統領に託した。1970年11月10日ヤヒア・カーン大統領は訪中したが，この時携えて行った文書の内容は，ヘンリー・キッシンジャー（Kissinger）大統領補佐官の訪中を打診する内容であった[4]。

（3）周恩来外交の結実
1）ピンポン外交

1971年は，周恩来の外交が実を結んだ年ということができる。3月28日から4月7日まで名古屋で第31回世界卓球選手権大会が開催され，人民共和国の代表選手たちが6年ぶりに参加した。これを実現させたのは，日本卓球協会会長でアジア卓球協会連盟会長でもあった後藤鉀二愛知工業大学学長であった。後藤は70年9月から北京に使者を送り，周恩来に選手を送るように要請していた。周はその条件として，中華民国を招待しないこと，アジア卓球連盟から中華民国を除名することをあげた。後藤はこの要請を受け入れ，中国が望む形での大会を開催することを決断する[5]。

1971年1月下旬，北京にわたった後藤は，周恩来と直接交渉し，その意志を伝えた。周はこれを歓迎したが，日本の文部省と自民党，日本体育協会がこれにクレームを付け，最終的には周恩来が妥協し，2月1日に参加に調印した。本大会終了後，中国はアメリカなど欧米の卓球選手

4　ディック・ウィルソン著，田中恭子・立花丈平訳『周恩来―不倒翁波乱の生涯―』時事通信社，1978年，291～292頁。
5　「台湾を除き中国を招く。名古屋で開く世界卓球後藤協会長が決意」，『毎日新聞』1970年12月31日。

を中国に招待することを発表し（ピンポン外交），デタントを世界にアピールした[6]。

2）キッシンジャー補佐官の訪中とニクソン・ショック

7月9日，ついにキッシンジャーの訪中が実現する。キッシンジャーの訪中は，まったく秘密裏に行われ，それを知っていたのはニクソンと数人の側近に過ぎなかった。この時キッシンジャーは，公式にはパキスタンを訪問中であったが，胃炎を起こしたとしてヤヒア・カーン大統領の別荘に静養し，マスコミの目から逃れる。しかし，実際にはパキスタン政府の専用機でイスラマバードから北京に飛び，ニクソン訪中を正式に決定するという極めて重要な役割を果たした。

ニクソンは，キッシンジャー帰国直後の7月15日，午後10時半という異例の時間に「翌年の5月までに中国を訪問するつもりである」ことをテレビ演説で発表した。この発表は，全世界に「ニクソン・ショック」として受け止められたが，演説のわずか3分前に国務長官から駐米大使に知らされただけの日本にとっては，大きな衝撃となった[7]。

また，台湾にも衝撃は走った。しかし，演説直後ニクソンは，国務長官であったロジャースに駐米中華民国大使であった沈剣虹に電話をさせ，「アメリカは友人を裏切らない。今後米中（中華民国）関係は更に密接になる。アメリカは中米共同防衛条約の各義務を堅く守る」と説明した[8]。また，蔣介石は翌日「見苦しい言い訳」の電報を受け取ったことを明らかにしている[9]。

キッシンジャーは，米中接近は中国側から積極的に行われたと説明し，彼はその要因を次のように分析している。すなわち，

6　ディック・ウィルソン著，田中恭子・立花丈平訳『周恩来―不倒翁波乱の生涯―』，293頁。

7　『朝日新聞』1971年7月

8　「駐外単位之外交部収電（十六）」（民国60年7月15日），『蔣経国総統文物』，国史館檔案史料，005-010205-00161-014。

9　「蔣介石日記」1971年7月16日。

「北京は，孤立化から脱する手だてとして，また北辺の国境沿いの潜在的に命取りとなる脅威に釣り合う勢力として，われわれを必要としているのだった」[10]と。すなわち，キッシンジャーも中国のアメリカへの接近の要因をソ連の脅威と見ていたのである。

3）中華人民共和国の国連加盟，中華民国の脱退

周恩来が1950年代から着々と進めていたアジア・アフリカ諸国との外交の最大の目的は，中華人民共和国への承認国を増やし，国連での代表権を中華民国から引き継ぐことにあった。国連加盟国のうち，中華人民共和国承認国は1961年には35ヵ国であったが，64年に五大国の一つであるフランスが承認し70年には53と増えていた[11]。71年になるとそれが進み，クウェート，サンマリノ，オーストリア，リビアがあいついで中国を承認し，リビア承認の時点で中国承認国が63と中華民国の62を上回った。

蔣介石は，この状況を見守り，その日記に焦る気持ちを日々綴っていた。国連における五大国の地位は，自らと国民政府の外交部が勝ち取ったという自負心が蔣にはあった。しかも，それは紛れもない事実であった。そのため，「二つの中国」「双重代表案（二重代表権案）」には強い反対を示した。1971年になると蔣は，アメリカの上院は完全に「共匪」の宣伝機関になってしまった，と憤りを見せた[12]。蔣は，アメリカの「大陸が中華人民共和国で，台湾が中華民国としてそれぞれが国連の代表権を得る」という提案を「幼稚な幻想」として一蹴した[13]。蔣は生涯の目標として「大陸反攻」を捨てていなかったため，中華人民共和国の正統性を認めるアメリカの提案には承服できなかったのである。もちろん，周恩来もこの案を激しく非難した。蔣はこの時期，中華人民共和国が代

10　キッシンジャー著・桃井真監修，斎藤彌三郎・小林正文他訳『キッシンジャー秘録　四—モスクワへの道—』，小学館，1980年，169頁。

11　清水麗『台湾外交の形成』名古屋大学出版会，2018年，145頁「表3」。

12　「蔣介石日記」1971年3月1日。

13　「蔣介石日記」1971年3月14日。

表権を獲得し，安保理の常任理事国の地位を得，中華民国が一加盟国になるという状況を最も恐れていたのである[14]。

　1971年10月25日は，東アジアの国際関係史上，極めて大きな意味を持つ。この日，国連第26回総会はいわゆる「アルバニア決議案」（2758号決議案「国際連合における中華人民共和国の合法的権利の回復 – Restoration of the lawful rights of the People's Republic of China – 」）を賛成76，反対35，棄権17で可決した。中華人民共和国が2倍以上の支持を得たことになる。

　日本の佐藤内閣は，「中華人民共和国の国連加盟には基本的に賛成，中華民国の議席追放には反対」を基本政策とし，「二重代表決議案」をアメリカとともに提案していたが，この決議案は表決すらされず，蔣介石のいう「幼稚な幻想」に終わった。日本はアルバニア決議案にはアメリカとともに反対票を投じている。

　蔣介石が国連脱退を決断したのは，10月の始めであった。彼は，「今日の状況で共匪が国連と安全保障理事会の地位を侵犯」するようであれば，「漢賊不両立」「毋為瓦全（節操を守らずに生きながらえることはしない）」の精神で「国連からの脱退を決断すべき」との見解を示した[15]。したがって，中華民国の国連総会即日の国連自主脱退は，事前に準備されたことであった。その時，周書楷中華民国外交部長が読み上げた国連脱退宣言は，蔣介石が10月5日から張羣らと練り上げて起草したものであった[16]。中華民国はその後台湾として，国際社会においては国ではなく，特殊な地域として今日に至っている。

4）ニクソン訪中と上海コミュニケ

　1972年2月21日，ニクソン大統領が北京空港に到着した。アメリカ大統領の訪中は，これが最初のものとなった。ニクソンの中国滞在は7日間であったが，この間周恩来は，すべての日程に付き添い，数度に渡る

14　「蔣介石日記」1971年3月31日「本月反省録」。

15　「蔣介石日記」1971年10月2日。

16　「蔣介石日記」1971年10月5日，16日，17日。

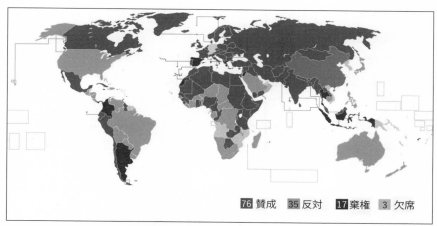

76 賛成　35 反対　17 棄権　3 欠席

図11-2　アルバニア決議案の投票国図〔出典：https://upload.wikimedia.org/wikipedia/commons/c/ce/Voting_res_2758.png〕

会談を持った。アメリカとの交渉で最も問題となったのは，やはり台湾問題であった。キッシンジャーはこの問題を「厄介な問題」として，次のように述べている。すなわち，

「北京は，中国の唯一の合法政府であることを主張し，台湾は，中国の一地方であるとの立場に固執した。また，台湾の将来は，内政問題である，ともいっていた。私は，台湾海峡の両側の中国人が抱いている見解に異議をとなえないとする次のような表現に同意していた。

『台湾海峡の両側すべての中国人が，中国はただ一つであると主張していること，および台湾は中国の一地方であることを，アメリカは認める。アメリカ政府は，この見解に異議をとなえない』

中国側は，アメリカが台湾から米軍を無条件で，全面的に撤収すると約束することを望んだ」[17]と。

問題は，台湾海峡からの米軍の撤収がどのような形で行われるかにあ

17　キッシンジャー著・桃井真監修／斎藤彌三郎・小林正文他訳『キッシンジャー秘録　四―モスクワへの道―』，200頁。

った。すなわち，内政問題とする中国と，アジアの安全保障の一環として台湾問題を扱おうとするアメリカとの対立であった。この問題で交渉は難航した。この突破口を開いたのは，やはり周恩来であった。周恩来は「両国は大国です。すでに22年間も台湾問題の存在を許してきました。もう少しそのままにしておいても大丈夫でしょう」と提言した[18]。ここには周恩来外交の基本姿勢が見られる。すなわち，周は最優先課題の解決のためにはその他の問題を「棚上げ」にするという方式を採ったのである。「小異をすてて大同につく」。周のこの時の「大同」は，いうまでもなく，アメリカとの早期の国交正常化の実現であった。そして，そのことはソ連に対する最大の牽制となるはずであった。

しかし，周恩来の思惑は思ったようには進まなかった。ニクソンは帰国直前の2月26日，北京から上海に赴き，翌27日米中共同コミュニケ（いわゆる「上海コミュニケ」）を発表する。この中では，1954年周恩来がネールとの会談で協定した「平和五原則」と「覇権反対」を盛り込むにとどまり，国交に関する規定は入らなかった。特に，台湾問題に関しては，互いの主張を「声明」として盛り込むにとどまった。「上海コミュニケ」において，台湾問題は次のように表現されている。

中国側：「台湾問題は，中米両国関係の正常化を妨げているカギとなる問題である。中華人民共和国は中国の唯一の合法政府である。台湾は中国の一つの省であり，はやくから祖国に返還されている。台湾の解放は中国の内政問題であって，他国には干渉する権利はない。アメリカのすべての武装力と軍事施設は台湾から撤去されなければならない。中国政府は，『一つの中国，一つの台湾』『二つの中国』『台湾独立』をつくること，『台湾帰属未定』を鼓吹することを目的とするいかなる活動にも断固反対する。」

アメリカ側：「アメリカは，台湾海峡両側のすべての中国人がみな，

18　ディック・ウィルソン著，田中恭子・立花丈平訳『周恩来―不倒翁波乱の生涯―』，302頁。

中国はただ一つであり，台湾は中国の一部であると考えていることを認識した。アメリカ政府は，この立場に異議を申し立てない。（中略）アメリカ政府は，台湾からすべてのアメリカの武装力と軍事施設を撤去する最終目標を確認する[19]。」

　このような米中首脳会談の内容は，明らかに周恩来にとって不満の残る結果であったと見るべきであろう。そのため，周は次なる外交目標の達成を急いだのである。その最大の目標が日中国交正常化であったことはいうまでもない。

2．日中国交正常化と台湾との断交

（1）田中角栄訪中までの道

1）周恩来の対田中外交

　戦後一貫してアメリカへの追随外交政策を採ってきた日本にとって，アメリカの「頭越し」の中国への接近は，極めて大きな衝撃であり，自民党に「取り残された」というあせりを与えた。ニクソン訪中後の1972年7月7日に佐藤内閣を引き継いだ田中角栄は，就任直後「中華人民共和国との国交正常化を急ぎ，激動する世界情勢の中にあって，平和外交を強力に推進する」との首相談話を発表した。このような日本の積極的な姿勢は，中国にとっても望ましいものであった。なぜなら，周恩来はこの時個人的な事情もあって，日中国交正常化を急いだからである。

　ニクソン訪中に同行したアメリカの記者団は，周恩来の健康状態があまり良くない状態であることに気づいていた。周が常に白い錠剤を飲み，眼に以前程の輝きがなく，「どんよりして，半開きの状態」であったからだ。周はこの時すでに癌に侵されていたのである。6月，周恩来は血尿を出し，中国の癌研究の第一人者であった呉桓興（ジョージ・ウー）の診断を受けた。この時，呉は周が膀胱癌にかかり，末期的状態にある

19　『日中関係基本資料集』，876〜877頁。

ことを告げたのである[20]。周はこのときから極めて精力的に日本に接近するようになる。

　周恩来の最大の関心事は，佐藤栄作の後を誰が継ぐかということであった。そのために周は，1971年8月に名誉回復させたかつての腹心の部下，廖承志を起用し，日本の情報収集に当たらせた。この時周は，田中が次期総裁になることを予言したと言われる。周は，彼の特徴的外交手段の一つである，相手国の外交代表者の個人的情報の収集に極めて大きな勢力を注いだ。田中訪中の際の汗かきの田中のためのバスタオルの用意，室温17度，好物の富有柿，台湾バナナ，木村屋のアンパン，田中の故郷の新潟の味噌で作った味噌汁の準備などはこの時決定された。

２）椎名悦三郎の訪台

　日本にとって，中華人民共和国との国交を回復することは，とりもなおさず，台湾・中華民国との断交を意味した。そこに，自民党の苦悩があった。「二つの中国」および「台湾帰属未定」論は，中国との関係改善を望みながらも，台湾との関係を断ち切ることができなかった自民党首脳の苦肉の策であったといえる。それは，中国敵視政策というよりはむしろ，台湾への「思い入れ」が生み出したものといった方が適切かもしれない。1895年の下関条約により割譲された台湾は，日本にとって，植民地以上の存在となっていたということができる。

　そのような存在であった台湾との断交は，日本政府にとって，物理的にも感情的にも極めて困難なことであった。田中内閣がそれに踏み切れたのは，それまでの首相に比べて台湾との関わりが弱かったからだということは，説得力のある説である[21]。中華民国と太い人脈をもっていた佐藤内閣では断行できなかったことであった。田中は「中国と国交を結んだ国で，台湾との国交をそのままにしている国はない」という割り切りを見せた。しかし，自民党内の親中華民国派の議員たちはこれに反発

20　田村重信・豊島典雄・小枝義人『日華断交と日中国交正常化』，南窓社，2000年，303頁。

21　同上，25頁。

した。日中国交正常化における日本の立場を説明し，台湾を説得するための特使として選ばれた副総裁の椎名悦三郎でさえ完全には納得していなかった。椎名は「最善の方策として，日本は日本流に，まず台湾との国交関係は現状のまま維持し，新たに中国との国交を開く方式」を考え，それを中国に強硬に迫るべきだと，思案したといわれる[22]。

　しかし，周恩来はこの点に関しては断固譲歩しない態度で臨んだ。周は椎名の台湾訪問を準備段階から牽制している。椎名は田中の蔣介石に宛てた親書を携えて[23]，1972年9月17日訪台した。田中訪中のわずか1週間前であったので，失敗したら，調整の時間はなかった。まさに背水の陣であった。椎名特使の訪台に同行取材を申し込んできたのは，朝日・読売・毎日・サンケイ・共同・日経・岩手日報・夕刊フジ・NHK・TBS・フジテレビの11社であった。しかし，中国側の「台湾に行った人は，北京での仕事がむずかしくなるのではないでしょうか」という一言で，朝日・読売・日経・夕刊フジ・NHK・TBSの6社が直前になって取材を取りやめた。特に，NHKの取りやめに，椎名は困惑を隠せなかったといわれる。この時，日本の政治家もマスコミも「北京恐怖症」にかかっていたのである[24]。

　台湾においては，椎名訪台を断交交渉のためと受け止めていた。そのため，それに反対する市民達が台北・松山空港に「椎名かえれ」と書いたプラカードをもって押しかけ，車に生卵や饅頭をぶつけるなど，不穏な状況であった[25]。

　台湾では1972年6月に蔣介石の長男の蔣経国が行政院長に就任し，それまでの外省人に独占された政治体制を改革し，本省人と若手を起用す

22　同上，29頁。

23　「蔣介石総統宛て田中首相親書」，石井明・朱建栄・添谷芳秀・林暁光編『記録と考証　日中正常化・日中平和友好条約締結交渉』，岩波書店，2003年，145～149頁。

24　同上，48～49頁。

25　同上，53頁。

る政策を実行していた[26]。蒋介石はこの時期，経国に全幅の信頼を与え，後継者として認め，政治の表舞台から退くようになっていた。中華民国の国連脱退，ニクソン訪中，それに続く日本の新政権の中華人民共和国との国交正常化に対する積極策に対する懸念は[27]，蒋の体調を悪化させ，1912年から毎日欠かさず綴っていた「日記」も7月21日が最後となったのである。

　中華民国の政府要人達も厳しい対応をみせた。この時携えた田中親書には，蒋介石に対する深い感謝の念を述べながらも，「国民政府も北京政府も共に，中国は一つであるとの立場を堅持している以上，日中国交が正常化されれば，遺憾ながら日華の外交関係は維持できなくなる」と書かれていた。大平正芳外相も「日中国交正常化時点で台湾との外交関係が維持しえないことを，すでに口頭で幾度も台湾側に伝達していた」[28]のである。断交を宣告にきた使節を台湾が歓迎する道理はなかった。当然，蒋経国の発言にも厳しいものがあった。この時経国がもっともこだわりを見せたのが「日華平和条約」の廃棄問題であった。これが崩れれば，戦後の東アジアの国際関係が否定されることになるからである。経国は，これは蒋介石の考えでもあると伝えた[29]。

　ところが，この状況は19日の中華民国民意代表者との座談会での椎名の発言で一変する。この時挨拶に立った椎名は，「日中正常化の協議会におきまして，相当に鋭い論議が交わされた結果，従来の関係とは外交関係を含めて，その他あらゆる関係と共に，従来の通りに，これを維持して行くと，そういう前提において，両国間の折衝を進めるべきである」[30]と述べた。この発言の主旨が政府の意向と違っていたことは明ら

26　清水麗『台湾外交の形成』，176頁。

27　「蒋介石日記」1971年7月20日。

28　清水麗『台湾外交の形成』，199頁。

29　石井明・朱建栄・添谷芳秀・林暁光編『記録と考証　日中正常化・日中平和友好条約締結交渉』，138〜140頁。

30　田村重信・豊島典雄・小枝義人『日華断交と日中国交正常化』，63頁。

かであった。しかし，長年友好関係にあった中華民国に断交を告げるのは忍びなく，椎名がこのような玉虫色の発言をした心情は，察するに余りある。当然，この発言は台湾側を安堵させた。

　しかし，周恩来はこの発言に直ちに反応し，「二つの中国」を認めるものだと激しく抗議した。これに対して，大平外相は翌20日「中共との国交樹立は日本政府が責任を負うもので，椎名発言はただ台湾に対する儀礼的なものにすぎない」と述べ，事態収拾を行わざるを得なくなる[31]。

　中国側はあくまでも「日華平和条約」の無効と，中華人民共和国との新たな戦争終結を含む和平条約の締結を主張した。しかし，日本側はそれを譲れば，戦後日本の外交全体が崩れるとしてあくまでもこれを拒否した。これは，台湾側の立場を守ることでもあった。この件で田中訪中時，交渉は決裂寸前までいくことになる。

（2）田中訪中と日中共同声明

　1972年9月25日，田中角栄首相は大平正芳外相らとともに北京空港に降り立った。周恩来は空港に出迎え，その日のうちに首脳会談を設けた。周はともかく田中の滞在予定の9月30日までに国交正常化を実現させたかったのである。それにあたって，周恩来はいわゆる「復興三原則」（①中華人民共和国政府は中国を代表する唯一の合法政府である，②台湾は中華人民共和国の領土の不可分の一部である，③「日華平和条約」は不法であり，無効であって廃棄されなくてはならない）を提示していた。周はこの原則が認められれば，他の問題には触れない方針であった。周にとって，この原則（特に，①②）は米中国交正常化実現のための切り札ともなるものであったのである。そのため，周は尖閣諸島問題を「棚上げ」にし，歴史問題に譲歩し，そして，賠償請求権の放棄を決定したのである。

31　『朝日新聞』1972年9月21日。

　日中国交正常化交渉での最大の問題は，米中同様，台湾問題であった。「日華平和条約」締結以降，日本と中華民国は政治・経済・軍事・文化各方面において極めて良好な関係にあった。特に自民党の中には親台湾派の議員が多く，濃密な相互依存関係を構築していたのである。

　1972年9月29日，日中両国は日本側，田中角栄総理・大平正芳外務大臣，中国側，周恩来国務院総理・姫鵬飛外交部長が署名し，「日本国政府と中華人民共和国政府の連合声明」（「日中共同声明」）に調印し，国交正常化を声明した。「声明」の主な内容は次の通りである。

　一，日本国と中華人民共和国とのこれまでの不正常な状態は，この共同声明が発出される日に終了する。

　二，日本国政府は，中華人民共和国政府が中国の唯一の合法政府であることを承認する。

　三，中華人民共和国政府は，台湾が中華人民共和国の領土の不可分の一部であることを重ねて表明する。日本国政府は，この中華人民共和国政府の立場を十分に理解し，尊重し，ポツダム宣言第8条に基づく立場を堅持する。

　四，日本国政府及び中華人民共和国政府は，1972年9月29日から外交関係を樹立することを決定した。（この条，以下略）

　五，中華人民共和国政府は，中日両国国民の友好のために，日本国に対する戦争賠償の請求権を放棄することを宣言する[32]。

　争点となっていた「日華平和条約」の廃棄と戦争終結問題は，周恩来の提案した「不正常な状態」の終了，で決着をみた。これは，中国側の大幅な譲歩であった。また，周恩来は，「戦争賠償の請求を放棄すること」を宣言したのである。この宣言はその表現からみると，一方では蒋介石のいわゆる「以徳報怨」の演説を強く意識していることが伺えるが，第4章で述べた1917年11月のレーニンの「平和に関する布告」（72頁参照）

32　『日中関係基本資料集』，428〜429頁。

の原則に則ったものであると
見ることもできる。

　このように，日中国交正常
化は台湾問題を中国側の主張
通りに，また，「日華平和条
約」に関しては日本側の立場
を考慮し，賠償は中国側から
自主的に放棄され，成功裏に
終わったかのように思われ
た。しかし，田中訪中は日中
間に新たな紛争の火種を残し

図11-3　1972年9月，北京で第1回首
脳会談を行う田中角栄首相
（左）と周恩来（右）〔時事〕

た。それは，いわゆる歴史認識問題であった。それまでの日中間の問題
は中国承認問題を含む台湾問題に集約された，歴史認識問題は，それま
では問題にされなかった。というよりも，中国との間は戦争終結が未完
了との中国側の認識の中で，問題化する以前の段階にあったという方が
妥当であろう。

　日本を代表する田中角栄首相の9月25日の周恩来主催の歓迎会におけ
る挨拶の内容は中国側に大きな衝撃を与えた。田中に先立って行った周
恩来の挨拶において，歴史問題は次のように表現された。

　「1894年から半世紀にわたって，日本軍国主義者の中国侵略により，
中国人民は重大な災難をこうむり，日本人民もまた深い被害をうけまし
た。……中国人民は毛沢東主席の教えにしたがって，ごく少数の軍国分
子と広範な人民とを厳格に区別してきました。」[33]

　ここには，中国の歴史認識である「戦争責任二分論」の基本的姿勢が
みられる。

　これに対して，田中の挨拶の歴史認識にあたる部分は次のような内容

33　「在歓迎田中首相宴会上　周恩来総理的祝酒詞」，『人民日報』1972年9月26日。

であった。

　「過去数十年にわたって，日中関係は遺憾ながら，不幸な経過を辿って参りました。この間わが国が中国の国民に多大のご迷惑をおかけしたことについて，私はあらためて深い反省の念を表明するものであります。」[34]

　「不幸な経過」「多大な迷惑」「深い反省」が，日本政府が戦後初めて正式に示した歴史認識であった。この言葉は，宴会の席上，通訳によって次のように訳された。

　「遺憾的是過去几十年之間，日中関係経過歴了不幸的過程。其間，我国給中国国民添了很大的麻煩，我対其再次表示深切的反省之意。」[35]

　ここで問題となったのが，「麻煩」という言葉であった。この言葉が通訳の口から出た時，冷静な周恩来の表情が変わった。「麻煩」という中国語は，「面倒をかける」「手数をかける」「煩わす」の意味であり，中国人にとっては極めて軽い言葉であった。周恩来はその夜，激怒したことが外交文書に残されている。日中間の歴史認識問題は，この「麻煩」という極めて軽い「お詫び」の言葉からスタートを切ることになったのである。

3. 文化大革命の収束と東アジア

（1）文化大革命の収束と第1次天安門事件

　周恩来は，文化大革命で失脚した幹部の名誉回復に努め，1973年3月には鄧小平も副総理に復帰した。このような周・鄧時代の再来に危機感をもった江青は，9月30日張春橋，姚文元，王洪文と「四人組」を結成し，10月から清華大学，北京大学などで「批林批孔運動」を展開した。ここでいう「孔子」は，周恩来を指していた。この時期，周は腎臓癌の病状が悪化し，74年7月には新華社が入院中と発表した。そのため，毛沢東

34　『朝日新聞』1972年9月26日。

35　「在周恩来総理歓迎宴会上　田中首相的祝酒詞」，『人民日報』1972年9月26日。

は鄧小平を第一副総理に就任させることを提議したが，これを不満に思った「四人組」は，鄧小平を攻撃の的とする。

　1975年１月第四期全人代が開催され，周恩来が総理，鄧小平が副総理となったが，病の悪化した周の代わりに鄧が日常の業務を担当することとなった。10月，鄧は周の主張を継承し，科学技術の重要性を強調して「生産発展の基礎の上にこそ大衆の生活は向上する」と主張し，これが文革批判と見なされた。毛沢東は急速な脱文革をはかる鄧小平を危険視し，大部分の活動を停止した。

　そのような中，1976年１月８日周恩来が死去した。４月４日の清明節（祖先の霊を祭る祭日）に向けて数日前から天安門広場に民衆が集まりだし，清明節当日には数十万の人々が集まって周の遺影に花輪を捧げた。その中には「四人組」批判のスローガンも紛れ込んでいた。中央政治局はこれを「反革命事件」と断定し，花輪などを撤去し，集会を禁止した。

その措置に激怒した民衆が警官や民兵と衝突し，多数の負傷者を出した（「第１次天安門事件」）。この事件は鄧小平の陰謀とされ，鄧は４月７日すべての職務を解任され，華国鋒が党第１副主席，国務院総理に任命された。

　同年９月９日毛沢東が82歳で死去した。四人組は奪権を試みたが，10月６日華国鋒は四人組逮捕に踏み切

図11－4　周恩来の死を悼み花輪をささげる民衆（1976年の清明節前。その後「四人組」打倒がさけばれるようになる。）
〔郭徳宏主編『中国共産党図史（中巻）』山西教育出版社，2012年〕

り，「失われた10年」「未曾
有の混乱期」といわれた文
革は事実上終結した（公式
終結宣言は77年8月）。中
国は，新しい時代に向けて，
その重い扉を開けた。二人
の中国革命の指導者の相次
ぐ死は，東アジアの変容を
予感させるものであった。

図11-5 北京の天安門広場でおこなわれ
た毛沢東の追悼大会（1976年9月
18日）〔郭徳宏主編『中国共産党図史（中
巻）』山西教育出版社，2012年〕

（2）東アジアの変容

　台湾においては，蔣介石が1975年4月5日に死去した。享年87歳であ
った。蔣は1912年の時点で「政治・軍事・外交三位一体論」を主張し，
その理念型となる権力の掌握に邁進した。台湾に移転した後の蔣介石は
中華民国総統として，戡乱時期であることを理由に権力を独占した。特
に蔣がこだわったのは，外交権の掌握であった。蔣は，1931年に「外交
は無形の戦争」と主張し，外交部長や各国の外交官と頻繁に連絡を取り，
越権指導を行った。蔣の日記には，重要な外交政策や決定を「我，主張」
「我，決定」と書いていることが頻繁に確認できる[36]。最晩年，中華民
国の国連脱退を決定し，その脱退宣言を起草したのも蔣自身であった。
その蔣が日本の田中政権が中華人民共和国との国交を正常化することを
知った時点で，日記の筆を折った。米中接近以上に蔣にとっては辛い出
来事であったのであろう。
　蔣介石の死後，中華民国総統には副総統であった厳家淦が就き，蔣経
国は中国国民党中央委員会主席となった。国民党は，孫文を永久「総理」
にしていたが，蔣介石を永久「総裁」とすることで，その功績を称えた。

36　家近亮子『蔣介石の外交戦略と日中戦争』岩波書店，2012年，参照。

経国が総統に就任したのは1978年 5 月20日であったが，「十大建設計画」
でインフラを充実させ，南北高速道路，桃園国際空港を建設するなどし
た。経済成長率は，60年代が9.6％，70年代が9.7％，80年代が8.3％と高
水準を保ち，経済が急成長した[37]。

　これは，中華民国が「著しい外交孤立にもかかわらず，一つの政治経
済実体としての『台湾』が一種独特の国際的地位を保持し続ける」状況
下で可能となったことであった。台湾は，断交した諸国と多面的な「実
質関係」の構築を強化し，政府だけでなく民間団体も参与する「総体外
交」を推進していったのである[38]。日本は，中華民国との正式な外交関
係は断ったが，1972年12月 1 日には早くも大使館級の「交流協会」（東
京），2 日には「亜東関係協会」（台北）が成立させ，その後は国家間関
係と変わらない関係を樹立し，現在に至っている。

　ニクソン訪中後，米中の国交正常化は1979年 1 月 1 日まで実現しなか
ったが，73年にはアメリカ軍はベトナムから大量に引き揚げを行い，74
年には対台湾無償軍事援助が停止された。79年，アメリカは中華民国と
断交したが，3 月 1 日にアメリカ大使館が閉鎖される前に，「北米事務
協調委員会 － Coordination Council for North American Affairs
Headquarters for Taipei Economic and Cultural Representative Office
in the U.S. －」が発足し，大使館級の役割を果す。また，4 月16日には
アメリカでは「台湾協会 － American Institute in Taiwan －」が発足
し，実質的外交活動を開始した。

　1979年 4 月10日アメリカは「台湾関係法」を採択した。そこでは，
第二条B項

　　一，合衆国人民と台湾人民との間の（中略）広範かつ緊密で友好な通
　　　　商，文化およびその他の諸関係を維持し，促進する。

　　二，同地域の平和と安定は，合衆国と政治，安全保障および経済的利

37　高希均・李誠編，小林幹夫・塚越敏彦訳『台湾の四十年』上，連合出版，1993年，
　　61頁。

38　若林正丈『蔣経国と李登輝』岩波書店，1999年，123頁。

　　益に合致し，国際的な関心事でもあることを宣言する。

三，防御的な性格の兵器を台湾に供給する。

四，台湾人民の安全または社会，経済の制度に危害を与えるいかなる
　　武力行使，または他の強制的な方式にも対抗しうる合衆国の能力を
　　維持する。

　この「台湾関係法」により，台湾はアメリカの強い保護の下に入った。
台湾は，安全保障上の安定を得，経済と社会建設に専念することができ
たのである。

　韓国は，日本とアメリカが中華人民共和国との国交を正常化する中で
あくまでも中華民国を正統政府として，1992年10月までは国交関係を維
持した。そこには，大韓民国臨時政府が孫文と蔣介石の保護の下で活動
し，カイロ会談では朝鮮の独立を強く蔣が支持したことへの恩義があっ
たということができる。

　韓国では1977年から反体制運動が激しくなり，民主化が加速する「ソ
ウルの春」の現象が出現する。これを推進していたのは，金大中，金
泳三，金鐘泌であったが，軍の全斗煥，盧泰愚はクーデターを断行
して実権を握っていた。80年5月には大規模なデモが発生し，金大中，
金鐘泌は逮捕され，金泳三は自宅軟禁となり，全斗煥が全権を掌握した。
これに対するデモが起き，デモ鎮圧のため軍が出動し，多くの犠牲者が
出た。これが光州事件である。このように民主化は鎮圧されたが経済は
発展し，日韓関係も中曽根康弘内閣の下で改善して行く。

　北朝鮮では金日成の息子の金正日が後継者として登場し，主体思想
の権威を高め，金日成の偉大さを誇示する巨大建造物（凱旋門，人民大
学習堂，金日成競技場など）を次々と建設していった[39]。

　このように，1970年代末，東アジアは革命の第一世代から第二世代へ
と指導者が交代し，新しい時代へと入っていくのであった。

39　平岩俊司「朝鮮半島（2）」，家近亮子・川島真『東アジアの政治社会と国際関係』
　　放送大学教育振興会，2017年，195〜196頁。

12 | 東アジアの経済発展—政治と社会，相互関係の変容

《**目標＆ポイント**》 本章においては，東アジア全体が経済発展したことによる政治と社会，そして国際関係の変容を考察する。1980年代後半から台湾と韓国は経済発展し，それに伴って政治的な民主化も進んだ。中国においては，改革・開放政策が開始され，経済だけでなく社会構造にも変化が見られるようになる。東アジアの新時代とその相互関係は，いかなるものなのかを考察していく。

《**キーワード**》 李登輝，盧泰愚，改革・開放政策，先負論，経済特区，第2次天安門事件，愛国主義教育，中華の復興

1. 中国—改革・開放の時代へ

（1）文化大革命の終結と華国鋒の登場

　華国鋒が四人組逮捕に踏み切った1976年10月6日の夜，政治局緊急会議が開催された。ここでは華が毛沢東自身の選んだ後継者であることと，党・政・軍の三権を掌握することが承認された。すなわち，文革直後の中国においては，個人独裁を否定するのではなく，華にその体制を引き継がせようとしたのである。北京では11月24日軍民150万人による「四人組」逮捕と華国鋒の党主席就任を祝う祝賀デモが行われた。

　10月25日『解放日報』『人民日報』は，「偉大な歴史の勝利」と題する共同社説を発表した。この中で毛沢東が1976年4月に華国鋒に対して，「你辦事，我放心（あなたがやれば，私は安心だ）」と書いたメモを渡し

たことが明らかにされた（信憑性は不明）。その後，華は「毛主席が選んだ英明な後継者」として礼賛されるようになる。華は12月「農業は大寨に学び」，「工業は大慶に学ぶ」大衆運動を継続させ，「農業を基礎とし，工業を導き手とする」国民経済を発展させることを主張した。これは，毛沢

図12-1　「四人組」打倒勝利と華国鋒党主席就任祝賀150万人大会（1976年10月24日。北京）〔師東兵『短暫的春秋—華国鋒下台内幕』港能出版社，1994年〕

東路線の継承であったといえる。華国鋒の政策は，一般に「二つのすべて（毛主席の行った決定はすべて断固守り，下した指示はすべて終始かわらず従う）」と呼ばれた。

（2）鄧小平の権力掌握

　鄧小平の職務復帰を1977年3月の中央工作会議で提案したのは華国鋒であった。しかし，その直後の4月10日，鄧小平は共産党中央に手紙を書き，「二つのすべて」の誤った観点を指摘し，「実事求是（事実に基づいて物事の真実を追求する）」を対立概念とした。

　1977年7月の10期3中全会で鄧小平は完全復活（党副主席，軍事委副主席，副首相）を果たす。しかし，8月に開催された共産党11全大会において，文革の終結宣言を行ったのは華国鋒であり，新しい党規約を採択したのも華の指導下においてであった。ここでは，①周恩来が提起した「四つの現代化」を実現させ，「社会主義の強国」を築き上げること，②そのためには，「広範な知識分子およびその他の勤労大衆と団結する」

ことが必要であること，③「階級闘争・生産闘争・科学実験の三大革命運動」を継続させることが決定した。この方針は，文革は終わったがその中心指針であった階級闘争は継続するという印象を与えた。

　この時期，胡耀邦が中央組織部長に任命されたことは注目に値する。胡は湖南省出身で抗日軍政学校を卒業し，1939年1月毛沢東に中央革命軍事委員会組織部長に任命され，腹心の部下とみなされていた。

　鄧小平は，1978年になると，「四つの現代化」の重要性を説きながら徐々に権力基盤を固めていった。6月の全軍政治工作会議での講話の中で「実事求是」を強調し，繰り返し「二つのすべて」を批判し，思想解放を呼びかけた。この風潮の中で，11月には北京市党委員会が第1次天安門事件を「完全な革命行動である」として，評価を逆転させた。ここに至り，華は自己批判を行わざるを得なくなり，党内での求心力を急速に失っていく。そのため，12月18日から22日まで開催された共産党11期3中全会は，鄧小平が主催することとなったのである。

（3）改革・開放政策の始動
1）中国共産党11期3中全会の検証

　11期3中全会に先立つ中央工作会議の席上で，その後の中国の方向性を示す重要な鄧小平の講話が行われた。その内容は，次のようなものであった。

　　私は，一部の地区，一部の企業，一部の労働者・農民が，その勤勉によって好成績をあげた場合，他に先立って高い収入を得，よい生活を送るようになるのを許すべきだと考える。一部の人の生活が先に良くなれば，模範を示す大きな力が生じて，周囲に影響を与えるだろう。そうなれば，他の地区，他の職場の人びとは必ずそれを見習おうとすることになる。

　このいわゆる「先富論」は，経済発展の原動力となると同時に格差を生み出す原因ともなった。いずれにしても，鄧小平の考えが実行に移されていく改革・開放期の幕が開いたのである。11期3中全会では以下のことが決まった。

　①全党の工作を社会主義現代化建設に移行させること。

　②「プロレタリア独裁下の継続革命論」を批判し，階級闘争は基本的に終結したとの認識を確認する。

　③「二つのすべて」を誤った方針とする批判を堅持する。

　④国民経済回復のため，「自力更生」を基礎とするが，「世界各国との平等互恵の経済合作」を締結する方針であること。

　すなわち，階級闘争の終結と全方位外交の始動の大前提の下，1979年になると，政治・経済・社会・外交のあらゆる面で新しい中国が動き出すことになる。

2）「改革・開放」とは何か？―政治体制の堅持，経済政策の変容

　「改革」は，「乱れた政治をたて直す（前の政策を否定する）」の意味で，あくまでも体制内改革であり，既存の支配体制の継続・強化が目的の政治行動をいう。したがって，あくまで目的は共産党の一党支配を存続させるためであり，政治体制は堅持されることが前提となる。その点に関して，鄧小平は1979年3月30日に「重大政治任務」とする講話を行った。

　そこで提起されたのが「四つの基本原則」であるが，現在も党の基本的指針となっている。それは，①社会主義の道の堅持，②人民民主独裁の堅持，③共産党の領導の堅持，④マルクス・レーニン主義と毛沢東思想の堅持をいう。この理論的枠組みの中では，社会主義の道を歩み続ける限り，マルクス・レーニンのいう「人民民主独裁」が許容される。ここでいう「人民」とは階級としての労働者・農民と階層としての知識人を指し，社会主義建設の担い手となる。そして，共産党には労働者階級

の前衛（前に立って導く人）としての役割が与えられる。すなわち，社会主義である限り，理論的にも制度的にも，そして実質的にも共産党の領導が容認されることとなる。したがって，中国共産党は決して社会主義の看板を下ろさないのである。

「開放」は，「扉を開ける」「出入りを許す」の意味で，外国との貿易の活発化，投資の受け入れを意味する。中国は文革時代の「鎖国」状態を終わらせ，対外開放を行っていく。鄧小平は，改革・開放政策を始動させる前に，この「四つの基本原則」を提起し，共産党の領導体制を守ろうとしたといえる。当時，世界の潮流として経済発展が政治的な民主化をもたらすと予測されたが，中国はこの潮流に乗ることはなかった。

次に改革・開放政策初期の重要なものを表12-1に掲げる。これらの多くは，経済調整期に劉少奇の指導下で試行されたものであった。

表12-1　改革・開放初期の主要な政策

年　月	政　策　内　容	備　考
1979年　1月	「台湾同胞に告げる書」発表。「三通」「四流」[1]の呼びかけ アメリカと国交正常化成立 「一人っ子政策」の開始。9月，馬寅初の名誉回復	台湾の和平統一を第一に政策としてかかげる アメリカとの貿易開始 経済発展のための人口抑制政策
3月	陳雲，「計画と市場問題」講話。計画経済と市場調整の同時併存を提起	計画経済下での市場経済の可能性を模索
4月	中央工作会議，「調整・改革・整頓・提高」の八字方針を決定 農業における自由市場・生産請負制の始動。人民公社は保持	国民経済の方向性となる。調整政策の再来 安徽省で調整期の政策の再開
7月	広東・福建両省に対外経済活動の自主権付与。深圳・珠海を輸出特区とする	税金面での優遇。「先富論」政策の開始
12月	大平正芳首相，訪中。円借款開始を決定	経済優先，歴史認識問題不問

---

1 「三通」とは，直接的な通商，通航，通信をいう。また，「四流」とは，人的，文化的，経済的，および観光交流をいう。

1980年	1月	鄧小平，20世紀末までに一人あたりGDPを1000米ドルとし，「小康[2]」社会建設を目標とすると発表	当時は，人民のほとんどが「貧困」（年収1000元以下）
	2月	中央書記処新設。総書記・胡耀邦決定。劉少奇の名誉回復決定。集団指導体制の堅持。党内民主の発揚	鄧小平の右腕としての胡耀邦の採用。個人独裁の禁止
	3月	劉少奇の『共産党員の修養を論ず』の再版 鄧小平「建国以来党の若干の歴史問題決議」草案を起草。毛沢東の評価，功績7分，誤り3分	「人民に奉仕する党」の再確認 81年6月，「歴史決議」正式に採択
	5月	深圳・珠海・仙頭・厦門を経済特区とする決定	沿岸部の経済発展
	7月	全国の企業（6600社）の自主権拡大試行を発表	工場長責任制の模索
	8月	華国鋒総理辞任，趙紫陽の就任	
	11月	華国鋒，中央委員会主席，軍事委員会主席辞任。中央委員会主席・胡耀邦，軍事委員会主席・鄧小平	鄧・胡・趙の集団指導体制の始動
1981年	2月	共産党，社会主義精神文明建設加速に関するスローガン提示	「五講・四美[3]」活動の展開 国家目標としての「中華」の提起
	5月	中国科学院，「科学の発展と中華の振興」のスローガンを提起	祖国統一の目標
1982年	1月	全国農村生産隊の90%が農業生産責任制を確立したと発表	「全国農村工作会議紀要」の発表
	9月	共産党12全大会。鄧小平，「中国的特色ある社会主義建設」の提起 13日『光明日報』，「孔子に対して，再研究と再評価を進めよう」掲載	主席制廃止，総書記制導入を決定 「古を今に用いる」

2　中国では民衆の生活レヴェルを①貧困（衣食に困る状態），②温飽（衣食が足りた状態：改革開放開始時のとりあえずの目標：1991年90%達成宣言）③小康（まずまずの状況：2002年小康社会宣言：2018年現在，8割が到達）④富裕（人口の約1割）としている。

3　「五講」とは，文明・礼儀・衛生・秩序・道徳を重視すること。「四美」とは，精神・言語・行動・環境美を守ることをいう。急速な社会の価値観の変化と経済発展に対応する人民を形成しようとした運動である。

（4）「82年憲法」の制定

　改革・開放初期，共産党は個人独裁に反対し，華国鋒に集中していた権力を鄧小平・胡耀邦・趙紫陽で分け，集団指導体制を確立し，「四つの基本原則」を基礎とした共産党一党支配体制の継続を企図した。経済においては，農業と工業において責任制を導入し，生産性の向上を目指した。また，広東省や福建省の沿岸部に特権（税制などの）を与え，外国からの投資がスムーズになる環境を整備した。外交においては，アメリカと国交を正常化したことによって，台湾との関係を改善し，祖国統一を行おうと企図した。これらの政策を盛り込むため，1982年12月，中華人民共和国憲法が改正された。

　現行憲法であるいわゆる「82年憲法」の特徴は，以下のようである。

「序言」

①「中国は，世界で歴史の最も悠久な国家の一つである。中国の各民族人民はともども，光輝燦然たる文化を創造し，光栄ある革命的伝統をもっている」→「中華の振興」を明文化した。

②「1911年に孫中山先生の指導する辛亥革命が封建帝制を廃止して，中華民国を創建した」→「孫文」「中華民国」を初めて憲法に登場させた。これは，台湾との統一を意識したためである。

③「中国の各民族人民はひきつづき中国共産党の領導のもと，マルクス・レーニン主義と毛沢東思想の導きのもと，人民民主独裁を堅持し，社会主義の道を堅持し，（中略），我が国を高度の文明と高度の民主主義をそなえた社会主義国に建設するであろう」→「四つの基本原則」の内容を憲法に盛り込み，「中国的特色ある社会主義」建設を提唱した。

「本文」

①「中華人民共和国は労働者階級が指導し，労農同盟を基礎とする，

和国の根本制度である。いかなる組織または個人であれ，社会主義
制度を破壊することを禁止する（第1条）」→社会主義国家である
ことの強調。

②「国家は……人民の中に愛国主義・集団主義，および国際主義・共
産主義の教育を行う。資本主義的・封建主義的，その他の腐敗思想
に反対する（第24条）」→愛国主義教育推進を明記した。

③「国家は計画出産を推進し，人口の増加を経済社会発展計画に適応
させる（第25条）」→人口抑制政策を国家が指導することを明記し
た。

　以上から分かるように，改革・開放政策は初期段階では経済において
もあくまでも社会主義の枠組みの中での改革であったといえる。

2. 改革・開放政策の開始と東アジア

（1）日中平和友好条約の締結

　日中国交正常化の立役者となった田中角栄首相は，「日本列島改造論」
を実行に移し，国民の人気を集めた。しかし，1974年11月号の『文藝春
秋』にジャーナリスト・立花隆が「田中角栄研究」，児玉隆也が「淋し
き越山会の女王」を掲載したことをきっかけとして，国会で田中金脈問
題を追及され，総辞職した。12月に三木武夫が組閣したが，76年2月に
ロッキード事件[4]が発覚し，7月27日に田中が逮捕された。中国では9
月9日の毛沢東の死とそれに続く10月の四人組逮捕という劇的な変化が
起きたが，その当時の日本はロッキード事件に揺れていたのである。三
木内閣はその年の12月に福田赳夫内閣に代わった。

　福田には田中，三木の二人の首相がやり残した懸案を処理する使命が
あった。日中平和友好条約の締結である。1972年の「日中共同声明」は，

4　アメリカの航空機製造大手のロッキード社による日本の旅客機受註をめぐる大
　規模な汚職事件。田中首相の他，佐藤孝行運輸政務次官や橋本登美三郎元運輸大
　臣も逮捕された。

あくまでも声明であり，正式な条約締結は済んでいなかった。77年7月に完全復活した鄧小平は，9月と10月に自民党の浜野清吾・日中友好議員連盟会長や二階堂進などの代表団を迎え，相次いで会談した。浜野は，議員連盟に参加している議員は超党派で国会議員の半数を超える525名いること，「一日も早い条約締結を目ざす決意」であることを説明した。これに対して，鄧小平は福田に対する期待を表明した[5]。

　平和友好条約締結交渉は，1978年2月4日から開始し，園田直外相を中心に都合15回行われ，8月12日北京で締結された。前文には「共同声明の遵守」と「国際連合憲章の原則の十分な尊重」の確認とともに「アジア及び世界の平和及び安定に寄与すること」への希望が入った。全部で第5条からなるその内容は，第1条では「平和五原則」と平和的手段による紛争の解決，第2条には反覇権主義の原則が入り，第3条では「両国間の経済関係及び文化関係の一層の発展並びに両国民の交流の促進のために努力」することが謳われた。

　その3日後の8月15日，福田首相は靖国神社に参拝したが，中国からの批判はなかった。前述したように，中国共産党は蔣介石同様「戦争責任二分論」を主張していたため，「一般の兵士」のみが祀られていると思われていた靖国神社へ日本の首相が参拝することへの違和感は示さなかった。これを批判するようになるのは，A級戦犯の合祀が明らかになってからである。因みに靖国神社がA級戦犯を「昭和殉難者」として合祀するのは1978年10月17日で，鄧小平が来日する直前であった。来日の翌日の10月23日に宮廷晩餐会が催され，昭和天皇が「長い歴史の中の不幸な時代」という「お言葉」を述べたが，鄧小平は「過去よりも今後の平和関係を」と述べ，未来志向の姿勢を示したのである。因みに，昭和天皇は，第15章に述べるように，A級戦犯合祀が明らかになった後は，靖国への参拝を行わず，「それが私の心だ」というメモを残している[6]。

5　石井明・朱建栄・添谷芳秀・林暁光編『記録と考証　日中国交正常化・日中平和友好条約締結交渉』岩波書店，2003年，310～311頁。

　しかし，そのような中国側の歴史認識は，1982年に起きたいわゆる教科書事件で一変する。6月26日，『朝日新聞』，『読売新聞』などの主要新聞が，文部省が83年度に高校で使用される歴史教科書に対する検定結果について報道した。そこでは日中関係に関して，「中国への全面侵略」を「全面進攻」に，「出兵」を「派遣」になどと書き改めさせたと報道された。それらの報道は，後にある教科書出版社の取材を担当した記者の「誤報」であったことが明らかになった。文部省教科書調査官の検定意見は実際に存在したが，それは「『改善意見』（B意見—要修正ではなく出版社の判断で改善してもしなくてもいい）」[7]程度のものであったが，マスコミが過剰反応したものと思われる。

　日本の新聞報道を受けて，6月30日『人民日報』は，「日本文部省が検定した教科書は歴史を歪曲し侵略を美化する」という記事を掲載した。また，8月13日の『人民日報』は南京大虐殺に関する実録記事を掲載し，「あの侵略戦争が両国民にもたらした災厄と苦痛を決して忘れてはならない」と協調した。同時に，第6章で述べたように，鄧小平は愛国主義教育の一環として全国に日本の侵略の記念館，記念碑を建てることを指示し，85年8月15日にいわゆる「南京大虐殺記念館」がオープンしたのである。

　また，靖国神社にA級戦犯が合祀されたことが1985年になると明らかになり，これを問題にした中国の外交部は，8月14日中曽根首相の参拝を「両国民の感情を傷つける」「なぜなら，東条英機らの戦犯も祀られているから」との見解を示した。しかし，中曽根は翌15日閣僚とともに戦後初めての公式参拝に踏み切った。この時期から，日中間の歴史認識は，教科書，南京，靖国参拝をめぐる問題を焦点として展開していく。

　このような，日本の態度に不満をもった鄧小平は，1987年6月4日に

6　「昭和天皇メモ」「A級戦犯靖国合祀　昭和天皇が不快感」，『日本経済新聞』2006年7月20日。https://www.bbc.com/zhongwen/trad/chinese-news-46620562

7　川島真「進出か，侵略か」，園田茂人『日中関係史—1972–2012–Ⅲ社会・文化』東京大学出版会，2012年，92頁。

「日本は世界で一番中国に借りが多い国」「我々は国交正常化の時に戦争賠償の要求を出さなかった」「日本は中国の発展を助けるためにもっと貢献すべき」との見解を示した。このような中国の要求に応える形で，中曽根の後を継いだ竹下登内閣は，88年8月8,100億円の対中円借款に合意し，「中日友好環境センター」建設計画（105億円の無償援助）などの決定に踏み切ったのである[8]。

（2）日本の対中援助と改革・開放政策の推進

1978年12月，改革・開放と同時に福田内閣に代わって発足した大平正芳内閣は，大平が国交正常化の時の外務大臣であったため，中国の評価は高かった。79年12月7日，訪中した大平は鄧小平，華国鋒と会談したが，「日本が過去の戦争で中国人に与えた大災難に責任を痛感し，深い反省の上に立って，平和に徹する」旨を述べた。72年の9月の田中の歴史認識は，「軽すぎる」と批判を受けていたが，それを補う形となった。その上で大平は中国の改革・開放，近代化建設への協力を表明し，500億円までの円借款および「中日友好病院建設計画（160億円の無償援助）」を申し出たのである[9]。

2018年12月20日のBBCニュース中文版は，18日に人民大会堂で行われた「改革開放40周年記念大会」の模様を報道した。そこでは改革開放に貢献した外国人が表彰されたが，大平首相は「日中国交正常化と改革開放の発展に多大な貢献をした」と高く評価さ

図12-2　大平首相（右）と鄧小平（左）
〔(c) KAKU KURITA/amanaimages〕

8　家近亮子『日中関係の基本構造』晃洋書房，2004年，15頁。

9　同上，13〜14頁。

れたのである。そこで明かされたエピソードは，鄧小平が大平との会談の際，日本が池田勇人内閣の時に「飜両番—所得倍増計画」を実行し，経済発展したことを話したことで，鄧が「小康社会」建設のヒントを得，「中国式の現代化建設」の方向性が形成されたということである[10]。それでも，かつて主要敵であった日本から資金援助を受けることには，当初は共産党内部でも懐疑的な意見が多くあった。しかし，先に述べたように，1982年の教科書問題からは，日本の援助は「当然」のことと受け止められるようになっていく。

　日本が中国の近代化に貢献したことは，胡錦濤国家主席の時代に国務院総理を務めた温家宝が2007年4月11日に来日し，12日に中国の首脳として初めて日本の国会で演説した時に初めて述べられた。この時は，第1次安倍内閣であった。小泉純一郎内閣の時に冷え切った日中関係（政冷経熱）を改善すべく，安倍は首相になると初めての訪問先に中国を選び，未来志向の「戦略的互恵関係」の構築を提案した。温家宝の訪日はその返礼の意味があったのである。

　この演説の中で温家宝は中国は，日本が歴史問題で何度も謝罪したことを認め，日本側の態度を高く評価していること，「中国の改革開放と近代化建設は，日本からの支援をいただいたもので，中国人民はいつまでも忘れない」ことを表明した[11]。この演説の内容は，当時の情勢においては画期的であった。小泉首相は，靖国神社に在任中の2001年から毎年参拝し，江沢民国家主席の中国ではこれに強く反発し，反日デモも何度か起きていたからである。

（3）中国の改革・開放政策の開始と東アジア

　このような中国の改革・開放に対する日本の援助に対する評価の認識

10　「日本與中国改開：小平受大平啓発決定『飜両番』」，BBC NEWS 中文，2018.12.20，https://www.bbc.com/zhongwen/trad/chinese-news-46620562。2019.2.25アクセス

11　「温家宝首相演説全文」，『朝日新聞』2007年4月13日。

は，東アジアの戦後をグローバルな視点でとらえる上で非常に重要である。東アジア諸国との戦後処理において，日本は戦争賠償は行なわなかった。それは，最大の当事者であった中華民国の代表・蔣介石が，戦争賠償請求権を行使すれば，日本国民が貧しくなり，結果共産主義がはびこり，日本が社会主義化する可能性があるとの判断をもっていたからである。戦後の日本が民主化し，経済発展することが日本の赤化を防ぎ，東アジアを安定させると蔣は考えていたのである[12]。

①韓国

　日本は，韓国に対しては前章で述べたように，1965年6月22日に佐藤栄作内閣と朴正熙内閣との間で締結した日韓基本条約で巨額の援助資金を提供した。また，アメリカのリンドン・ジョンソン（Johnson）大統領の要請でベトナム戦争に派兵したことで戦争特需景気が起きたことと相まって，朴大統領の開発独裁体制下で韓国は急速に経済発展した。79年10月26日，朴正熙が暗殺された後，大統領代行に就任した崔圭夏総理は，「穏やかな民主化」「上からの民主化」を試みた。その結果，「ソウルの春」と呼ばれる学生を中心とした民主化の動きが見られるようになった。しかし，それは80年5月の光州事件を引き起こし，全斗煥の「小型軍事革命」政権が成立した[13]。全は戒厳令を公布し，民主化を取り締まった。

　全斗煥大統領は，1980年11月に当選したアメリカの民主党のジミー・カーター（Carter）大統領との関係を構築すべく，戒厳令を解除し，民主化の象徴となっていた金大中の刑を減軽して81年2月に訪米し，関係を修復した。金大中は，市民活動家であったが，新民党の大統領候補となり，朴正熙の政敵と言われた。親日家としても有名であったが，1973年8月8日東京のグランドパレスホテルのロビーで韓国中央情報部

12　家近亮子「戦後日中関係の基本構造─無賠償決定の要因─」，松阪大学現代史研究会編『現代史の世界へ』晃洋書房，1998年。

13　小此木政夫「朝鮮半島（2）─分断国家の2つの道」，西村成雄・小此木政夫『現代東アジアの政治と社会』，放送大学教育振興会，2010年，208～209頁。

（KCIA）の工作員に拉致され，神戸から出航した船の中で殺害されそうになったところを自衛隊機の威嚇により，九死に一生を得，ソウルで釈放されたが，その２ヵ月後に自宅軟禁されたのである。

　韓国はアメリカとの関係改善や対日関係の安定，ソウルオリンピックの開催決定などにより順調に経済発展したが，それに伴って民主化の要求も激しくなり，大統領直接選挙を可能とする憲法改正を求める声が大きくなっていった。そのような中，1987年４月全斗煥は，改憲は88年のソウルオリンピックまで延期し，間接選挙で次期大統領を選出することを発表した。全斗煥が大統領候補として推したのは，陸軍士官学校で同期であった盧泰愚であった。すなわち，韓国では朴正熙，全斗煥，盧泰愚と軍出身者があい次いで大統領となったことになる。

　このような上からの決定に対して，全国で抗議デモが起き，盧泰愚は1987年６月29日になって大統領直接選挙の実施，金大中などの政治犯の釈放，言論の自由の回復など８項目の民主化要求を全斗煥に提起した。これを「6.29民主化宣言」という[14]。それに基づき，87年12月に直接選挙が実施され，金大中，金泳三なども立候補したが，結局盧泰愚が当選し，自らの手で民主化を推進することになる。

②台湾

　台湾においては，改革・開放が開始したと同じ年の1978年５月20日，蔣経国が総統に就任した。経国は1910年４月27日に生まれの68歳であった。この時，経国は次期総統となる李登輝を台北市長に任命した。李登輝は，23年１月15日台北市郊外の淡水で生まれた本省人であり，京都大学農学部出身で，アメリカのコーネル大学の大学院で博士号を取得していた。経国は，中華民国を取り巻く国際環境が厳しくなる状況下で，台湾の団結のためいわゆる「台湾化」を企図し，「戦後20年の社会・経済発展のなかで上昇してきた本省人のエリートを，積極的に取り込み，政

14　平岩俊司「朝鮮半島（２）—冷戦終結と北朝鮮の核問題」，家近亮子・川島真『東アジアの政治社会と国際関係』放送大学教育振興会，2017年，197頁。

権の支えとする」新たな人事政策を実行したのであった[15]。

　同年12月15日，アメリカは翌年1月から中華人民共和国と国交を樹立
することを発表した。そのことは，中華民国とは断交することを意味し
た。1979年4月にいわゆる「台湾関係法」が発表されたとはいえ，台湾
にとっては厳しい国際環境となった。そのような中，同年12月民主化要
求の急先鋒となっていた雑誌『美麗島』を発行していた美麗島社が政府
の許可をとらずに高雄で計画した「世界人権デー」記念大会を政府が弾
圧する事件が起きる。この事件の裁判は，アメリカの要求で公開された
が，その過程で民主化運動が本省人たちの同情を得るようになり，「民
主化をむしろ勢いづけた」結果となったのである[16]。

　1984年，総統に再選された蔣経国は副総統に李登輝を選び，85年には
蔣家の者が総統職を継ぐことはないことを明言した。また，政治の革新
を支持し，86年9月には民進党（民主進歩党）の結成を許した。民主化
の一歩となる中国国民党のみを政党として，他の政党の結成を禁止して
きた「党禁」の解除，「政党・結社の自由」の実行である。87年7月15
日には49年から38年間続けられていた戒厳令が解除され，11月には中国
大陸への里帰り訪問が解禁された。88年1月13日，経国が死去し，李登
輝が総統に就任した。その後，台湾の民主化は，李総統の下で進められ
ていく。

3.　第2次天安門事件とその影響

（1）「北京の春」と民主化運動

　改革・開放政策の実施により知識人たちの多くは政治的民主化もその
改革のプログラムに入っているとの期待をもった。1978年春から天安門
広場近くにある西単の十字路の煉瓦の壁に「大字報」（壁新聞）が貼り
出されるようになる。当初内容は多岐にわたっていたが，次第に民主主

15　若林正丈『蔣経国と李登輝』，132頁。

16　川島真「台湾（2）—民主化以後」，家近亮子・川島真編著『東アジアの政治
　　社会と国際関係』，146頁。

義を高く評価するなど政治的なものが多くなっていった。そこは次第に「民主の壁」と呼ばれるようになり，外国のメディアにも注目されるようになった。当初鄧小平はこれを容認する態度を示したため，言論が活発化，過激化していく。12月，民主活動家である魏京生らが民主化要請の政治的主張を貼り出した。運動当初の民主化勢力の中心は，かつての紅衛兵であったが，信奉していた毛沢東自身の手で農村に下放され，文革に裏切られた経験があった。彼らは大学に進学する機会を失い，新しい時代が必要とする知識人としての専門知識も欠き，時代の孤児となりつつあったのである。

　「北京の春」の時期は極めて短く，魏京生は社会主義制度に反対した罪で1979年3月には逮捕，10月に懲役15年の判決が下され，12月には壁新聞は禁止された。その後共産党は民主運動を沈静化させると同時に，83年からは官僚主義や腐敗汚職の問題に対処するために共産党内部の「整党」を行い，民衆の批判をかわそうとした。その時期，「先富論」による格差が出始め，インフレや「官倒（官僚によるブローカー行為）」も激しくなり，民衆の不公平に対する不満が溜まっていた。

（2）胡耀邦の死と第2次天安門事件

　このような中，「民主と法制」のスローガンのもとに政治体制の改革に着手しようとしたのが党内民主派の胡耀邦であった。1986年12月5日，安徽省合肥の中国科学技術大学から始まった民主化を求める学生（78年以降入学した学生）運動は87年初頭にかけて全国規模に広がっていった。この運動には多くの党員である知識人，研究者が関わっていた。その代表的な人物の一人が物理学者で科技大学副学長の方励之であった。方は学生たちに「民主とは自ら勝ち取るものだ」と檄を飛ばしていたのである。

　これに対して，鄧小平は12月30日学生運動に厳しい講話を発表した。その後「ブルジョア自由化反対運動」が展開され，学生運動の原因が「党内一部同志」による「ブルジョア自由化思想の放任である」とされ，胡耀邦に批判が集中し，翌87年1月に総書記の職を辞任することになった。また，方励之などは共産党を除名された。胡の後は，趙紫陽，李鵬がその穴を埋めた。共産党は6月各大学に「祖国を愛し，社会主義を愛し，共産党領導を擁護する」の学生を育成するよう要請した。これは，一度民主化の夢をもった学生たちに強い失望を与えることになった。

　このような中，胡耀邦が1989年4月15日急性心筋梗塞の突然の発作で亡くなる。この死を悼み，北京大学などに壁新聞が出現した。興味深い対句に次のものがある[17]。

　小平，84にして健在。耀邦，73にして先に死す。

　政壇の浮沈を問うに，何ぞ命を保つこと無からん。

　民主は70にして未だ全うせず。中華は40にして興らず。

　天下の興亡を看るに，北大もまた哀れ。

　この句からは，当時学生が胡耀邦を民主改革の先導者と見なし，民主の達成度の方が中華の復興の可能性よりも高いとみていたことが分かる。第2次天安門事件後，民主化の可能性はほぼ0％となり，民衆は「拝金主義」に走り，そのことが中国を経済大国に押し上げ，中華の復興を達成する素地を提供している。これは，歴史の皮肉といわざるを得ない。

　4月17日の中国法政大学の学生・教師による胡耀邦追悼の天安門までのデモ行進を皮切りに，翌日北京大学，北京師範大学，精華大学などの学生6,000人がデモ行進を行った。この北京の学生運動は上海，西安などにも広がりを見せた。学生たちは胡耀邦の「遺志を継承」すべく，民主化と政治体制改革を政府に要求した。彼らは次第に天安門にテントをはり，座り込んでハンガー・ストライキ（絶食）を行うようになる。4

17　王丹著・加藤敬事訳『中華人民共和国史』筑摩書房，2014年，497頁。

月20日には中華門前で学生と警官が衝突し，負傷者を出した。25日鄧小平は，「今回の学生運動は共産党の領導と社会主義制度を否定する政治動乱」であると発言し，翌日の『人民日報』は，「必ずや旗幟鮮明にして動乱に反対しよう」を掲載した。

このような鄧小平の決定に反して，5月9日趙紫陽は現代社会主義研究問題座談会に出席し，中国は「民主の関門を越える」必要があると主張し，学生運動に理解を示した。このような中，15日から18日までソ連のゴルバチョフ書記長が訪中し，59年ぶりの首脳会談を行う。鄧小平はこれを中ソ対立から脱却し，関係を正常化するための重要な会談だと見ていた。そのため，学生運動への対応が遅れたといえる[18]。17日厳家其らが「中国知識界声明」を発表し，「独裁者・鄧小平」が「無限の権力を握っている」として非難し，その辞任を要求した。19日趙紫陽と李鵬は天安門広場を訪ね，王丹，ウアルカイシなど学生代表と直接対話を行ったが，この時趙が「来るのが遅すぎた。学生諸君に申し訳ない」と語ったことが問題となる。

5月20日北京市に戒厳令が出され，装甲車で武装した人民解放軍が北京市付近に進駐した。このような中，5月30日には中央美術学院の学生たちによって制作された「民主の女神像」が広場の中央に建てられた。6月3日午後から人民解放軍は天安門広場に向かって進軍した。長安街などでは学生，民衆と小競り合いが起き，多数の被害者が出た。4日未明，各地方部隊は天安門広場に到着し，突入の態勢をとった。そのような中，広場でハンストに参加していた北京師範大学講師の劉暁波などが学生たちを説得し，撤退交渉を受け入れさせ，6時には撤退は完了した（第2次天安門事件）。5日中国政府は今回の学生運動を「反革命暴乱」と規定すると発表した。劉は「反革命罪」で逮捕投獄され，学生リーダーたちの逮捕も相次いだが，アメリカや香港などに逃れた者も多かっ

18　矢吹晋『天安門事件の真相（上下）』蒼蒼社，1990年，59頁。

た。

（3）第2次天安門事件の影響

　この事件による負傷者，死亡者数はいまだに明らかにはなっていない。日本を含む海外のメディアは，学生運動の指導者でアメリカに亡命したウアルカイシや紫玲などの証言から天安門広場で1,000人単位の学生が殺害されたと報道した。しかし，中国当局の発表では学生・市民と軍双方を含む死者は319名であったが，天安門広場での殺害はなかったという証言も後に公開された[19]。それでも，人民解放軍が「人民」に銃を向ける姿が全世界に報じられたのは衝撃的であった。西側諸国は中国を強く非難し，先進国による経済制裁が行われ，中国は国際的に孤立状態に陥り，改革開放は大きな挫折を迎えた。

　また，共産党内部では改革・開放政策を鄧小平とともに推進してきた胡耀邦と趙紫陽という実行部隊を失うことになった。趙は6月23日の共産党13期4中全会で「動乱を支持した」として全職を解任され，総書記には上海市長であった江沢民が就任した。鄧小平が「この10年の最大の過ちは教育にある」としたため，11月国家教育委員会は「大学生行為準則」を作成し，「徳・智・体の総合発展と紅と専を備える社会主義事業の後継者」養成を教育の目標とすることを決定した。また，江によって愛国主義教育が推進されることとなる。反右派闘争，文革，天安門事件を経験した中国人民は，政治を語ることは危険であるという「学び」の中で，アパシーがまん延し，経済活動に邁進するようになる。ちなみに，中国は現在天安門事件という言葉を使わず「北京政治風波」「八九風波」と称し，歴史教科書には記載されていない。「言及するな，想起するな，忘却せよ，とばかりに事件を封印し」[20]，中国の若者には事件そのもの

19　被害者数に関しては，2003年スペインの国営テレビのキャスターとカメラマンが6月4日未明に天安門広場内部で撮影した映像が公開され，大量殺害はなかったことが証明されている。—NHK「天安門空白の3時間」，「クローズアップ現代」2003年6月3日。

236

を知らない人も多い。

　1979年以降，高い経済成長率を達成した中国は1990年12月の共産党13期7中全会で国民経済の目標を「温飽」から「小康」へと転換させることを発表した。この時点で，国民の90％が貧困から「温飽」へと移行していた。共産党はこれを改革・開放の最大の成果とした。鄧小平は「小康」社会実現のため，市場経済の全面的な開放に向けて歩み出す。

　東アジアにおいては，日本がアメリカの占領政策と朝鮮戦争によって高度成長を達成した。また，台湾に移転した中華民国は日本統治時代の経済的，社会的基盤をそのまま引き継ぎ，さらに朝鮮戦争の勃発によってアメリカの安全保障の範疇に入り，経済援助を受けることで経済発展することができた。韓国は，日韓基本条約による日本からの経済援助とベトナム戦争の特需によって経済発展し，最貧国から脱却して北朝鮮を経済的に追い抜くことに成功する。

　当時の世界においては，経済発展による中間層の成長が民主化をもたらすということが定理として信じられていた。台湾と韓国は，基本的に定式通りだったといえる。しかし，中国にはその定理を当てはめることができない。1989年の第2次天安門事件は，民主化なき経済発展の路を中国に提供し，今日に至っているのである。

20　馬場公彦「天安門事件に到る道　1988-1990年」，『アジア太平洋研究』第21号，2013年，125頁。

13 | 東アジアの人口問題─共通化する少子高齢化現象

《**目標＆ポイント**》　本章においては，東アジアに共通する社会現象である少子高齢化を多角的に，またグローバルな視点から考察する。合計特殊出生率の低下による少子化と平均寿命の延びによる高齢化現象は，日本だけでなく，台湾，韓国，香港，北京や上海などの中国都市部で深刻である。その原因は何か。東アジアに共通する問題点を分析する。
《**キーワード**》　合計特殊出生率，一人っ子政策，人口ボーナス，人口オーナス，高齢化，保育支援体制

1.　世界の人口問題

　歴史的に見ると，人口論には二つの潮流があった。マルサス（Malthus）は，1798年ロンドンで『人口論』を出版したが，資本主義が進むイギリスの状況の中で，「人口は，制限されなければ等比数列的に増大する。生活資料は，等差数列的にしか増大しない」と警告し，人口抑制の必要性を説いた。この時期，世界の人口は急増し10億人になっていた。マルサスは人口抑制を人々による「道徳的抑制」にのみ頼ろうとしたが，1824年，ブレイス（Brace）は『人口原理の例証』を出版し，初めて「出生制限」論を提起した。この新マルサス主義は，人為的・強制的「出生制限」に対する宗教的是非をめぐり，再び大論争を巻き起こすこととなった。

　マルサス主義・新マルサス主義に対する批判は，人間による労働の価

値を高く評価するマルクス主義の登場によって先鋭化する。1848年マルクスは『賃労働と資本』を書き，この中でマルサス人口論の「全くの馬鹿らしさ，下劣さ，および不誠実さ」を批判し，対抗概念としての「人口資本論」「人手論」などの人口論を展開した。

　国際的規模での人口論争の再燃は，1960年代から見られるようになる。20世紀の論点は科学技術や医学の進歩による人口の増加と「開発・発展（development）」との相互関連の分析にあった。72年に出版されたローマ・クラブの報告書『成長の限界』は，来るべき人口爆発に伴う資源・食糧の不足，環境の悪化を予見し，世界に警鐘を鳴らしたことで有名である。この論争から「経済発展こそが政治的・社会的安定をもたらし，人口過剰は経済発展の最大の阻害要因となる」という「定説」が生み出された。国連は1974年を「世界人口年」とし，8月にルーマニアのブカレストで第1回世界人口開発会議を開催した。ここでは人口抑制の目標が定められ，各国は人口政策を実施する義務を負うことを承認した[1]。当時ブカレスト会議の採択にはカソリックとイスラム教および第三世界の国々から強い反発があり，深刻な南北対立を浮き彫りにした。

　世界の人口は1800年には約10億であったが，1930年には約20億になった。人口が2倍になるのに130年を要したことになるが，その人口がさらに2倍の40億に達するのは1975年であり，わずか45年しかかからなかった。そして，99年11月ついに地球の生態系の許容範囲を超えるといわれる60億人に達した（2019年2月，約75億3,000万人）。2001年度版の国連人口基金（UNFPA）[2]発行の『世界人口白書』（*The State of World*

1　Cecilia Nathansen Milwertz, *Accepting Population Control － Urban Chinese Women and the One-Child Family Policy －*, Curzon Press, Richmond, 1997. 2p.

2　国連人口基金（United Nations Population Fund）は1967年国連人口問題活動信託基金として設立され，69年に国連人口活動基金（United Nations Fund for Population Activities），87年には現在の国連人口基金と改称されたが，その略称はUNFPAを継承している。74年から10年に1度の割合で国際人口開発会議を開催。人口問題を「持続可能な発展」と結びつけ，その問題点を提起し続けている。

表13-1　2018年－世界の人口ランキング

順位	国名	推計人口	順位	国名	推計人口
1	中　国	13億7,867万人	6	パキスタン	1億9,320万人
2	インド	13億2,417万人	7	ナイジェリア	1億8,599万人
3	アメリカ	3億2,313万人	8	バングラデシュ	1億6,295万人
4	インドネシア	2億6,112万人	9	ロシア	1億4,434万人
5	ブラジル	2億 765万人	10	メキシコ	1億2,754万人

典拠：「世界の人口　World Population」—http://arkot.com/jinkou/
※日本は2016年まで世界第10位だったが，2018年約1億2,650万人で，11位となった。

Population）は，世界の人口は2050年には93億人に達し，「人口増加，人口移動，消費及び生産の拡大が生態系に一段と深刻な影響を残しつつある」と警告したが，2019年4月に発表された「世界人口予測・2017年改訂版—United Nations（2017）. World Population Prospects: The 2017 revision」では，毎年8,300万人の人口増加が見込まれ，2030年には86億人，50年には98億人，2100年には112億人になるだろうと上方修正している[3]。

　この表から分かることは，現在世界の人口の10位の内，半分がアジアに集中しているが，前述した「世界人口予測・2017年改訂版」によると，2050年の人口ランキングは，インドが中国を抜いて1位になり，ナイジェリア，コンゴ共和国が3位と4位，パキスタンが5位，エチオピア，タンザニアが6位と7位に入り，アメリカが8位に下がり，ウガンダ，インドネシアと続く。すなわち，世界の人口増加はアフリカとアジアではインドとパキスタンが中心となる。いわゆる発展途上国の人口は，2005年は53億人であったが，25年は71億人，50年は83億人となる予測で，85％を占めることとなる。先進国ではさらに少子高齢化が進むことが予

3　https://www.jircas.go.jp/ja/program/program_d/blog/20170626，2019年4月5日アクセス

測されている。特に，東アジアではその傾向が強いといえる。

2. 東アジアの人口問題

（1）日本

　日本の人口は，総務省統計局の調査報告「人口減少社会の到来」の「我が国の人口構造の推移」によると，国勢調査を開始した1920（大正9）年の人口は，5,596万人であった。戦後は7,215万人からスタートし，2004年の1億2,779万人をピークに，翌2005年から出生数よりも死亡数が上回る「人口自然減少」へと転じた。そして，2046年には1億人を下回り，55年に8,993万人になると予測されている。これは，その100年前となる1950年代半ばの数値と同じだが，その人口の構成は大きく異なっている。

　総務省統計局の「人口統計2019年1月報」によると，2018年8月1日現在の日本の人口は，1億2,649万6,000人で前年から25万9,000人減少した。その構成は以下のようである。

　高齢者とは65歳以上を指すが，人口に占める割合が7％を超すと高齢化社会，14％で高齢社会，21％で超高齢社会となる。日本は，2010年に超高齢社会に突入したが，55年にはその割合が40％を超すと予測されている。現在世界で超高齢社会となっているのは日本だけだが，東アジアは，2022年過ぎに韓国，台湾，香港が，30年前後には中国が超高齢社会に突入すると予測される。その最大の理由は，この地域全体の長寿と常態的少子化にある。

　人口ボーナス（demographic bonus）とは，生産年齢人口（15～64歳）の増加率が人口増加率よりも高くなる状態を指す。戦後の日本は，人口ボーナスの恩恵により高度成長を実現した。しかし，日本はどこよりも早く，1990年に人口オーナス（onus－重荷，負担），すなわち生産人口

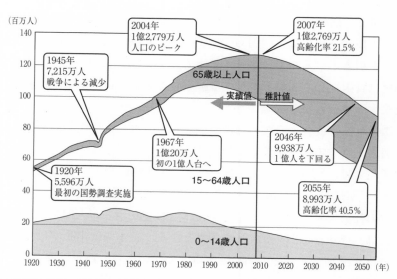

（百万人）

2004年
1億2,779万人
人口のピーク

2007年
1億2,769万人
高齢化率21.5%

1945年
7,215万人
戦争による減少

65歳以上人口

実績値　推計値

1967年
1億20万人
初の1億人台へ

2046年
9,938万人
1億人を下回る

1920年
5,596万人
最初の国勢調査実施

15〜64歳人口

2055年
8,993万人
高齢化率40.5%

0〜14歳人口

資料：実績値（1920〜2006年）は総務省「国勢調査」，「人口推計」（各年10月1日現在推計人口）」，
　　　推計値（2007〜2055年）は国立社会保障・人口問題研究所「日本の将来推計人口（平成18年
　　　12月推計）の中位推計による。
注：1941〜1943年は，1940年と1944年の年齢3区分別人口を中間補間した。1946〜1971年は沖縄県
　　を含まない。

図13-1　日本の「人口構造の推移」[4]

表13-2　2019年の日本の人口構成

年齢層	人口数	人口に対する比率
15歳未満	1,546万3,000人	12.2%
15〜64歳	7,552万5,000人	59.7%
65歳以上	3,336万5,000人	28.1%
うち75歳以上		（14.1%）
85歳以上		（4.5%）

4　「人口減少社会の到来」—https://www8.cao.go.jp/shoushi/shoushika/
whitepaper/measures/w-2006/18pdfhonpen/pdf/i1010400.pdf

が急減し，同時に高齢人口が急増する状態に陥り，それが加速化している。人口オーナスは，国別 GDP（Gross Domestic Product－国内総生産）を引き下げるので，当然のことながら一人あたり GDP も下がり，国民は貧困化し，高齢者に対する医療費と年金の負担が生産年齢人口を直撃することとなる。

　この状態を改善するためには，少子化を改善し，生産年齢を70歳以上に引き上げ，年給支給年齢を遅らせることを検討していく必要がある。少子化とは，「合計特殊出生率（一人の女性が産む子どもの数，以後出生率）」が低いことを指すが，非婚率の向上と晩婚化現象は，東アジア全体の社会現象となっている。例えば，日本が現在の人口を維持するためには，出生率は2.07の水準が必要となる。日本の低出生率は，戦後のベビーブームが去った1956年頃からすでに始まり，74年以降2.05を下回り，2005年には史上最低の1.26となった[5]。

　その後，緩やかに回復したが，2018年6月1日に厚生労働省が発表した2017年の「人口動態統計」によると，出生率は1.43で前年を下回り，出生数は3万人少ない94万6,060人にとどまった[6]。たとえ，今後出生率が上がっても分母となる子どもを生む女性の数が減少していくため，人口減少には歯止めがきかないことになる。この現象は，他の東アジアの国と地域でも同様に見られることとなる。

　その背景には女性の高学歴化と社会進出が考えられるが，その状況を支える社会の受け皿が未成熟な点が少子化を加速していると考えられる。日本では，ようやく2019年10月から幼児教育・保育の無償化が実施されたが，待機児童問題は解消できていない。そこには保育士，幼稚園教諭の不足，待遇改善の問題もある。対策の遅れが負のスパイラルを生んだといえる。ヨーロッパ諸国の取り組みと比べると，東アジアの少子

5　河野稠果『人口学への招待―少子・高齢化はどこまで解明されたか―』中公新書，2016年，9頁。

6　「日本経済新聞電子版」https://www.nikkei.com/article/DGXMZO31269800 R00C18A6EA4000/ 2019年3月30日アクセス。

化対策は極めて貧困であるといわざるを得ない。

　東アジアでは，伝統的に男性が外で働き，女性が家を守るという儒教的，家父長的な価値観がいまだに強く残っている。特に子育ては，基本的に母親一人が負担すべきであると考えられてきた。子どもを預けて，仕事をすることに「後ろめたさ」を感じる社会が存在してきた。そのため，「社会が子どもを育てる」ことが定着しているヨーロッパのような子育て支援社会の形成が遅れているのである。

　かつて少子化に悩んだフランスの2017年の出生率は1.88で，先進国では最も高い。その理由には「住居と教育・保育行政は節約しない」方針を確立したことがあげられる[7]。フランスでは，妊娠と出産，すべてに保険が適用され，妊娠4ヵ月から3歳まで乳幼児手当が支給され，片親手当も支給され，一人子どもを産むと，年金受給の資格年齢が2年短縮する，行政が責任をもつベビーシッター・保育ママ制度が充実している，などの対策で，出生率を劇的に回復した。因みに，フランスの6割が結婚していない親であり，結婚の形態も価値観も多様である。その上，高等教育に至るまで教育は基本的に無償となっている。後に述べるように，東アジアの少子化の原因の一つは，子育てにお金がかかる，特に教育費が高いことを考えると，改善策が急がれるのである。

（2）中国

　1974年2月，毛沢東はいわゆる「三つの世界論」を提起し，自ら中国を第三世界の一員と位置づけた。そのため，中国は前述したブカレスト会議に第三世界の立場で参加し，毛沢東の指示で先進国主導の人口抑制政策に強い反対を表明した。

　その中国が，1978年12月からいわゆる「一人っ子政策（独生子女政策）」を導入し，国家主導の人口抑制に踏み切ったことは，世界に衝撃を与え

7　高崎順子「なぜフランスは少子化を克服できたのか。その理由は，日本と全く違う保育政策だった」https://www.nikkei.com/article/DGXMZO31269800R00C18A6EA4000/2019年3月30日アクセス。

た。カソリック教会は，「中国の180度の政策転換は，まさに第三世界への裏切りである」[8]と非難し，アメリカの人権派からも強い批判を受けた。中国の人口政策は，「マルクスからマルサスへ」という大転換をとげたことになるが，それはまさに改革・開放政策と歩調を同じくしたのである[9]。

１）中国における人口動向

①中国の人口の推移

　近代の幕開けといわれるアヘン戦争が起きた1840年代初期，中国の人口は約４億1,000万人であり，その約100年後の1949年10月の中華人民共和国成立時の人口は５億4,167万人といわれた[10]。この間外国の侵略との戦い，内戦，それらの混乱に起因する農業生産の低迷，度重なる自然災害等の負の環境に悩まされ続けた中国においては，「多産多死」の状況が続き，人口増加率は極めて低かったといえる。そのことが毛沢東の判断を狂わせる一つの大きな要因となった。中国の人口は1988年末には10億9,614万人となったが，建国時の２倍になるのに40年しかかからなかったことになる。

②人口増加の要因

　このように中国の人口が急増した原因には次のことが考えられる。

ａ．国家統一と政治の安定，一元支配の継続

　　中華人民共和国成立によって中国は国家的安定期に入り，衛生と医療の発展のもとで乳幼児の死亡率が大幅に低下したこと，平均寿命が延びたことも人口増加の基本的条件としてあげることができる。

ｂ．「人口大国化論」および「毛沢東人口論」の存在

8　https://www.hvri.catholic.ne.jp/zimmern0.4htm. 2005年10月１日午後９時アクセス

9　家近亮子「社会問題と政策—人口問題・教育問題・社会保障問題—」，家近亮子・唐亮・松田康博編著『新版　５分野から読み解く現代中国』晃洋書房，2018年，193頁。

10　のちに，この時に１億人少なくする読み違いがあったことが指摘された。

　　伝統的に中国には人口が多いことは大国の証明であるという考えがあった。近代においては，孫文が「三民主義」の中で人口の多いことは「天の恩恵である」との見解を示した。また，毛沢東は建国後「人口は国力の象徴」という「人口大国化論」の考えを示した。これに加えて毛はマルクスの影響を受け，「人口の増加は経済発展の原動力，生産力の向上につながる」と主張した。このような「毛沢東人口論」は，共産党内部に存在していた馬寅初などの人口抑制論を封じ込め

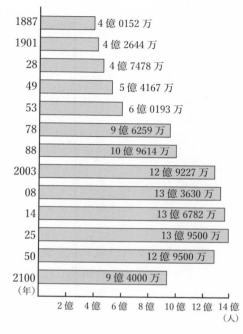

〔家近亮子・唐亮・松田康弘編著『新版　5分野から読み解く現代中国』晃洋書房，2016 年 200 頁〕

図13−2　中国の人口の推移グラフ

ることになり，「産めよ，増やせよ」政策が実行されることとなった。

c．農業立国としての特徴

　　農業立国であった中国では特に男子の労働力が不可欠とされた。その国家としての基本条件が古来儒教の家父長制を容認し，その家父長制が「多子多福」の考えを生み出してきた。このような伝統的考えに加え，建国後加わった新たな条件が「多子多福」を「多子多得」へと変質させる。すなわち中国では土地革命と農業の社会主義的改造，すなわち集団化が進んだ。生産物は農民個々人に平等に分配されること

となった。その結果，子どもが多い方が一家の分配が多くなるという現象が生じ，農民は多産に励むようになった。また，改革開放後導入された「生産請負制」も家庭内の人数が生産に影響するという結果をもたらし，「一人っ子政策」が徹底しない原因の一つとなった。

d．文化大革命前期（1966〜1971年）の人口急増の影響

　第10章で述べたように，文革は中国に10年にわたる未曾有の社会混乱をもたらしたが，その前期の5年間に人口は1億2,691万人が純増したといわれる。その理由として，若林敬子は紅衛兵運動・学校閉鎖・経験大交流への参加など「若者の暴走」を生み出す条件がつくられ，その結果「婚外婚出産」が増大したことを理由の一つとしてあげている[11]。

2）中国における人口政策の変遷

①節育運動・計画出産の萌芽

　建国後人口問題が論議されるようになったのは，1953年7月の第1回人口センサスの後である。この調査で6億193万人と，予想より1億人以上も多かったため，「節育運動」が展開されることとなった。54年12月劉少奇は「節育」の必要性を説く講話を行っている[12]。この時期の代表的イデオローグは，当時北京大学学長であった馬寅初であった。馬は1957年6月「新人口論」を発表し，「中国の人口は多すぎる」として，人口増大に伴う「十大矛盾（耕地面積・生産力・教育・食糧生産・就業・生活水準などとの矛盾）」について述べ，人口増加は経済発展の阻害要因になりうることを主張した[13]。

　まさに馬寅初の主張はブカレスト精神の先取りであったということができる。そして，馬は国家主導の産児制限政策導入の必要性を強調した。

11　純増のピークは70年の2,321万人—若林敬子『中国の人口問題』東京大学出版会，1995年。

12　劉少奇「提唱節育」（1954年12月27日），『建国以来重要文献選編』第5冊，1993年，712頁。

13　馬寅初「新人口論」，『人民日報』1957年7月5日。

これは，毛沢東人口論への挑戦と受け止められ，反右派闘争の渦中，58年４月になると馬は「中国のマルサス」というレッテルを貼られ，60年３月北京大学学長の職を解任されて失脚した。その後，経済調整期の1962年になり，劉少奇の指導下で中央・地方を通じて計画出産指導機構が設けられ，節育が試行されたが，文革の発動はこの芽を摘んだばかりでなく，人口の急増をその結果として招き，「一人っ子政策」導入への道を拓くこととなったのである。

②改革開放期の人口政策―「一人っ子政策」

a.「一人っ子政策」の開始と仕組み

　　文革前期の人口の急増に危機を感じた周恩来は，1971年初めから全国レベルで「計画生育」運動を再開させる。その結果73年８月には「計画出産指導小組」が設立された。この時の基本方針は「晩婚・晩産，一組の夫婦に子どもは二人まで」であった。

　　一般に「一人っ子政策」は1978年の天津市の一女性労働者の「国家への貢献のため少生優育を実行する」という宣言から始まったといわれる。同年12月３日，それに同感した天津市医学院の女性教職員44名が連名でいわゆる「一人っ子提議書」を市政府に提出した。この提議を受ける形で79年１月26日北京において全国計画出産辦公室主任会議が開催された。ここでは「一人っ子政策」の基本路線である「一組の夫婦につき子ども一人」が決定し，「独生子女証（一人っ子証明書）」の配布が開始された。

　　「一人っ子政策」の基本的な仕組みは，表13-3の通りである[14]。

　　この賞罰制度と同時に行われた「人口目標管理責任制」が地域における隣組の監視や職場請負制的役割を果たし，その達成率を競わせることとなり，都市における達成率をほぼ100％とした。村民委員会・居民委員会，機関・部隊・社会団体・企業事業組織などの単位が計画

14　若林敬子『中国人口超大国のゆくえ』岩波新書，2002年，63頁。

表13-3　「一人っ子政策」の基本的な仕組み

法律・条例名	規制内容
憲法（82年12月）	◎国家は計画出産を推進して人口増加を経済社会発展計画に適応させる　◎計画出産の義務　◎扶養の義務と婚姻の自由
婚姻法（80年9月）	◎計画出産の義務　◎結婚年齢制限（男22歳，女20歳以上）◎婿入の推奨・姓の自由　◎夫婦別姓・離婚・優生
各地区の計画出産条例（92年4月までにチベットを除く29地区で制定ずみ）	◎結婚年齢の上乗せ（都市：男27歳，女25歳，農村：男25歳，女23歳）　◎1夫婦子ども1人の宣言をして，一人っ子証を受領（2子以上は特定の条件を満たす夫婦のみ許され，出産間隔4年を経て，許可が必要）　◎超過出産・計画外出産に対する経済制裁と処罰　◎人口目標管理責任制の実施

賞罰制定

一人っ子宣言実施の夫婦 優遇策（七優先）	非実施の夫婦（計画外出産） 罰　則
◎奨励金の支給 ◎託児所への優先入所，保育費補助 ◎学校への優先入学，学費補助 ◎医療費支給　　◎就職の優先 ◎住宅の優遇配分，農村では宅地 ◎退休金（年金）の加算と割り増し	◎超過出産費（多子女費とも）の徴収，夫婦双方賃金カット ◎社会養育費（託児費・学費）の徴収 ◎治療費と出産入院費自弁 ◎昇給昇進停止

出産工作を監視すると規定されてきた（「人口と計画生育法」第12条）。

b．条例の改正─第二子出産規定

　都市における達成率の高さに反して，農村においては違反が続発した。農民たちは労働力としての男子誕生まで子どもを産み続けることが多く見られた。彼等は罰則を恐れて，先に誕生した女の子や障害をもった子を戸籍に入れないことが多く，戸籍を持たない子，いわゆる「黒孩子」[15]の増加が社会問題となり，その存在が条例改正の一つの要因となった。2011年現在で戸籍のない人口は，1.02％で1,370万人であった。彼らは，教育を受ける権利などを失うという深刻な状況にあ

15　中国政府が「黒孩子」に関する報道を公式に行ったのは，1988年6月になってからである。この時「黒孩子」の数は100万人といわれた（『人民日報』6月29日）が，実際はその20倍以上であると推定された。90年代に入り，各県・郷政府は「黒孩子」を戸籍にいれるようテレビ・ラジオを通じて訴えるようになった。

り，中国政府は特例措置として戸籍を与えるなどして現在その救済に取り組んでいる[16]。

　1984年8月メキシコ・シティで開催された第2回世界人口開発会議において，アメリカ（レーガン政権）は中国の人口抑制政策を強く非難し，国連人口基金への援助金（約40億円）を停止する決定を発表した。このような国際世論への配慮と農村における違反の増加を受けて，1984年から段階別・地域別に条例の改正が行われ，第二子出産の条件が拡大・緩和された。特に農村部では地域によって多少の違いがあったが，「第一子が女児の場合で出産期間4から5年をおき，母親は28歳以上」という条件で第二子がもてるようになった。また，もともと少数民族は，これも地域によって多少の違いはあるが，都市，農村を問わず夫婦双方が少数民族の場合許可されていた[17]。

　すなわち，厳密に言うと「一人っ子政策」は都市に住む漢民族のみ（一人っ子どうしの結婚は第二子が許されていた）に施行されてきた政策であるということができる。

3）中国の人口問題の現状と今後

　中国は，世界に前例のない人口抑制政策である「一人っ子政策」を開始してから36年目にあたる2015年10月，中国共産党はその政策を廃止し，翌16年1月から「一夫婦に子ども二人まで」の「二人っ子政策」を施行することを決定した。中国は「一人っ子政策」によって4億人の人口が抑えられたとその成果を強調しているが，その背後では次に述べるようなさまざまな社会問題が生み出された。

①男女比のアンバランス

　「一人っ子政策」は，「どうせ産むなら男の子」「どうせ産むなら優秀な子」という風潮を生み出し，女子や障害児が生まれると，捨てる，戸籍にいれない，殺害するなどの行為が横行した。その結果，中国におい

16　「「一人っ子政策」廃止の中国　戸籍ない闇っ子対策強化」，『NEWSポストセブン』2015.12.05，https://ironna.jp/article/2691

17　若林敬子『中国人口超大国のゆくえ』，69頁。

ては人口の男女比のアンバランスが顕著となり，2003年からは「関愛女孩（女の子を守る）運動」を展開し，男女比のアンバランスを是正することに躍起になっている。しかし，2015年末の中国の人口の男女比は，男：7億414万人，女：6億7,041万人となっており，男性の方が3,388万人多かった。このため，結婚できない独身男性（光棍児）[18]が2020年には2,400万人になると予測されている[19]。

②一人っ子社会の弊害

　一人っ子に対する過保護が生み出したエピソードには枚挙のいとまがない[20]。「小皇帝」と化した子どもに対する両親と両家の祖父母・6人による過保護は過干渉になり（「四二一症候群」），恋愛や就職の面接，入社式にまで両親が付き添うなどして深く介入している。彼等はまったく自立できないか，自立を望んでも，両親が子離れできないかの共依存関係にある。また，夫婦の親4人が高齢となった場合，介護などの負担が生産年齢人口に重くのしかかってくる。

③超高齢社会の到来

　前述した「世界人口予測・2017年改訂版」によると，中国では2020年高齢者は総人口の12.2％になり，35年には20.9％，50年には26.3％に達し，超高齢社会が加速することが予測されている。これに対して生産年齢人口は，2020年の70.4％から50年には59.7％に落ち込むと予測される。

　中国では2000年には65歳以上の高齢者の独居老人世帯（「空き巣老人」）が12％となり，2011年には50％を超え，70％に達する大・中都市もある[21]。この問題への対策として2012年「中国老人権益保護法（改正案）」

18　「光棍児　中国の結婚できない男たち」，NHK・BS1　2017年8月20日放送。

19　若林敬子・聶海松編著『中国人口問題の年譜と統計：1949～2012年』お茶の水書房，2012年，91頁。

20　河路由佳『間近にみた中国──一人っ子帝国の朝焼け──』（日本貿易振興会，1996年），陳丹燕著・中由美子訳『一人っ子たちのつぶやき』（てらいんく，1999年）など参照。

21　若林敬子・聶海松編著『中国人口問題の年譜と統計：1949～2012年』，90頁。

が出された。この原則は「老人の養老は在宅を基礎とする」ことにあるが，働き手の減少問題と相まって，その実現はきわめて困難となっている。今後日本同様，老人介護，年金，医療保険等の社会保障制度の充実が重要な政治課題となっていくことは必至である[22]。

④人口マイナス成長現象の創出

　中国の2000年の合計特殊出生率の全国平均は1.71であったが，北京は0.72，上海は0.68で，2003年に自然増加率はマイナスに転じた（03年，上海：－1.35％，北京：－0.10％）。この状況を受け，上海市においては2003年9月から条例の改正作業が開始され，農村に適用されていた第2子出産規定が都市住民にも適用されることとなった。これは北京市などの大都市でも同様に適用された。また，先に述べたように「一人っ子政策」は，2016年から「二人っ子政策」となったが，それでも人口の減少は止まらない。特に都市部において，それが大きく見られる。その理由は，東アジアが抱える全体の問題とリンクしているといえるのである。

（3）韓国

　2018年，東アジアばかりでなく世界の中で最も合計特殊出生率が低いのは，韓国となった。2019年2月27日の韓国統計庁の発表によると，18年の出生数は前年より3万人少ない32万7,000人で過去最少であり，出生率は0.98で1.0を割込むという衝撃的な数値となった。韓国の出生率は，1980年には2.82で高い水準を保っていたが，10年後の90年には1.57に下がり，2000年からは1.2前後であったが，17年は1.05と急落した[23]。

　また，平均出産年齢は，32.8歳で年々上昇する傾向にある。晩婚・晩産は，東アジアの一つの特徴となっているが，韓国ではその傾向が2010年頃から強くなっている。その理由には次のことが考えられる。

22　家近亮子「社会問題と政策─人口問題・教育問題・社会保障問題─」，199頁。

23　「韓国18年出生率，初めて1.0割れ　世界最低水準に」，『日本経済新聞　電子版』
　　2019年2月27日─https://www.nikkei.com/article/DGXMZO41815530X20C19A
　　2EA2000/，2019年3月1日アクセス。

1）若者の経済不安

次章で述べるが，韓国は世界でも有数の高学歴国である。その上，成人男子には約2年間の兵役（陸軍と海兵隊：21ヵ月，海軍：23ヵ月，空軍：24ヵ月）が課せられているため，就業年齢が他国に比べて高い。すなわち，24歳から25歳で就職することが一般的となっている。しかも，「大企業に就職しても40代後半になると，肩たたきが始まる雇

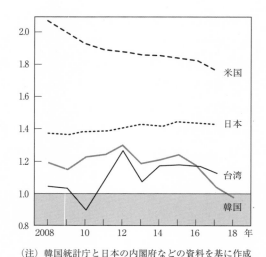

(注) 韓国統計庁と日本の内閣府などの資料を基に作成

図13-3　主要国・地域の合計特殊出生率
〔日本経済新聞〕

用慣行の存在」がある[24]。そのため，「恋愛・結婚・出産をあきらめる」,「3放世代」が出現したのである[25]。

また，財閥系の大企業と中小企業の待遇の格差，不安定な労働市場（平均勤続年数の低下など）[26]が結婚をあきらめる素地を作っている。

2）女性の社会進出

2008年のデータでは韓国の女性（25〜29歳）の就業率は70％前後であった。しかし，韓国では日本同様育児休暇をとると，昇進が遅れたり，復帰が困難だったりする企業文化があるため，キャリアアップを重視し，結婚を選択しない女性が増えている。2000年の30歳から34歳の女性の未婚率は10.7％であったが，15年には37.5％に急増しているのである[27]。

24　大西裕『先進国・韓国の憂鬱―少子高齢化・経済格差・グローバル化―』中公新書，2014年，22頁。

25　前掲「韓国18年出生率，初めて1.0割れ　世界最低水準に」。

26　大西裕『先進国・韓国の憂鬱―少子高齢化・経済格差・グローバル化―』，226頁。

27　https://www.nikkei.com/article/DGXMZO41815530X20C19A2EA2000/

　韓国政府は少子化対策として2009年から「アイサラン（子ども愛）プラン」を実施し，保育所の増設，保育料支援の拡大，施設未利用者世帯への養育手当導入などの対策，2013年3月からは5歳までの乳幼児の完全無償教育を実施してきたが[28]，その効果はまだ見られないといえる。

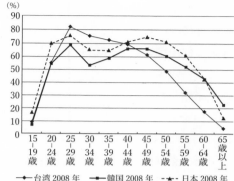

出所：日本は総務省統計局『労働力調査』各年度，韓国は統計庁『経済活動人口年報』各年度，台湾は行政院主計処『人力資源調査統計年報』各年度

図13－4　台湾・韓国・日本の年齢別女子労働力率表[29]

3）儒教文化の影響

　韓国では現在でも儒教文化が強く，「敬老」「孝道（親孝行）」が諸徳行の根本として協調されてきた。そのため，「高齢者は家督権者として家族を統率し」，「尊敬される存在であり，主として彼らが属する家族によって老後が保障される『家族責任』型の扶養形態」をとってきた[30]。当然，介護は娘，もしくは嫁の仕事とされるため，職業との両立が難しくなる。次に述べるように，韓国も人口抑制政策をとってきたため，中国と同様の現象（「四二一症候群」）が見られ，結婚に二の足を踏む女性を増加させているといえるのである。

4）人口抑制政策の歪み

　韓国では日本の戦後同様，朝鮮戦争後にベビーブームが生まれた（1955〜64年）。この時期の合計特殊出生率は，6.0を上回っていた。そ

28　裵海善『韓国の少子化と女性雇用』明石書店，2015年，78〜82頁。

29　瀬地山角「韓国の女性労働・高齢者労働─日本・台湾との比較を通じて」，春木育美・薛東勲編著『韓国の少子高齢化と格差社会』，慶應義塾大学出版会，2011年，94頁。

30　林在圭・矢野敬生「韓国における高齢化と高齢者問題の現在」，店田廣文編『アジアの少子高齢化と社会・経済発展』早稲田大学出版部，2005年，41頁。

こで，朴正煕政権は高い出生率は経済発展を阻害するとの認識から1961年5月に人口抑制政策を導入し，これを国策としたのである。すなわち，韓国では中国よりも17年も早く人口抑制政策を実施したことになる。63年には保険局母子保健課に家族計画係を設置し，家族計画事業10ヵ年計画を開始した。

人口増加率を段階別に低下させる計画は，その目標値を2.9％から1981年には1.5％まで下げるものであった。その間，73年には不妊・避妊手術，条件付きの妊娠中絶を合法化した（「母子健康法」）。1980年の家族計画事業においては，「2人も多い（1982年）」「1人だけ生んで若々しく過ごし，狭い土地を広く住もう（1987年）」などというスローガンを掲げ，さらなる少子化を促した。また，低所得層には不妊手術のための補助金を支給したりして国家事業として少子化に取り組んだのは中国と変わりがない。このような状況下で，1980年代には韓国でも中国同様の人口の男女比のアンバランスが見られるようになり，男女の産み分けで差別をしないように働きかける運動が起きたのである[31]。

韓国が人口抑制政策の放棄を宣言するのは1994年になってからであるから，33年間実施していたことになる。その期間は，中国の「一人っ子政策」と変わりがないことになる。その後は，少子化対策に転じ，2003年からは出産奨励政策を実施しているが，家族主義が強く，社会の受け皿が日本同様にできていないため，その成果が見られないのが現状である。

（4）台湾

台湾は，日本と韓国同様合計特殊出生率が極めて低い。「中華民国行政院主計処」の統計によると，2009年は1.03，2010年には1.0を下回った。そのため，台湾政府は出生率の向上に努め，2016年は1.17まで回復した

31　裵海善『韓国の少子化と女性雇用』，11〜15頁。

が，17年には1.13と減少している。いずれにしても，わずかな出生率の向上では分母となる女性の数が減少しているため，人口減少に歯止めがきかない。

1）人口抑制運動の実施

　その原因には，中国と韓国同様，国家主導の人口抑制運動の実施があったことをあげることができる。

　台湾の人口は，日本統治が終る1945年は600万人であったが，内戦による大陸からの移住もあり，63年には1,200万人を超した。20年足らずで2倍になったことになる。台湾は耕地面積も限られていたため，中国農村復興連合委員会主任であった蔣夢麟らは，産児制限の必要性を訴え，「幸福な家庭」というパンフレットを農民に配付して，産児制限の方法などを周知させようとした。しかし，中国国民党内部では前述した孫文の「人口は天の恩恵」という遺教を引き合いに出し，反対する意見が多かった。この時，蔣夢麟は「台湾の人口は毎年3.5％の増加率，すなわち35万人の割合で増加している」ため，食糧増産が追いつかないと訴え，何らかの対策をとるように主張したのである[32]。

　そこで実施されたのが「産児制限」に代わる「妊娠前衛生」計画であった。これは，婦女幼児衛生研究所が中心になり，看護婦に直接農村を巡回させ，農民に対して家族計画の知識と方法を普及させるという，農民の教化を目的としたゆるやかな人口抑制政策であった。当時の台湾の農村では子どもは4人以上が理想とされていたため，人口の急増が見られたのである。

　この「妊娠前衛生」キャンペーンは，1964年から全島で実施された。蔣介石は9月20日チリの記者に対するインタビューの中で「台湾省の人口増加率が高すぎるというのは事実である」「人口増加の速度が次第に落ちるような方法をとっている」として，この取り組みを容認する発言

32　高希均・李誠編『台湾の四十年』下，連合出版，1993年，19〜20頁。

をした[33]。この時期は，すでに韓国で産児制限が始まっており，大陸でも劉少奇が節育運動を展開していたため，それを意識したとも考えられる。いずれにしても，東アジアではブカレスト会議よりも前に経済発展のため，人口抑制を実施していたということになる。しかし，台湾では強制的な方法をとることを避け，あくまでも住民の自主性に任せるという方法を貫いた。

　その後，台湾では出生率が徐々に下がり，1985年には2.0になる。その傾向は，女子の大学進学率の向上に伴って，さらに下がり，現在の状況になった。

　筆者は，2016年勤務校の海外スクーリングで協定校である台湾の中国文化大学を訪問し，日本語文学系の先生方の協力を得，学生110名（女子・62，男子・48）に「家族に関する意識調査」のアンケートを実施した。その結果，「結婚したい」「結婚したくない」という問いに対して，「したくない」と応えた男子は28％であったのに対して，女子は37％にものぼった。この数値は，韓国のものとはからずも共通している。「したくない」は，経済的に「できない」が本音であることがその後のインタビューで判明している。

　また，結婚したら子どもが欲しいか，という問いに対して，「欲しい」と答えたのは，女子が60％であったのに対して，男子は30％にとどまっている。台湾は，超学歴社会のため，教育費にお金がかかり，子育てに自信が持てない若者の意識が垣間見える結果となった。

　台湾の場合，仕事に就いている女性は90％を超している。男子が徴兵で就業が遅れるため，雇用は大学卒業後直ちに就職する女子に有利となる。基本的に非正規雇用は存在しないため，会社の幹部に昇進している数も多い。結婚して子どもを産んでも仕事を続けるのが一般的だが，その場合，夫か妻の実家に頼るという家族型保育が多いという。それが不

33　同上，21頁。

可能な場合，女性は自らのキャリアを捨ててまで，結婚して子育てをするという選択をしなくなったといえる。

　東アジアにおいては，戦後人口が急増したため政府主導の人口抑制政策が実施された。その結果，経済発展が達成されて高学歴社会が創出され，社会進出する女性が増えた。しかし，旧態依然とした家族主義から脱却していないため，子育てに必要な受け皿となる社会が未成熟のままとなっている。それが少子化の最大の原因となっていると考えられる。この問題を改善するためには，この地域の伝統的な思想や風習，男女同権のさらなる深化，「子どもは社会が育てる」というヨーロッパ型の思想と支援の普及が必要と思われる。

14 | 東アジアの格差問題―要因としての教育問題

《目標＆ポイント》　本章においては，東アジアで深刻化する格差問題を教育の格差に焦点をおいて考察する。中国においては，都市と農村の格差が拡大しているが，それは特殊な戸籍制度によるところが大きい。また，それに伴う教育の格差が深刻化・固定化を招いている。この格差問題は，中国だけでなく東アジア全体に存在する。

《キーワード》　社会格差，戸籍制度（農村戸籍と都市戸籍），義務教育制度，高等教育，留学の動向，教育の無償化，奨学金制度

1.　格差社会

　歴史的に見て，世界には常に格差が存在した。ここでいう格差社会とは，収入や財産によって社会の構成員に階層化が生じ，階層間の移動が困難になる状態の社会を指す。近代以前の社会においては，出自によって身分が固定し，階層間の移動はほとんど不可能であった。イギリスで起きた産業革命は，資本家となる中産階級を生み出し，生産活動が新たな格差の原因を形成した。マルクスは，資本主義によって生じた格差を是正すべく，共産主義思想を生み出し，社会主義革命の必要性を説いた。

　ロシア革命以降，世界を二分するほど多くの社会主義国が生まれたが，現在では中国，ベトナム，ラオス，北朝鮮，キューバだけが社会主義を維持している。しかし，中国とベトナムは経済においては資本主義を導入したため経済発展し，平等原理の中の新たな格差，といういびつな社

会が出現している。

　各国の格差をはかる指標にジニ係数がある。これは，1936年にイタリアの統計学であったコッラド・ジニ（Gini）によって考案されたもので，社会における所得分配の不平等さを明らかにする指標となっている。これが高ければ高いほど格差が大きいということになるが，完全な平等社会の場合，数値はゼロになり，数字が1に近づくほど不平等，格差が大きいということになる[1]。

　図14-1によると，日本のジニ係数は，戦前は0.5を超えており，超格差社会であったことが分かる。戦後の高度成長期，「一億総中流」意識が常態化し，自分が「中流（中の下，中の中，中の上）」と思う国民は90％以上にのぼった。これに対して，上流と答えた人は1％にも満たな

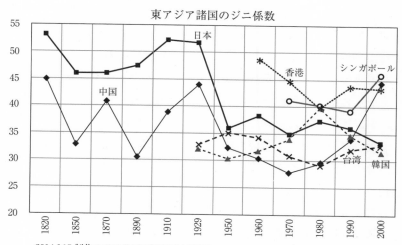

東アジア諸国のジニ係数

2014.6.15制作のINCOME INEQUALITYデータによる。ジニ係数は100倍した値
資料：Clio-Infra（www.clio-infra.eu）

〔典拠：http://honkawa2.sakura.ne.jp/8029.html〕

図14-1　東アジア諸国の経済格差長期推移

1　橘木俊詔『格差社会―何が問題なのか―』岩波新書，2017年，8頁。

く，逆に下流と意識している人々も5〜6％で推移してきたのである[2]。

2016年の世界ジニ係数ランキングによると，最も高かったのは南アフリカの0.62であったが，第2位となったのが中国で，0.51であった。因みに，日本は17位の0.34，韓国は27位の0.30であった。中国では2000年から数値が年々上がり，戦前の日本に迫りつつある。文化大革命期には0.27まで下がっていた中国の格差は，改革・開放によってなぜこのように拡大したのであろうか。

2. 中国における格差問題

毛沢東が最終的に目ざしたのは「共同富裕」であったが，その方法として人口の大多数を占める農民の貧困を改善することによって全体を「底上げ」する方式を主張した。毛沢東は，資本主義が横行すれば格差が拡大し，搾取と非搾取階級が復活すると警戒していた。「走資派」を徹底的に弾圧したのはそのためであった。

これに対して，劉少奇は性善説に立ち，「共産党員の修養」を徹底させ，経済改革を実行すれば，農民の生活も向上すると主張し，改革・開放の萌芽となった経済調整政策を実行した。そのため，第10章で述べたように，劉少奇は文革期に糾弾され，殺害された。しかし，同時に「走資派」として批判され農村に下放されていた鄧小平は，文革終結後復活し，劉の遺志を引き継ぎ，改革・開放を実現させた。

第12章で明らかにしたように，鄧小平は改革・開放政策発動にあたり，二つの理論を提起した。一つは，「先富論」であり，もう一つは中国共産党の領導を未来永劫不動とした「四つの基本原則」である。鄧小平の「先富論」の先にあるものは，毛沢東と同様の「共同富裕」である。しかし，その方法論は大きく異なる。鄧は，その過程で「一部の人々，一部の地域が先に富むこと」を容認した。現在，「先に富んだ人々が貧し

---

2 「国民意識調査」，佐藤康仁・熊沢由美編著『新版　格差社会論』同文館出版，2019年，5頁。

い人々を扶ける」状況は見ることができず，格差（農民と都市住民，都市と農村，沿岸部と内陸部，都市内部，農村間）は広がるばかりである。ここでは，その格差の原因を解明していく。

（1）改革・開放の歪み—「先富論」の功罪

　1979年以降平均経済成長率10％近くを達成した中国は，第2次天安門事件の翌年にあたる1990年12月の共産党13期7中全会で，国民経済の目標を「温飽」から「小康」すなわち，衣食が足りる状況からややゆとりある社会へと転換させることを発表した。この時点で，国民の90％が貧困から「温飽」へと移行したとし，これを改革・開放の最大の成果とした。しかし，それは天安門事件を改革・開放の影響とする共産党内部からの批判と対外的な孤立，および経済制裁に対抗する政治的アピールであった可能性が高い。なぜなら，実際には農村における貧困は依然として解消されていなかったからである。

　1990年12月24日，鄧小平は重要談話を出す。それは，党内になお残る市場経済への懐疑的見方（鄧のいう左傾化）を払拭する目的があった。中国では90年初めから第2次天安門事件後の思想統制と歩調をあわせるように改革・開放政策の推進にブレーキがかかる情況が見られた。鄧はその談話の中で，「資本主義と社会主義の違いは，市場経済と計画経済にあるわけではない」，「世界経済に参入するためには市場経済なしには不可能」であることを強調した。

　その後，鄧小平は1992年1月，深圳・珠海・上海などの南方沿岸の経済特区を視察し，いわゆる「南巡講和」を発表した。その主な内容は，①「一つの中心，二つの基本点」[3]路線は100年不動，②計画と市場は資本主義と社会主義の本質的区分ではない，③証券・株式導入の必要，④社会主義「三つの有利論」[4]の展開，であった。

3　「一つの中心」は，経済建設を指し，「二つの基本点」は改革・開放政策と「四つの基本原則」を指す。

4　「社会の生産力の発展」「総合国力の増強」「人民の生活水準の向上」をいう。

　この後，中国は全面的な市場経済導入に踏み切る。1992年10月12日から共産党14全大会が開幕し，ここで江沢民総書記は政治工作報告を行ったが，その内容は①「四つの基本原則」を立国の基礎とする，②社会主義初級段階論の継続，③社会主義市場経済体制の完成，④祖国統一問題の解決，一国二制度の実行，⑤持続的経済発展（年率8〜9％を目標とする）の堅持，そして⑥「先富論」を基礎とする「共同富裕論」の実現，にあった。改革・開放はここから第二段階に入り，現在に至っている。

　格差は，この時期から一気に拡大した。その理由の一つには，2002年11月の共産党16全大会において，「私営企業家」の入党が正式に認められたことがあげられる。これは，結党以来階級闘争を主要な政治目標としてきた共産党にとっては画期的なことであった。第2次天安門事件直後に党の総書記に就任した江沢民は，「共産党は労働者階級の前衛だ。搾取にしがみつき，搾取で生活する人を入党させて，どんな党にするのか」と発言して，彼らの入党を断固拒否した。その江沢民が2000年春には「私営企業家は党の改革と先富政策の下で育ち，元々は労働者であった」と語り，01年7月には「私営企業家は，中国の特色ある社会主義事業の建設者である」と定義づけた。そして，自らの任期の最後の仕事として彼らに入党の資格を与えることを決定したのである。

　しかし，階級概念論からすれば，「私営企業家」は紛れもなく資産階級そのものである。現在すでにその子女たちが成人し，資産を引き継ぐ（相続税，贈与税なし）状況が発生している段階において，彼らを労働者の一部として認知し続けることは論理的に無理がある。改革・開放前期はあくまでも計画経済の枠組みの中で資本主義経済を導入することが前提であった。しかし，後期は一気に市場経済が加速し，党籍をもった富裕な資本家層が出現してくる。党員であることが利益につながる現在，共産党員数は年々増加し，2019年7月時点で9,000万人を超えている。

　江沢民を引き継いだ胡錦濤総書記は，2007年10月の共産党17全大会で
「科学的発展観」を提起し，格差などの社会矛盾を是正し，「和諧社会（調
和のとれた社会）」の建設を目指すことを宣言した。「和諧社会」に関す
る議論は2004年から共産党内で行われていたが，安定を第一とすると，
改革・開放にブレーキがかかるのではないかという懸念が出された。共
産党には「小康社会」達成というもう一つの目標があったからである。
　その後党内での議論の末，2006年10月の共産党16期6中全会では，「我
が国は全体的には和諧社会といえるが，少なからぬ矛盾と問題がある。
主に，都市と農村，地域間において，経済社会面の発展の不均衡，人口・
資源・環境圧力の増大，さらに就職，社会保障，収入分配，教育，医療，
住居，生産の安全，社会治安などの方面で，関係する大衆の切実な利益
に比較的突出した問題が存在する」ことが認められたのである。これは，
共産党が公式に明らかにした改革・開放の問題点といえる。その後も

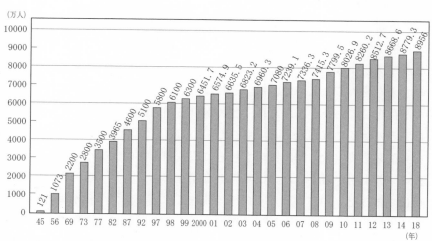

〔家近亮子・唐亮・松田康博編著『新版　5分野から読み解く現代中国』晃洋書房，2016年に一部追加〕

図14-2　中国共産党の党員数の推移

「和諧社会」の達成は困難を極めている。その原因には次のことが考えられる。

（2）格差の要因としての教育，人口，戸籍問題

　ここでは格差の拡大と固定化の最大の要因を教育問題とし，それに大きく関連している人口政策，戸籍問題をからめて論じていく。一般に「都市と農村の格差」を問題にするが，それは一概にはいえない。なぜなら，南方の広東省や福建省，上海近郊などの沿岸部の農村は豊かで，農民は農村戸籍を活用して農地を所有し，それを企業の工場建設などに貸し付け，高額な地代を得ている場合が多いからである。豊かな農村は，数多く存在している。問題は，貴州省や四川省の奥地の農村と北京や深圳・上海などの沿岸都市との格差である。最貧困農民と都市の最富裕層との収入格差は25倍以上になっている。

１）教育改革—義務教育の導入

　文革期，大学の学生募集は1966年から５年間，大学院生の募集は12年間，留学生派遣は６年間停止した。このように文革期の教育がさまざまな点で深刻な打撃を受けたことは明らかである。しかし，そこには一定の成果も認めることができる。それは，中学（初級中学）が農村にほとんど存在していなかったため，農民が自ら精力的に「民辦中学」を設立し，その普及に努めたことであった。

　文革終結後，教育問題に最も熱心に取り組んだのは鄧小平であった。まず，鄧小平が着手したのは高等教育すなわち，大学・専門学院のたて直しであった。1977年８月４日鄧は教育工作座談会で「我が国の知識分子は，社会主義に服務する労働者である」と発言してまず知識人の地位回復を行い，８月13日には全国高等学校招生（大学学生募集）工作会議が開催され，全国統一試験を実施することを決定した。これに基づいて

同年全国で570万人が受験をした。同時に鄧小平は，海外留学も推奨した。現在英米などへの留学は，後に述べるように，中国からが最も多くなっている。

　このような高等教育の早期の改革に対して，初等教育および中等教育改革は迅速には進まなかった。初等・中等教育改革が遅れた理由は，①農村部の小・中学校は人民公社内部に建設されている場合が多かったため，1985年6月の人民公社の解体までは抜本的な改革ができなかったこと，②義務教育導入のための党内調整と法整備とに時間がかかったことが考えられる。

　資本主義発展に寄与するための，また児童の労働を禁じた義務教育に対して，マルクスは反発し，それを資本家階級の子女のためのブルジョア教育制度であると批判した。そして，貧しい労働者・農民のために，勉学と労働を共存させる多様な形態の教育制度確立の重要性を訴えた。そのため，ソ連をはじめとする社会主義国では義務教育制度は採用されなかったのである。

　中国でも人民共和国成立以前は，毛沢東が「半工（耕）半学」の革命教育，いわゆる「解放区教育」を実施していた。文革期の教育は，まさに毛沢東教育理念の再来であった。1966年5月7日毛沢東はいわゆる「五・七指示」を発令した。その中で教育に関しては，学生は学業だけでなく，工業・農業・軍事をも学ばなくてはならない，との指示がなされた。その結果9月の新学期を前にして大学を含むすべての学校は閉鎖されることとなったのである。

　1967年になると，小学校は春節以降に再開されたが，学習内容は低学年では若干の算数と理科を学ぶが，高学年では『毛主席語録』『老三篇（「人民に奉仕せよ」「ベチューンを記念する」「愚公山を移す」）』や革命歌曲を中心に学び，軍事訓練にも参加する。大学・専門学院では政治学

習と軍事訓練が中心で，生産への参加が必修となり，農村への下放も奨励された。

　その後，全国の学校は散発的または部分的に再開されたが，通常の授業形態とはほど遠いもので，ほぼ全体の学校が再開されたのは1970年9月になってからであった。再開後の各学校におけるスローガンは，「旧解放区の教育経験に学べ」であり，「解放区教育」の復活がもてはやされた。例えば，上海の同済大学は67年夏，自ら学校名を「五・七公社」と改め，就学年数を3年に短縮し，生産活動への参加を最優先するカリキュラムを組んだのである[5]。そのような中国が義務教育を導入したことは画期的なことであった。

　1985年5月15日に開催された「全国教育工作会議」において，建国後初めて義務教育問題が論議された。激しい議論の結果，段階別にまた計画的に9年制義務教育を実施することが決定した。この決定に基づき，翌86年4月第6期全人代第4回会議において「義務教育法」が採択された。これは，まさに日本に遅れること100年目の決定であった。それは，抜粋すると次のようになる。

　　第2条　国家は9年制義務教育を実行する（小学校6年，初級中学3年）。

　　第4条　国家，社会，学校及び家庭は，法に依り学齢児童が義務教育を受ける権利を保証する。

　　第5条　およそ満6歳に達した児童は，性別・民族・人種の区別なく入学し，規定の年限の義務教育を受けなくてはならない。条件が整わない地区においては，7歳まで入学を遅らせることが可能である。

　　第6条　学校は全国で通用する普通語（標準語）の使用を普及させなくてはならない。

　　第10条　国家は義務教育を受ける学生の学費を免除する。

5　家近亮子「教育問題」，家近亮子・唐亮・松田康博編著『改訂版　5分野から読み解く現代中国』晃洋書房，2014年，194～196頁。

第11条　いかなる組織も或は個人も義務教育を受けるべき学齢児童・少年を雇用することを禁ずる。（児童の労働の禁止）

中国においては，1986年に義務教育が導入されてもその普及はスムーズではなかった。施行から93年までの小学校入学率は平均で97.1％であったが，中退者も多く，初級中学への進学率は76.1％にとどまっており，9年制義務教育の普及は困難を極めた。2007年9月になって，胡錦濤総書記の指導のもとに，農村での義務教育の完全無償化が実施されるようになり，それまで実施されていた学費の無償化に加えて，諸雑費（水道代・プリント代・下駄箱使用代など）も無料になった。これにより，2007年小学校入学率は99.5％に達した。

2）初等・中等教育の現状と問題点

中国においては中学校への入学時必ず全員が選抜試験を受ける必要がある。地域によっては，小学校の卒業生数と中学の募集人数に開きがあるため，中学に行きたくても行けない生徒が出て，中学浪人を強いられる場合がある。また，成績の悪い生徒には留年制度もある。その逆に学業に優れた生徒は「飛び級」ができる。そのため，従来詰め込み式の「応試教育」が行われてきた。これに対する反省から1999年から2003年にかけてカリキュラム改革が実施され，個人の資質を高めるいわゆる「素質教育」が重視されるようになった。

中等教育は初級中学と高級中学（高校）から成り立っているが，高校進学率は2017年には90％まで上昇している。しかし，これは，中学卒業者を対象とした数字なので，小学校，および中学退学者の多さを考慮すると，まだ低い水準にあるといわざるを得ない。

3）教育の機会均等問題—戸籍による教育の格差

これまで述べてきたように，中国は特殊な戸籍制度で農民の農村からの移動を禁止し，都市住民のための食糧生産に専念させてきた。しかし，

改革・開放政策により外国からの投資が進み，中国の「世界の工場」化とともに農村からの労働移動が急増することになった。1990年代になると，いわゆる「盲流（農村から都市への人口流入）」が激しくなり，中国の出稼ぎ労働者，いわゆる「民工」は都市工場の安い労働力として急増した。しかし，その陰で教育の格差問題が発生している。

　農民がある都市に出てくる場合，受け入れ先の企業の許可書が必要となるが，その都市の戸籍を取得することはできない。中国の戸籍は，日本でいう住民票の機能に類似している。たとえば，北京市の戸籍を持っていても，上海市の戸籍が取得できるわけではない。戸籍は所属行政機関がそれぞれに管理する仕組みとなっている。したがって，農民が都市の工場で雇われても，その都市の住民サービス（教育・医療・社会保障など）を受けることはできない。

　近年数多くの農民が「民工」として，都市へ出稼ぎに出ている。彼らは家族単位で移動している場合が多い。「流動児童」と呼ばれる「民工」の子は農村戸籍であるため，出稼ぎ先の都市の公立学校には入れない。そのため，私塾に近い無認可の「民工学校」に入ることになるが，学費などが高く，廃工場やマンションの一室に教室を設けるなど，教育環境は劣悪な場合が多い[6]。そのため，就学のため子どもだけが農村に帰るケースが多く，いわゆる「留守児童」が増加している原因となっている。戸籍の壁に阻まれ，都市の公立学校に行けない「民工」の子の就学問題は，戸籍制度改正の問題と合わせて，習近平政権に負わされた重い課題となっている。

　また，高校（高級中学）はその80％が都市部に偏在しているため，農民の子が進学する場合，都市に出る必要がある。それは，経済的に困難を極める。当然，農民の子がさらに上の高等教育を受ける機会はさらに限られることとなる。

6　仲田陽一『知られざる中国の教育改革―格差社会の子ども・学校の実像』かもがわ出版，2014年，155〜159頁。

　このような状況を打破するため，2017年李克強首相は戸籍制度改革に着手し，「多くの都市で戸籍の制限を緩和する」ことを宣言した。例えば，北京市は人口が2,000万人だが出稼ぎなどで北京市の戸籍を持たない住民は800万人いる。その人々に対して，点数制度による選抜を実施するようになった。「学歴・居住年数・社会貢献度」などを点数化して選抜する方法である。その結果，2018年には12万人の応募があったが，北京市の戸籍を取得できたのは6,019人に過ぎない[7]。わずか5％の合格率では，さらに都市戸籍を特権化する可能性がある。ここでも学歴は大きな要素となっているため，ますます教育の格差が拡大する可能性がある。

4）「一人っ子政策」と教育の格差

　第13章で述べたように，中国では改革・開放政策と時を同じくして「一人っ子政策」が開始されたが，働き手としての男の子（童農）を必要とする農村部では違反が相継ぎ，「黒孩子」が増えたために1984年に条例を改正して，条件付きで二人目を産むことができるようになった。しかし，実際には男の子が生まれるまで生み続けることが多く，3人以上子どもがいる家も珍しくない状況にある。

　これに対して，都市では「一人っ子政策」達成率はほぼ100％で，一人っ子は「小皇帝」化し，親は教育費を惜しまず，「貴族学校」と呼ばれる私立学校も登場し，教

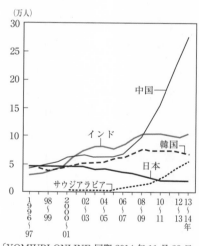

〔YOMIURI ONLINE 国際 2014 年 11 月 23 日
をもとに作成〕

図14-3　アジア諸国からの米国の大学・大学院への留学生数推移

7　「北京市の‘市民選抜’〜中国戸籍制度改革の行方〜」，NHK2019年1月30日放送，https://www.nhk.or.jp/kokusaihoudou/archive/2019/01/0130.htm

育費は年々高騰し，海外留学も急増し，アメリカやイギリス留学は中国からの学生が最も多い。上海や北京の都市住民は，二人目を許可されても教育費がかさむので，一人しか子どもを産まない家庭が多い。そのため，少子化となっている。これに反して，貧しい農村においては，教育内容，教師の質など多くの問題を抱え，中学卒業率も低く，高校に進学できる可能性も極めて低い。ましてや，高等教育を受ける機会はほとんど失われているといわざるを得ない。都市と農村の格差は，教育の格差の拡大により固定化するおそれがある。

5）高等教育の普及と就職難問題

　中国では改革・開放後の個人所得の向上によって，高学歴願望が急速に増大した。その傾向を受けて，1999年全国統一試験（7月7日）直前の6月25日，中国政府はその年の高等教育機関の募集定員を3割増大させることを発表した。その結果，募集定員が前年度の108万3,600人より51万3,200人も多い159万6,800人となった。これは，前年度比47.4％の増加であった。この年から年々募集定員は増加し，2007年には実に99年の3.5倍にあたる566万人に拡大している。まさに，高等教育の大衆化が急速に起きたのである。2016年の大学や短大などの高等教育学校への進学率は42.7％に達した（1990年は3.4％であった）が，2019年には50％になると教育部は予測している[8]。このことによって引き起こされた問題点は，以下のようである。

①学費の値上げ

　募集定員増加の背景には「教育産業化論」の存在がある。国家にとってまた地方政府にとって，学費は大きな財源となる。1999年募集定員拡大と同時に全国の国公立大学は学費を40％値上げした。これによって，それまで貧しくともなんとか進学の可能性があった優秀な農民の子の高等教育への進学が極めて困難になった。

8　「教育部：中国の大学進学率，4年間で12.7ポイント増」, http://j.people.com. cn/n3/2017/0711/c94475-9240220.html

②私立学校の増加

　私立学校の設立はまず1985年の「教育体制改革の決定」により個人経営など多様な経営形態が推奨され，93年の「私立大学設置暫定規定」によって正式に幼児教育から高等教育まで設立することができるようになったが，年々学費の高い私立学校が増加している。

③「両包制度」改革―大学生の就職の自由化と就職難―

　本来社会主義における高等教育は，国家の社会主義事業に奉仕する人材を育てる目的のために存在していた。そのため，中国でも学費・寮費ともに国家が負担し，さらに奨学金を出している場合が多かった。その代わりとして大学生は卒業後の職場への配属は選択することができず，大学側の決定に従ってきた（「両包制度」）。しかし，この制度は1994年１月に見直されることとなり，卒業後の職業選択の自由が認められることとなった。

　「両包制度」の廃止によって大学生は職業選択の自由を手に入れたが，その代わりとして就職難を経験するようになった。大学卒業生数の急増がこれを深刻化している。たとえば，2013年の卒業生は699万人であったが，７月１日付けの内定率は73.3％であったため，大学生の就職難は，深刻な社会問題となった。

　2018年の新卒者は820万人に増加したが，全国省都市の９万168人を対象に行ったアンケート調査によると，「就職がうまくいって，満足」と答えた人は0.9％に過ぎず，「非常に厳しく希望に合う就職は難しい」は34.6％，「就業は難しいが，その状況を受け入れざるを得ない」と答えた人は48.2％にのぼっている。すなわち，約83％の若者が不満足な状態で仕事に就いているのである[9]。これは，都市内部の格差を深刻化する要因となっている。

　まず，中国が取り組むべき問題は，農村における義務教育の徹底と教

9　「中国で新卒の就職難が問題に」，https://zuuonline.com/archives/185682

育の質の向上である。都市の重点大学で教員免許を取得した学生が農村に行くことを拒否するため，教師の質の差が深刻になっている。そのため，現在中国の重点大学では卒業要件として大学生や大学院生たちに貧しい農村に行って，半年から1年間ボランティアで教師体験をさせる取り組みを行い，一定の成果をあげているが，抜本的な問題解決とはなっていないのが現状である。

3. 東アジアの格差問題

　中国に比べて，日本・韓国・台湾の教育の機会は均等であり，義務教育（台湾の場合，「国民教育」）は完全に普及している。また，高校への進学率も高い。そのため，高等教育機関進学率は，他の地域に比べて高くなっている。2018年8月に日本の文部科学省が発表した調査によると，2017年度の大学・短大の進学率は，57.9％で過去最高となったが（専門学校を合わせた高等教育機関への進学率は81.5％であつた），女子の割合は45.1％であった[10]。しかし，韓国や台湾と比較すると，日本の高等教育機関への進学率はまだ低い。台湾では約90％，韓国も約93％であり，世界有数の高等教育機関進学率を保っている。

（1）日本

　上述した大学進学率は世界ランキングで見ると，44位であり，先進国の中では決して高いとは言えない（韓国は5位）。そのうち4年制大学は，49.6％であり，さらに低くなっている。日本では80％以上が私立大学であり，圧倒的に多い。因みに，韓国4年制大学の場合，国公立が46校で私立が121校であるので，その割合は61％でアメリカに近い。また，台湾の場合は，54.7％が私立大学となっている。

　また，日本では2013年から国公立大学の改革が行われ，独立法人化さ

10　「2018年度の大学・短大進学率57.9％で過去最高に」，「大学ジャーナル ONLINE」，https://univ-journal.jp/22013/.

れた。各大学に裁量権が与えられたわけだが，その代わりに学費も上がっている。また，私立大学の学費は年間平均80万円を超しているため，大学に進学できる家庭は限られてくる。奨学金は，日本育英会のものが一般的であるが，卒業してからの返済に追われる人も多く見られる。給付型の奨学金は極めて少なく，親の負担と学生本人が負う負担（アルバイトや奨学金返済）が大きいのが現状である。

　このような状況下，日本の場合，教育の格差が社会的な格差につながっている現状がある。日本は，本来終身雇用が重んじられ，転職は「負」の行為と見られていた。キャリアアップのために転職を行うアメリカなどとは就職に対する考え方が異なっていたのである。それに対して，「聖域なき構造改革」を実践したのが小泉純一郎内閣であった。これにより，労働構造が激変し，非正規雇用（パートタイマー・アルバイト・契約社員・派遣社員）の労働者が急増した。そのため，2002年から06年にかけて，正社員は72％から67％に減少したのである[11]。

　2015年から政府は正社員を増やす政策を実行に移したが，それでもこの改造によって生まれた非正規雇用の人々と正社員との格差を埋めることができないでいる。彼らをフリーターと規定すると，その学歴別構成比は，大学・大学院卒が男性12.5％，女性8.0％に対して，中卒と高卒の占める割合は男性71.3％，女性65.0％と圧倒的に高いことが分かる。雇用体系は賃金に影響するが，正社員・正職員の生涯賃金の平均が2億791万円であるのに対して，非正規雇用の生涯賃金は1億426万円と1億円以上の差があることが指摘されている（数値は2006年現在）[12]。教育の格差が雇用形態に影響し，生涯賃金を引き下げ，貧困化を招いているといえるのである。彼らは，賃金の低さから結婚できない層を形成している。当然年金額も低いため，彼らが高齢化したときは，高齢者の貧困問題が今以上に深刻化することは必至である。

11　総務省『労働力調査』，https://www.stat.go.jp/data/roudou/index.html
12　橘木俊詔『格差社会—何が問題なのか—』，141〜143頁。

　日本は，2019年10月から幼児教育・保育の無償化に踏み切り，少子化を改善しようと企図しているが，そのためには，高等教育をフランスを始めとするヨーロッパ諸国のように無償化とするか，給付型の奨学金を増やす必要があると思われる[13]。

（2）韓国

　韓国の格差は学歴によるものよりも，産業構造によるところが大きい。日本は，戦前三井・三菱・住友・安田の四大財閥（コンツェルン）が産業界を支配し，独占していたが，戦後 GHQ によって解体され，独占禁止法も制定された。しかし，韓国においては戦後も財閥支配が継続している。

　韓国の財閥（チェルボ）は，創業者一族の家族経営が特徴となっている。サムソン・LG・現代自動車・ロッテなど世界的ブランドとなっている企業が多く，韓国の経済発展を促進してきた。財閥系企業のトップは，政治的・社会的地位も高く，影響力がある。財閥系の企業とそれ以外の中小企業との賃金の格差は大きく，社会的格差の主要な原因となっている。

　また，日本同様に非正規雇用の問題がある。韓国の非正規雇用は，「限定的労働者（契約・嘱託・臨時雇・季節雇など），「時間制労働者（パートタイム）」，「非典型労働者（派遣・請負・在宅・特殊形態など）」に分かれているが，その比率は，男性26.6％，女性39.9％となっていて，女性が圧倒的に多い。その理由の一つには，結婚・出産による経歴断絶があげられる。韓国も日本同様に出産後の職場復帰が難しいことが浮き彫りになる。

　さらに，定額給与を見ると，正規雇用の男性を100とすると，女性は70.0％と低いが，非正規雇用になると男性が58.8％に，女性は40.1％ま

13　2019年５月10日，「大学無償化法」が成立した。これにより，2020年4月から住民税非課税家庭（年収270万円未満）の子どもの授業料は免除される他，返還不要の奨学金も給付されることとなった。

でに落ち込む[14]。そのため，韓国の女性は満足のいく職に就くと，結婚して出産することを拒む傾向にある。彼らが安心して子どもを産む環境を提供するには，保育施設の充実とともに雇用形態の安定化，男女平等化が急務といえるのである。

（3）台湾

13章で記述した筆者が行ったアンケート調査によると，台湾の場合教育の格差と男女間の格差は，日本や韓国ほど見られない。台湾の高等教育機関は，4年制大学と職業訓練に特化した専科学校，独立学院（単科大学），技術学校（4年生と2年生）であるが，職業教育が充実しており，即戦力となる人材の育成がなされている。したがって，会社や公務員として幹部となっている女性の数も多い。問題となるのは，全体としての賃金の低さである。中国資本と観光者の増加により，物価が高騰しているにもかかわらず，賃金が上がらないことで若者が結婚したくてもできない，教育費が高くて子育てが不安，親の介護は在宅が多くその負担も大きい，という社会不安が起きているのである。

台湾は，教育格差の少ない社会を創出したが，そのため賃金格差がつきにくい社会となり，かえって全体の賃金を引き下げる現象が見られる。教育費が高く，また中国との関係で将来に不安を抱えているため，少子化が進んでいるといえるのである。

14　裵海善『韓国の少子化と女性雇用—高齢化・男女格差社会に対応する人口・労働政策』明石書店，2015年，94〜101頁。

15 ┃ 東アジアの今後―対立と共存関係のゆくえ

《目標＆ポイント》 最終章となるここでは，東アジア全体の問題点とそのゆ
くえを多角的に考察する。近年，歴史研究のグローバル化が盛んであるが，
それにともない歴史認識問題のグローバル化も進みつつある。対立点として
の領土問題，共通危機としての北朝鮮問題，共存する人的交流，経済活動の
活発化などを総括する。
《キーワード》 歴史認識問題，教科書問題，慰安婦問題，尖閣諸島，竹島，
北朝鮮の核問題，台湾問題，観光，留学，人的交流

1. 現代東アジアの国際関係―恒常的対立の形成

（1）日本の中国への援助，歴史認識問題の政治化

　日本は，第12章で述べたように大平正芳内閣の時代から中国の改革・
開放政策に理解を示し，経済的・技術的援助を行った。中国側もこれに
対して感謝の意を表明し，日中友好ブームが起きた。日本人の中国への
観光と植林などのボランティア活動も活発化した。筆者も何度か四川省
成都のパンダステーションや瀋陽郊外の農村部へ植林に行った経験があ
る。それを物語るように，毎年内閣府の行っている「外交に関する世論
調査」は，この時期が中国に「親しみを感じる」日本人の数が最高値を
示している。

　日中関係に微妙な変化が見られるのは，1982年6月に起きたいわゆる
「教科書事件」からである。それまでは，「日本の援助＞歴史認識問題」

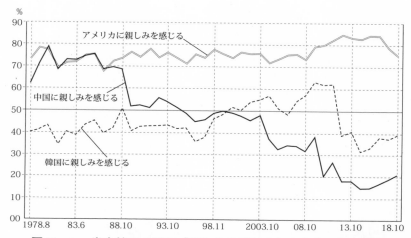

図15-1　米中韓の3国に「親しみを感じる」日本人の数の推移
出典：内閣府「外交に関する世論調査」の概要，2018年12月30日発表のデータ

「過去＜未来志向」の関係が見られた。鄧小平も華国鋒も趙紫陽も歴史は重要としながらも，「日本の協力は重要」との考えを優先した。現にその前年の81年，鈴木善幸内閣の全閣僚が靖国神社に参拝しても，中国からの批判はなかった。それが第12章で述べたように，85年の中曽根康弘首相の参拝から中国は激しい抵抗を示すようになる。翌年の8月14日，後藤田正晴官房長官は「近隣諸国の国民感情に配慮し，明15日の総理大臣の靖国参拝は差し控える」ことを発表した。首相の参拝は，それから2001年の小泉純一郎首相の参拝までの15年間，行われることはなかった。

　1989年6月4日の第2次天安門事件後，アメリカをはじめとする西側諸国は一斉に中国から引き揚げ，経済制裁を実行した。中国への投資は，リスクが高いとされたため，改革・開放は大きく減速せざるを得なかった。この時，日本は宇野宗佑内閣であったが，成立翌日に起きた本事件に対し，宇野は竹下内閣が決定した第3次円借款を凍結するなどしたが，

「中国の孤立はない」とアルシュ・サミットで発言するなど，西側諸国と距離をおく対応をした。

　宇野内閣は短命に終わったが，後を継いだ海部俊樹首相は天安門事件後，中国を訪問した最初の西側の首脳となった。1990年8月10日李鵬国務院総理と会談した際，海部は「政治と経済両面の改革」への期待，「民主と人権状況の改善」に対する要望を伝えたが，「1,296億円の第3次借款」の実行を約束した。

　海部内閣を引き継いだ宮澤喜一内閣の時，長年の日中間の懸案であった天皇訪中が実現した。1972年9月29日に上海空港に田中を見送った周恩来は，「天皇陛下によろしく」と伝えた。それから20年。中国の天皇訪中への長年にわたる要請は，日中国交正常化20周年の記念行事として実現したのである。92年10月23日訪中した平成天皇は，歓迎晩餐会で楊尚昆国家主席の歓迎の辞に応えて，「わが国が中国国民に対し，多大の苦難を与えた不幸な一時期がありました。これは私の深く悲しみとするところです」と挨拶した[1]。この言葉は中国では高い評価を受け，日本の歴史認識問題に対しても一つの区切りをつけることとなり，この後，

日本政府の発言は，55年体制が崩れ，自民党政権ではなくなったこともあり，変化していくことになる。

　1993年8月首相となった細川護煕（日本新党）は，就任早々先の戦争を「私自身は，侵略戦争で間違った戦争だと思って

図15-2　平成天皇夫妻の訪中。中央は当時の江沢民総書記（1992年10月）

〔写真提供：共同通信社〕

1　『朝日新聞』1992年10月24日。

いる」と述べた[2]。その後，羽田孜首相（新生党）は「侵略行為」と「植民地支配」の認識を示し，この傾向は94年6月に首相となった村山富市（日本社会党）に引き継がれていく。

　中国が現在でも最も高く評価しているのが村山首相の歴史認識である。1995年8月15日に出されたいわゆる「村山談話」には「誤った国策にもとづく植民地支配と侵略」，「反省」とともに「心からのお詫びの気持ちを表明」という言葉が入り，中国との「記憶の共同体」を構築する可能性を示した。ただ，この談話は公式文書としては残されていない[3]。しかし，その後橋本首相から安倍首相にいたるまで歴代の政権は「村山談話」の基本精神を引き継ぐことを表明している。

（2）歴史認識と歴史認識問題

　2015年2月19日，アメリカの新国防長官アシュトン・カーター（Carter）は，国防総省内で開かれた職員との対話集会での演説で，世界の不安定要因の一例として「アジア太平洋地域における過去をめぐる癒えない傷と，確固たる安全保障制度の欠如」をあげた。これは，東アジアの歴史認識問題を指していることは明らかである。このように，東アジアの歴史認識問題は，グローバル化しているのが現状である。

　歴史認識という言葉は，歴史学上は一般的ではない。歴史認識という言葉を英語に直訳すると，"recognition of history"になるが，意味は「歴史を知ること」と訳され，E. H. カー（Carr）の提起した「歴史とは何か」（"What is History ?"）の概念につながっていく。

　E. H. カーは歴史の事実に関して，「すべての歴史家にとって共通な，謂わゆる基礎的事実なるものは，通常，歴史家が用いる材料に属するもの」で，「いかなる事実に，また，いかなる順序，いかなる文脈で発言を許すかを決めるのは」，歴史家の作業であると説明している[4]。さらに，

2　『読売新聞』1993年8月24日。

3　「村山内閣総理大臣談話」（「戦後50周年の終戦記念日にあたって」），http://www.mofa.go.jp/mofaj/press/danwa/07/dmu_0815.html

カーはこのような視点から「歴史から道徳的判断を除去する」ことを主張するようになる。

　1970年代から各国で盛んになった「ポスト・モダンの歴史学」においては、「言説（ディテール）と歴史的事実との関係を切断し、歴史的事実は所詮捉えられないものとする不可知論」を主張し、「事実の追求は放棄」するようになった。また、このような歴史学の傾向から歴史における「人間の責任の領域は狭められていき、ついには責任という概念は除去される」に至る[5]。

　このように、歴史学においては「事実の追求」「道徳的判断」「責任という概念」が希薄になる傾向にあるが、政治化した歴史認識問題では逆にこの点が重視される。ある一定の歴史「事実」に関する認識を共有しているかどうか、それに対する責任の所在と謝罪の是非をめぐって引きおこされる問題が歴史認識問題である。東アジアにおいては、中国や韓国が主張する特定の歴史事象に対して、日本も同様の認識をもつことが当然である、という両国の主張に日本がどのように対処するかということが問題の本質となる。

　理論的にいうと、歴史認識は自然に認識するものではなく、「現在に結びついた全体的体験」を「統一的体験」として意識的に「了解」することから形成されるものである[6]。石田雄は「歴史事実」の中から「集

図15-3　ソウルの植民地歴史博物館

4　E. H. カー著、清水幾太郎訳『歴史とは何か』岩波新書、1962年、8頁。

5　松村高夫「歴史認識と『歴史問題』」、『三田学会雑誌』98巻4号、2006年、1〜8頁。

6　岸本昌雄『歴史認識の論理』河出書房、1947年、6〜7・85頁。

団的記憶で支えられたもの」を「記憶の共同体」と規定した。そして，この「記憶の共同体」は「集団的な記憶の過程で，（中略）制度的には歴史教育や国家的行事における象徴的祭典によって強められる」としている[7]。その「全体的な統一体験」は，国家主導の歴史教育や歴史記念館の展示，歴史記念日などで行われる式典などで培われ，引き継がれていく。中国の歴史教科書や愛国主義教育の拠点となっている南京大虐殺記念館や北京の抗日戦争記念館，韓国の国定教科書や2018年8月にオープンしたソウルの「植民地歴史博物館」は，その象徴と考えられる。

（3）歴史認識問題の政治化—新たな教科書問題：日本からの反発

中国は改革・開放政策推進のため，外交においては全方位外交を推進し，外国からの投資と貿易の振興を行った。天安門事件でそのスピードは落ちたが，続く冷戦の終結は世界のグローバル化における価値観の共有を期待させた。その期待を最も強く持ったのは日本であったといえる。そのため，日本は惜しみない援助を行ったのである。

歴史認識においても，村山談話が出される素地が日本の政界にもあった。しかし，そのような日本政府の対応は，日本国内に反発を引きおこした。「日本を守る国民会議」は，日本の教科書が「自虐的に描く傾向が強い」とし，「日本人として，誇りを持てるような」教科書を出版しようとし，高校教科書『新編日本史』（原書房）を編集した[8]。ここから「自虐史観」という言葉が出てくる。これが1986年に検定に合格し，中国，韓国などから反発が起きた。

この中韓の抗議に対して，中曽根康弘首相は1982年8月26日に出されたいわゆる「宮澤談話」[9]にもとづく「近隣諸国条項」の精神で対応す

7　石田雄「戦争責任論再考」，『現代史と民主主義』年報『日本現代史』1996年第2号，東出版，3頁。

8　村尾次郎監修『新編日本史のすべて』原書房，1987年，134頁。

9　正式名「『歴史教科書』に関する宮澤内閣官房長官談話」。– http://www.mofa.go.jp/mofaj/area/taisen/miyazawa.html

るよう指示したため，文部省は4回にわたって『新編日本史』の執筆者に対して植民地支配などの内容について修正を求めた。その結果，7月に文部省が検定合格を正式に決めた時には，同教科書の記述はかなり修正されていた。その後，日本の教科書においては，「近隣諸国条項」に沿った侵略と加害行為に対する記述が詳しくなり，「従軍慰安婦」についての記述も載るようになる。

　そのような政府の見解と中韓の日本批判に対して，1996年6月，自民党有志議員が「自虐的な」歴史認識や「卑屈な謝罪外交」の見直しを目的として，「明るい日本・国会議員連盟」を発足された。また，97年2月には中学用歴史教科書に「従軍慰安婦」の記述が載ることに疑問をもった自民党若手議員が「日本の前途と歴史教育を考える若手議員の会」を発足させ，6月に同会は「文部省や教科書会社に元慰安婦の記述削除を申し入れる方針」を決めた。

　このような状況下で民間からも教科書批判が激しくなっていった。1995年1月東京大学教授であった藤岡信勝は，自由主義史観研究会を発足させ，96年7月20日に「従軍慰安婦」の記述を中学歴史教科書から削除するよう文部大臣に求めることを決定した。また，12月に西尾幹二などは，歴史教科書は自虐史観に陥っているとして，新たな教科書作りを目指す「新しい歴史教科書をつくる会」（以下，「つくる会」）を発足させた。

　2001年4月「つくる会」が編集した『新しい歴史教科書』と『新しい公民教科書』が文科省の検定に最終的に合格したことが発表された。これに対して中国は，「侵略の歴史を美化する」ような「つくる会」の教科書が検定を通ったことに対して，「大きな驚きと深い遺憾の意」を表明した[10]。韓国も同様の抗議と批判を行ったが，この時から新しい現象が生まれる。これまで教科書問題は主に政府間で処理されてきたが，中

10　段瑞聡「教科書問題」，家近亮子・松田康博・段瑞聡編著『改訂版　岐路に立つ日中関係―過去との対話・未来への模索―』，晃洋書房，2012年，71〜73頁。

国や韓国においては，メディアの批判報道が続き，インターネット上では，激しい日本批判とともに，自国政府の「弱腰」を批判する書き込みが相次いだのである。この現象は，日本国内も同じである。ここからインターネットを媒体とした世論という要因が歴史認識問題に深く関与することとなる。本教科書の2002年度の採択率は0.039％に過ぎなかったため，問題は沈静化した。現在，日本の歴史教科書は，中国や韓国のものと比べると，極めてバランスのとれた内容となっている。

（4）靖国神社参拝問題

　靖国神社の前身は京都の招魂社（現在の京都護国神社）である。建立の目的は，幕末の鳥羽・伏見の戦いで死んだ薩摩・長州側の兵士を祀るためであった。明治となった1869年6月，九段上に東京招魂社を建設し，京都の招魂社を合祀した。そこに祀られたのは官軍（倒幕軍）の兵士の戦死者であった。79年東京招魂社は明治天皇の命名により靖国神社となった。「靖国」とは，「国を安らかにする」という意味である。アジア・太平洋戦争下では兵士たちは「死んだら靖国で会おう」「靖国に祀られることは名誉なこと」とし，天皇が参拝することを当然のことと認識していた。現に昭和天皇は，1945年から75年11月までの間，都合8回参拝した[11]。

　靖国神社は戦前の軍国主義の象徴と見なされていたため，GHQは当初は取り壊しを検討していたが，1945年12月「神道指令」を出して政教分離主義の下，国家神道を廃止することをまず決定した。この政教分離の原則は日本国憲法第20条に反映されている。46年「宗教法人法」が制定され，9月靖国神社も宗教法人となることが決定されたため，存続につながった。日本国内には首相などの靖国神社参拝が主に政教分離の原則に抵触し，憲法違反であるとの批判と論争が，本問題が国際化する以

11　いわゆる「天皇親拝」は，1945, 52, 54, 57, 59, 65, 69, 75年に行われた。
　／一谷和郎「靖国神社参拝問題」，家近亮子・松田康博・段瑞聡編著『改訂版岐路に立つ日中関係─過去との対話・未来への模索─』，40〜41頁。

284

前から存在していた。

　昭和天皇は1975年11月を最後に，靖国神社参拝を取りやめた。その理由としては，この時期日本社会党が違憲の疑いを指摘し，国会で批判したことが理由とされてきた。しかし，2006年7月20日『日本経済新聞』が「Ａ級戦犯靖国合祀　昭和天皇が不快感」という記事を掲載し，富田元宮内庁長官のいわゆる「天皇メモ」（1988年に記したもの）を公開した。ここからは，天皇が死刑となった東条英機など7名と公判中および判決直後に病死した松岡洋右と白鳥敏夫が，1978年10月17日に「昭和殉難者」として合祀[12]されたことを知り，参拝を取りやめたことが明らかになった。

　これに対して，小泉純一郎元首相をはじめとする「みんなで靖国神社に参拝する国会議員の会」に参加する議員たちは個人の「心の問題」を主張し，「国のために犠牲になった兵士」をお参りすることは日本人として当然のこととした。実際に小泉は，2001年3月の自民党総裁選において，靖国神社参拝を公約とし，8月13日に参拝した。これに対して，中国と韓国は激しく反発し，小泉批判と反日デモが起きた。これは，小泉政権が終わる2006年の9月まで続き，首脳訪問は実施されず，「政冷経熱」という言葉が流行語になった。

図15-4　日本経済新聞に掲載された「Ａ級戦犯靖国合祀　昭和天皇が不快感」の記事（日本経済新聞2006年7月20日朝刊）

12　神道では，祭神（さいじん）となる御霊（みたま）は一つで，一度合祀された御霊は，分霊することはできないとされている。

　小泉後に首相となった安倍晋三は，就任後最初の訪問先に中国を選ん
だ。安倍は，日中の「政冷経熱」状態を収束させ，「戦略的互恵関係
（win・win の関係）」を提案し，翌2007年 4 月に温家宝首相の訪日を実
現させた。靖国参拝に関しては，第 2 次安倍政権発足後の2013年12月26
日に電撃的に参拝したが，中韓ばかりでなく，アメリカからも「失望」
の声があり，それ以降は行っていない。

（5）東アジア各国・地域の歴史認識

　教科書問題や靖国神社参拝に反対する東アジア各国の主張にはそれぞ
れの歴史認識が反映されている。

1）中国—「戦争責任二分論」

　これまで繰り返し述べてきたが，中国には一貫した歴史認識がある。
その起源は日中戦争期の蔣介石や毛沢東の言説にまでにさかのぼること
ができる。

　また，中華人民共和国成立後は反米闘争の一環として，日本の原爆被
害に深い同情を表明し，「日本人民被害者論」を形成する。これは，主
に周恩来外交において国交正常化以前，日本の「友好人士」に対して展
開されたものであるが，その後歴代の指導者に引き継がれていく。この
ようないわゆる「戦争責任二分論」は，「今日まで続く中国の対日大原則」
であり，「対日公式イデオロギー」となっている[13]。

　小泉首相が靖国神社を参拝し続け，激しい反日デモが起き，最も日中
関係が悪化した時期でさえ，江沢民国家主席は，日本国民を中国人民と
共に「被害者」として語った。戦争責任を一部の軍人にのみ呵してきた
中国は，戦後も日本国民を一度も「敵」とせず，意識的に分明して語っ
てきた。中国が日本の首相の靖国神社参拝にあくまでも反対する理由は，
この認識とA級戦犯合祀問題が完全に矛盾するからである。したがって，

13　毛里和子『日中関係—戦後から新時代へ』岩波新書，2006年，22頁。

Ａ級戦犯の合祀が明らかになるまでは，中国は靖国神社を一般の兵士が祀られている慰霊のための神社と見なし，首相の参拝には抗議はなされなかったのである。

2）韓国と台湾—植民地支配との関連

　中国の靖国神社参拝批判と韓国・台湾の批判は，性質を異にする。中国は日本と戦争をしたが，台湾と朝鮮は植民地支配下で日本兵として戦争に参加した歴史をもつ。日本人として徴兵され，戦争で亡くなった台湾や朝鮮の戦死者が日本名で靖国神社に合祀され，それを遺族が抗議しているという問題がある。

　2001年6月，韓国や台湾の元軍人・軍属の遺族252名が，日本に対し戦争で受けた被害として24億円あまりの賠償金を求めた裁判を起こした。その原告の内55人は「戦死した親族の靖国神社への合祀は自らの意思に反し，人格権の侵害である」として，合祀の取り消しを求めた。しかし，靖国神社側は神道では一度合祀した御霊を取り出すことは宗教の教義上できないとしているため，分祀は困難となっている。

　また，台湾では2003年2月「高砂義勇隊」[14]合祀反対訴訟が行われた。台湾の歴史は複雑である。原住民と漢民族との問題，省籍矛盾は根深い。また，大陸で日本と戦い，終戦後に内戦により台湾に移住してきた中華民国の人々が体験した歴史と「大日本帝国台湾県」の住民が体験した歴史は大きく異なる。2015年2月台北市の柯文哲市長は中華圏の文化水準について「植民地化が長い地域ほど発展している」と発言し，後に「言い間違い」と謝罪したが，日本統治を美化していると非難された。日本統治時代の呼び方についても，近年激しい議論が展開され，「日拠（「違法性」「不法占拠」を強調するいい方）」か，「日治（日本統治）」のどちらを学校教科書で使うかが問題となった。2013年，馬英九政権は行政文書では「日拠」と書くという見解に改めた[15]。台湾においても統一的「記

14　太平洋戦争末期に編成された台湾原住民・高砂族による日本軍部隊。フィリピンやパプアニューギニアなどの前戦に送られた。

15　野嶋剛『映画で知る台湾』明石書店，2015年，19〜20頁。

憶の共同体」を形成することは，極めて困難となっている。

（6）領土をめぐる対立
1）竹島問題

　日本政府の公式見解では，日本が抱える領土問題は，北方領土問題と竹島問題のみである。竹島とは，日本海に位置する二つの島（男島：西島，女島：東島）と37の岩礁からなる島嶼である。1905年1月，明治政府は閣議決定により，竹島を島根県に編入した。行政上の住所は島根県隠岐郡隠岐の島町となっているが，韓国と北朝鮮は「独島（トクト）」と呼んでいる。現在，韓国が実効支配しており，日本が領有権を主張し，抗議を続けている状態にある。日本は，何度となく国際司法裁判所に付託することを提案しているが，韓国側は「独島に領土問題はない」として拒否し，平行線をたどっている。

　1951年のサンフランシスコ講和会議には韓国は招かれなかったが，平和条約起草の段階で，アメリカに日本が放棄すべき地域に竹島を加えるように申し入れた。しかし，アメリカはこれを認めず，平和条約では日本の領土となり，竹島を爆撃訓練所として使用する協定を日本と結んだ。このような状況下，52年1月李承晩（イスンマン）大統領は，一方的にいわゆる「李承晩ライン」と呼ばれる水域の設定を行い（193頁参照），漁業権などを主張したが，この水域の内側に竹島が含まれていた。「李承晩ライン」自体は，1965年の日韓基本条約で廃止されたが，竹島に対する韓国の実効支配は続いたままである。

2）尖閣諸島問題

　日本政府は，基本的に中国との領土問題は存在しないという見解を示している。しかし，中国はその領有を主張し，海警部の活動を活発化している。

　尖閣諸島は東シナ海の南西諸島西北端に位置し，行政上は沖縄県石垣市に属し，魚釣島・北小島・南小島・久場島・大正島の五つ，および沖の北岩・沖の南岩・飛瀬の三つの岩礁からなる。総面積は約6.3平方キロメートル（豊島区の半分くらい）で一番大きな魚釣島が3.6平方キロメートルである。中国は，本島を「釣魚島」と呼んでいる。

　尖閣諸島は永く無人島であったが，1895年1月明治政府が「無主地先占」を宣言して，沖縄県の一部として編入し，実行支配を開始した。この時，日清戦争の最中であったため，清朝はこれに対して抗議ができなかったという主張が中国側にはある。96年，本諸島は民間人であった古賀辰四郎に30年間無料貸与された。古賀は魚釣島と久場島で剥製工場・カツオ節工場・珊瑚の加工工場を建設し，1909年には248名99戸世帯が生活をしていた。1932年古賀は4島（魚釣・久場・南小島・北小島）を日本政府から払い下げられ買い取った。その時の値段は，2,150円50銭であつた[16]。それから，2012年9月に野田佳彦政権が国有化するまでは，民間の所有であった。

　1940年からは再び無人島となっていたが，サンフランシスコ平和条約で尖閣諸島は日本の領有が認定され，1972年5月15日の沖縄返還まではアメリカ軍の射撃訓練場になっていた。

　尖閣諸島が問題化したのは，ECAFE（国際連合アジア極東経済委員会）が同地域の海洋資源調査を行い，1968年に「世界で最も有望な石油・天然ガスが同列島の大陸棚に埋蔵されている可能性がある」と発表してからである。これに対して69年台湾は尖閣諸島の海洋資源は，大陸棚の連なる台湾に主権があるとして魚釣島に中華民国の国旗を立てた。また，71年12月中国外交部は「同列島は台湾の付属島嶼である」として公式に中国の領有権を主張した。中国は沖縄返還を前に「同列島の日本領有は中国に対する領土侵犯である」と抗議している。

16　平岡昭利「明治期における尖閣諸島への日本人の進出と古賀辰四郎」，『人文地理』第57巻第5号，2005年，58頁。

　　当然，1972年９月の日中交正常化交渉においても話題に出た。それは，９月27日の第３回田中角栄・周恩来会談においてであった。田中は，周に中国側の見解をただしたが，周は「この問題について私は今回は話したくない。今話しても利益がない」（外交部顧問・張香山の回想）[17]と

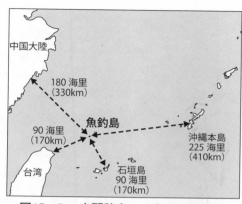

図15-5　尖閣諸島から各地への距離

して，正常化を最優先課題としたのである。「小異を捨てて，大同につく」は，周恩来外交の基本だが，周は尖閣問題は国交正常化後に解決すべき問題とした。いわゆる「棚上げ」の提案であったが，田中もこの時暗黙の了解を行い，この点に関しては共通認識をもったというのが中国側の見解である[18]。しかし，外務省はあくまでも尖閣諸島は日本の固有領土であるため，そのような事実はないという説明をしている。

　　このような見解の相違がある中で，石原慎太郎元都知事が私有地であった尖閣諸島を当時の持ち主（さいたま市在住，1970年に古賀氏の遺族から買い取り）から東京都が買い取る交渉を行い，島に港湾施設を建設する計画を発表したため，驚いた野田首相が急遽動き，2012年９月，国有化に踏み切った。買い取ったのは，３島（魚釣島，北小島，南小島）で，20億5,000万円であった。この時，中国では各地に激しい反日デモ，日本製品不買運動が起きた。

　　その後，中国海警局の船が尖閣周辺の海域（接続水域）まで接近して航行することになり，海上保安庁の巡視船が警告を発するという状況が現在も続いている。

17　矢吹晋『尖閣問題の核心』花伝社，2013年，31～32頁。

18　同上，29頁。

図15－6　尖閣諸島問題で中国で起きた反日デモ〔AFP＝時事〕

2．東アジアの現状と今後

（1）複合的対立要因の存在

　東アジアの国際関係の複雑さは，それぞれの国と地域が相互に対立の要因を複合的に抱えていることに起因している。日本を中心点とする問題はこれまで述べてきたが，中国を中心点とすると，台湾との統一問題があるし，朝鮮半島を中心点とすれば，朝鮮戦争終結問題と北朝鮮の核廃絶問題がある。また，2015年に日韓間で「不可逆的解決」を見たはずの慰安婦問題が，文在寅大統領に代わってから再燃し，19年には元徴用工に対する韓国の最高裁判所の判決に反発した日本の対応が貿易，安全保障問題にまで拡大するという新たな展開をみせている。

1）中国の国家統一問題―台湾問題の展開

　中華人民共和国にとって，台湾は固有の領土であるという主張である

が，統一のためのプロセスは，まだできていない。中国は改革・開放期の一つの目標として「国家の統一」をあげている。香港とマカオの返還は実現し，「一国二制度」が1997年と99年から開始されたが，鄧小平の「50年間の現状維持」の約束は反故にされ，香港の民主の空間は侵されている。

　香港では中国大陸から急増する観光客のマナーの悪さや不動産の高騰，商品の買い占めによる粉ミルクなどの日用品の不足のため，「中港矛盾」が起きてきた。また，2014年10月には行政長官候補者選出に関して，中国政府の介入を批判し，民主化を求める学生が路上を占拠するいわゆる「雨傘革命」を起こした。これは，警察の催涙弾を防ぐため，デモ参加者が傘をさしたために名付けられたものであった[19]。その後，香港では民主的発言や民主派の政治的活動が極めて困難になっている。また，2019年3月末に出された「逃亡犯条例改正案」をめぐり，一般住民も参加する大規模なデモが起きている。

　このような香港の現状は，台湾問題にも影響を与えていると考えられる。1995年1月30日江沢民国家主席は「八項目の提案」を台湾に向け行った。この中では中国は平和的統一を望むが，台湾独立などに対しては，武力行使を行い，断乎反対することが盛り込まれていた。これに対して，当時台湾の総統であった李登輝は，中国の提起した香港型の「一国二制度」を拒否し，「両岸は平等な立場」であることを主張した。この年の6月，李登輝がアメリカを訪問したことに怒った中国は，7月21日に台湾に向けミサイル発射訓練を実行した。

　また，1996年には台湾における初めての総統直接選挙に李登輝が当選したことに危機感を深めた中国は再びミサイルを発射し，第3次海峡危機が起きた。その後，李登輝は「台湾は現在分裂，分治状況下にある主権国家」「二つの政治実体」であるという認識を示すようになり，99年

19　倉田徹「香港・マカオ」，家近亮子・川島真編著『東アジアの政治社会と国際関係』放送大学教育振興会，2017年，170～172頁。

にはいわゆる「二国論」を展開し，中国から強い批判を受けた。

　2000年3月，台湾ではもともと台湾独立を主張していた野党・民進党の陳水扁が総統に当選し，緊張が走ったが，陳は「中国が武力行使しない限り，任期内には独立を宣言しない」と発言し，事態の沈静化を図った。しかし，中国（胡錦濤国家主席）は，2005年3月14日の第10期全人代で「反国家分裂法」を制定し，「『台独（台湾独立）』分裂勢力が国家を分裂させることに反対し，これを阻止し，祖国の平和統一を進歩させる。（第1条）」「台湾は中国の一部であり，いかなる方式で台湾を中国から切り離すことも許さない。（第2条）」「台湾問題は，内政問題で，いかなる外国勢力の干渉も受けない。（第3条）」，そして両岸関係の人的・経済的・教育的・文化的交流を促進すること（第6条），を定めた[20]。

　この反国家分裂法に対しては，台湾で大きな反発が起こり，百万人デモが起きた。筆者はその時たまたま調査のため台湾にいて，デモを目撃し，参加者にインタビューすることができた。日曜日に子どもも参加する平和的なデモであったが，台北市内は一時期デモ隊で埋め尽くされた。彼らの多くは中国との統一は望んでおらず，その望みは現状のまま中国との関係が発展することにあった。まさに「台湾アイデンティティ」を強く感じた一日であった。

　2008年，中国国民党の馬英九が総統になると，両岸関係は飛躍的に進んだ。台湾と中国各地との直行便の運行，観光客が急増し，台湾人のビジネスマンが直接往来するようになった。また，2010年には両岸経済協力協議（ECFA）が締結され，経済関係が密接になり，台湾に中国バブルを一時もたらしたが，香港同様に不動産等の物価の高騰を招き，その反面給与所得は上がらない状況が生まれ，第14章で述べたように，若者が結婚できない素地が形成されていくこととなる。

20　「反国家分裂法（邦訳）」http://www.china-embassy.or.jp/jpn/zt/www12/t187198.htm

図15−7　反「反国家分裂法」デモ時の写真と配られた旗など
(2005年3月26日筆者撮影・所有)

　このような中国との経済面での一体化が急速に進むことへの「疑義」
から，2014年3月に学生が立法院の議場を占拠するという事件が起きた
（ひまわり学生運動）[21]。この時の学生たちの動きが最終的には反国民
投票として民進党に有利に働き，国民党は選挙で大敗し，16年5月民進
党党首の蔡英文が総統に就任した。蔡総統は，中国とは一定の距離をお
く政策を実行に移した。

　2012年11月の中国共産党18全大会で胡錦濤から総書記の職を引き継い
だ習近平は，総書記就任直後の11月29日に政治局常務委員と国家博物館
の「復興の道」展を見学した際に「中華民族の偉大な復興の実現」とい
う「中国の夢」に関するスピーチを行った。ここで習は，現在は「歴史
のどの時代よりも，中華民族の偉大な復興の目標に近づいている」とい
う自信を表明した。

　この夢の一つが祖国統一にある。2019年1月2日，習近平は「台湾同

21　川島真「台湾（2）─民主化以後」，家近亮子・川島真編著『東アジアの政治社
　会と国際関係』放送大学教育振興会，2017年，160頁。

胞に告げる書」において，「習五点」と呼ばれる新台湾政策を発表し，「一国二制度」による平和統一を建国百周年（2049年）までに実現させること，「武力使用の放棄」は約束しないが，その対象は外部勢力の干渉と「台独」分子であること，中華文化圏のアイデンティティを増進させることなどを発表した。これに対して4月9日，蔡英文総統はインターネット中継によるアメリカワシントンの政策研究機関「戦略国際問題研究所（CSIS）」で講演を行い，地域安全保障の共有をアメリカや日本と行う可能性があることを語ったのである[22]。

2）朝鮮半島—朝鮮戦争の終結と北朝鮮の核問題

　日本はいまだに北朝鮮とは国交が成立していない。また，長年にわたり拉致問題も解決していない。北朝鮮と韓国は朝鮮戦争の休戦状態にあり，板門店で対峙を続けているが，2018年情勢が大きく変化した。2017年5月に朴槿恵大統領の逮捕後に大統領に就任した文在寅は，北との対話政策をとり，18年4月27日板門店で11年ぶりとなる第3回南北首脳会談を実現させた。同時にアメリカのトランプ大統領と北朝鮮の金正恩朝鮮労働党委員長との初めての米朝首脳会談もシンガポールで6月12日に実現し，北朝鮮の完全な非核化による経済制裁の解除が話し合われたが，具体的な解決にはいたらなかった。

　また，2018年中の朝鮮戦争の終結宣言にも文在寅は意欲を燃やしたが，北の非核化は具体的方策を欠き，実現されないまま2019年を迎えた。19年3月7日，ベトナムのハノイで第2回目の米朝首脳会談がもたれたが，交渉は決裂した。南北交渉も進展していない。

（2）複合的相互依存の関係

　このように対立の要因を数多く内包した東アジアであるが，経済的地域協力関係（EAFTA，RCEP，APECなど）は活発で，日中貿易も堅

22　「台湾・総統『日本との協力強化』」，『産経新聞』朝刊，2019年4月11日。

調である。また，日本は習近平の「一帯一路」構想にも理解を示している。人的交流も盛んで，2015年に朴槿恵大統領と安倍首相との間で「不可逆的」に解決したが再燃している慰安婦問題や，新たな展開を見せている元徴用工問題があるにもかかわらず，2018年の韓国からの観光客は最高値を示した。しかし，19年春からの日韓の対立激化は，韓国からの観光客などを激減させ，両国の関係を下支えしていた人的交流をもおびやかし始めている。日本人の嫌中，嫌韓が進み，日本から両国への訪問が急減しているのである。この傾向はますます進むものと思われる。

しかし，少子化問題，介護問題を共通とする東アジアは今後，歴史認識問題や政治問題を越えて，地域協力を行う必要がある。歴史的に見て，本地域が完全に分裂しなかったのは人的交流と経済関係がどのような状況でも継続したことに起因している。今後は，異文化共生を心がけ，人的な相互理解を深めて，地域が抱える問題を協働して解決していく必要があると思われる。

表15-1　訪日観光客数

	2018年	伸率	2017年	伸率	2016年	伸率
総数	31,191,856	8.7%	28,691,073	19.3%	24,039,700	21.8%
韓国	7,538,952	5.6%	7,140,438	40.3%	5,090,302	27.2%
中国	8,380,034	13.9%	7,355,818	15.4%	6,373,564	27.6%
台湾	4,757,258	4.2%	4,564,053	9.5%	4,167,512	13.3%
香港	2,207,804	-1.1%	2,231,568	21.3%	1,839,193	20.7%
タイ	1,132,160	14.7%	987,211	9.5%	901,525	13.2%
シンガポール	437,280	8.2%	404,132	11.7%	361,807	17.2%
マレーシア	468,360	6.6%	439,548	11.5%	394,268	29.1%
インドネシア	396,852	12.6%	352,330	30.0%	271,014	32.1%
フィリピン	503,976	18.8%	424,121	21.9%	347,861	29.6%
ベトナム	389,004	25.9%	308,898	32.1%	233,763	26.1%

〔日本政府観光局統計から作成〕

索引

●配列は五十音順，アルファベットで始まるものは ABC 順，＊は人名を示す。
●項目名に続いて〈＝◇◇〉とあるものは◇◇の語句を含むことを表す。

著者紹介

家近　亮子（いえちか・りょうこ）

略歴　　慶應義塾大学法学研究科政治学専攻後期博士課程修了
　　　　慶應義塾大学文学部講師などを経て，1998年4月から敬愛
　　　　大学国際学部に勤務

2001年　博士（法学）

現在　　敬愛大学教授，放送大学客員教授

専攻　　中国近現代政治史，日中関係史

主な著書　『蒋介石と南京国民政府』（慶應義塾大学出版会）
　　　　『日中関係の基本構造』（晃洋書房）
　　　　『改訂版　岐路に立つ日中関係』（共編著　晃洋書房）
　　　　『蒋介石の外交戦略と日中戦争』（岩波書店）
　　　　『新版　5分野から読み解く現代中国』（共編著　晃洋書房）
　　　　『東アジアの政治社会と国際関係』（共編著　放送大学教育
　　　　振興会，2016年）
　　　　『日中戦争と中ソ関係』（監修　東京大学出版会，2018年）
　　　　　　　　　　　　　　　　　　　　　　　　　　　など多数

放送大学教材　1548611-1-2011（ラジオ）

新訂　現代東アジアの政治と社会

発　行　2020年3月20日　第1刷

著　者　家近亮子

発行所　一般財団法人　放送大学教育振興会
　　　　〒105-0001　東京都港区虎ノ門1-14-1　郵政福祉琴平ビル
　　　　電話　03（3502）2750

市販用は放送大学教材と同じ内容です。定価はカバーに表示してあります。
落丁本・乱丁本はお取り替えいたします。

Printed in Japan　ISBN978-4-595-32204-4　C1331